局所排気装置，プッシュプル型換気装置及び除じん装置の定期自主検査指針の解説

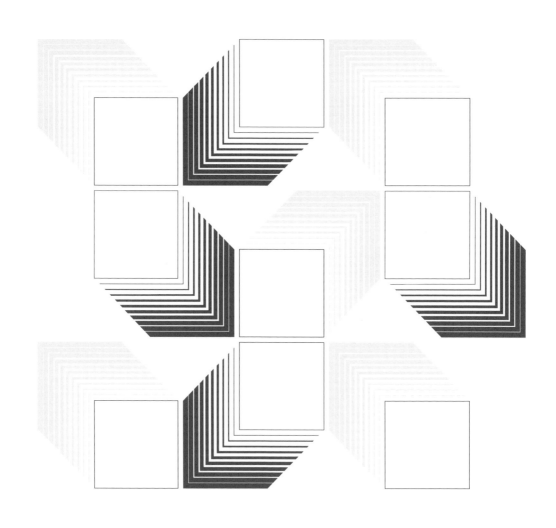

中央労働災害防止協会

はじめに

　有害なガス，蒸気，粉じんを発散する作業場において，適切な局所排気装置等を設けて有害物の飛散・拡散を防止することは，有害物の作業環境管理の基本的な手法の一つです。

　このため労働安全衛生法では局所排気装置等の定期自主検査について，また，有機溶剤中毒予防規則，鉛中毒予防規則，特定化学物質障害予防規則，石綿障害予防規則および粉じん障害防止規則においては，局所排気装置，プッシュプル型換気装置および除じん装置の定期自主検査とともに，その性能を確保することが義務付けられています。

　事業場がこの定期自主検査を適切に実施するため，昭和58年に厚生労働省（当時は労働省）は，検査項目，検査方法，判定基準等を定めた「局所排気装置の定期自主検査指針」および「除じん装置の定期自主検査指針」を示していたところですが，平成20年3月27日付けで「局所排気装置の定期自主検査指針」および「除じん装置の定期自主検査指針」が改正され，また，「プッシュプル型換気装置の定期自主検査指針」が策定されました。

　当該指針制改定の原案は，（独）労働安全衛生総合研究所（当時）に設置された「粉じん障害防止対策の検討のための調査研究班」内の「局所排気装置等の定期自主検査に関する作業部会」において検討されたものであり，本書は当協会内に作業部会のメンバーによる編集委員会を設けてまとめたものです。ご協力いただきました（独）労働安全衛生総合研究所（当時）をはじめ，委員の方々に感謝申し上げる次第です。

　本書は，これらの定期自主検査指針に基づいて，局所排気装置，プッシュプル型換気装置および除じん装置の定期自主検査を行う場合の具体的な手法を分かりやすく解説するとともに，定期自主検査のチェックリストの例，定期自主検査を行う際の安全衛生上の留意事項等も併せて記載しております。また，編ごとに解説の詳細および図・写真等を掲載しており，どの編から読み始めていただいてもすぐにご理解いただけるように編集しております。

　今般，平成29年第6版発行以降の情勢等に応じた見直しを行いました。

　本書が，事業場の局所排気装置等の検査に携わる方々やこれらの装置を日常使用する方々，さらには保守点検等を行う関係者に広く活用され，事業場の作業環境管理にお役に立つことができれば幸いです。

　令和4年12月

中央労働災害防止協会

目　　次

第1編　総　　説

１．定期自主検査の意義と重要性

　局所排気装置，プッシュプル型換気装置および除じん装置が作業環境改善に果たす役割は大きく，その設置率は年々高まっている。局所排気装置等の性能を確保維持する目的で，労働安全衛生法第45条では定期自主検査の実施と記録の保存を義務付けている。また有機溶剤中毒予防規則等の厚生労働省令では，局所排気装置等をはじめて使用する際または改造修理した際の点検と，性能が確保されていない場合の速やかな補修が事業者責任として規定されている。

　しかし，定期自主検査の具体的実施方法と判定基準が無かったために適切な検査が行われず，その結果，所期の性能が満たされなかった事例も散見されたため，検査指針が定められた。

　局所排気装置等は使用に伴い構造部分の摩耗，腐食，破損を生じ，あるいはダクトやファンへの粉じんのたい積，振動による接手部分の緩み，ダンパ調整のズレ，ファンの機能低下などによって性能が低下しやすい。したがって局所排気装置の所期の性能を維持するには，一定期間ごとに検査を行い，異常を早期発見して低下した機能の回復を図ることが不可欠である。

２．定期自主検査と点検

　この検査指針は，有機溶剤中毒予防規則，特定化学物質障害予防規則等に定められた局所排気装置，プッシュプル型換気装置および除じん装置の定期自主検査の項目ごとに，その検査方法と判定基準を定めたものである。法令でいう定期自主検査とは，使用開始後一定の期間以内に定期的に，所定の機能を維持していることを確認するために行う検査を指し，厚生労働省令にその項目が規定されている。機能が満たされていない場合は，事業者は直ちに当該装置の不具合部分を補修する義務がある。またその記録を３年間保存することが規定されている。

　厚生労働省令では，定期自主検査の他に局所排気装置等を新設または分解して改造修理を行った後はじめて使用する際の，所定機能確認点検ならびに作業主任者等の職務として１週間または１カ月を超えない期間ごとに点検させること等を事業者の義務として規定している。

　分解修理後はじめて使用する際の点検項目も厚生労働省令で規定されており，局所排気装置などの機能が満たされていない場合は，事業者は直ちに補修する義務がある。またその記録を保存するよう規定している。

　作業主任者などの職務として行う局所排気装置等の点検は，定期自主検査後の不具合を防止するための日常点検であり，点検項目等は特に規定されていない。しかし目的は定期自主検査と同じで，この指針の検査項目の中から必要かつ実行可能なものを選択して実施すればよい。

3．チェックリスト，図面等の準備

　この指針は，「準備すべき測定器等」，「検査項目等」，および「留意事項」からなり，「検査項目等」では厚生労働省令で定められた検査項目を網羅する形で検査方法と判定基準を定めている。したがって個々の局所排気装置，プッシュプル型換気装置，除じん装置によっては不要な検査項目もある。

　検査の目的は性能を測定するだけでなく，仮に性能が低下している場合は，その原因を明らかにして補修することなので，検査結果の如何によって次の検査項目を決める必要がある。例えば，「ダクトの検査」でダクトに空気漏れや粉じん等のたい積のないことが確認されており，かつ「吸気及び排気の能力の検査」で規定の能力が出ている場合は，「回転方向の検査」や「ファンの排風量の検査」は敢えて行う必要はない。しかし「ダクトの検査」でダクトに空気漏れや粉じん等のたい積が認められないのに「吸気及び排気の能力の検査」で規定の能力が得られない場合は，ベルト駆動のファンの場合にはファンの回転数低下や電源の結線間違いによる逆回転が考えられるので「回転方向の検査」が必要である。所期の回転数が出ているのに性能が確保されない場合はさらにファンの性能低下が疑われるので，「排風量の検査」および「ファン前後の静圧差の測定」を行って所期の性能が得られているかどうか，また場合によっては最初に設置したときの点検結果や設計時の圧損計算やファンの選択にミスがなかったかどうかを調べる必要がある。

　したがってチェックリストには，検査項目だけでなく各検査を行うべき具体的な位置と判定基準値，例えば「ダクト内静圧の測定孔の位置」と「その位置における静圧の設計値」，「ファンの排風量測定のためのダクト内風速測定位置」と「排風量計算式」ならびに「ファン前後の静圧差の測定位置」と「ファンの特性線図」および「設計上の動作点」，「制御風速の測定位置および規定値等」を明記しておくべきである。

　これらの図面や設計値，基準値等は，局所排気装置を設置した際の設置届の摘要書に添付された図面や計算書に記載され，また局所排気装置設置後はじめて使用する際の点検結果にも記録されているものなので，それらを転記すればよい。検査で不具合が発見された場合にとるべき応急処置や，検査後に行うべき補修の内容等もチェックリストに記載しておくと便利である。

　次頁以降，局所排気装置，プッシュプル型換気装置および除じん装置の定期自主検査について，それぞれ「記録表（例）」，「チェックリスト（例）」，「記録表（記載例）」，「チェックリスト（判定例）」を紹介する（除じん装置についての記載例は「ろ過式」，「遠心式」，「洗浄式」，「電気式」の4種類を紹介）。

局所排気装置定期自主検査記録表（例）

整理番号　＿＿＿＿＿＿＿
実施頻度１年以内ごとに１回
保存年数３年間

設　置　名　称　等				
設　置　場　所		設置年月日		年　月　日
対　象　作　業				
対 象 有 害 物 質		天　候		
検　　査　　者		検査年月日		年　月　日
型 式・気 流 の 向 き				
特　記　事　項				
系　　統　　図				
改 善 実 施 責 任 者		改善年月日		年　月　日
検　　　　　印	工場長	部　長	課　長	係　長　　班　長

（備考）　1. 特記事項欄には，気象条件，目視以外の検査方法，使用した測定器，作業実施状況，総合
　　　　　　判定等を記載すること。
　　　　　2. 系統図欄には，局所排気装置の系統図を略記し，各種測定位置，要改善箇所等を記入する
　　　　　　こと。

局所排気装置チェックリスト（例）

検　査　項　目		検　　査　　内　　容	検 査 結 果	改善措置等
フード No.	内面および外面の摩耗，腐食，くぼみ等の状態	1. 摩耗，腐食，くぼみ等の有無 2. 塗装，ライニング等の損傷の有無 3. 金網，フィルタの目詰りの有無 4. 付着物，たい積物の有無		
	吸い込み気流の状態等	1. 吸い込み気流を妨げる障害物の有無 2. 吸い込み状態の良否（スモークテスター）		
	吸気および排気の能力	1. 吸引風速の適否 （法定値　　　　　　m/s 以上） （測定点および測定値は別添） 排風量 2. フード外側における有害物濃度の適否 （法定値　　　　　mg/m³ 以下） （測定点および測定値は別添）	前　回 （　　　m³/min） 今　回 （　　　m³/min）	
	そ　の　他	1. 発散源との位置関係の良否 2. ダクトとの接続部からの漏れの有無（スモークテスター，聴音） 3. ダンパの異常の有無 4. 異常な音，振動の有無		

（注）フードごとに作成すること。

検　査　項　目		検　　査　　内　　容	検 査 結 果	改善措置等
ダクト	外面の摩耗，腐食，くぼみ，粉じんのたい積等の状態	1. 摩耗，腐食，くぼみ等の有無 2. 塗装，ライニング等の損傷の有無 3. 通気抵抗の増加または粉じん等のたい積の原因となるような変形の有無		
	内面の摩耗，腐食，くぼみ等の状態	1. 摩耗，腐食，くぼみ等の有無 2. 塗装，ライニング等の損傷の有無 3. 付着物，たい積物の有無		
	ダンパの状態	1. 流量調整用ダンパの開度および固定状態の良否 2. 流路切り替え用ダンパおよび締め切り用ダンパの作動状態の良否		
	接続部の状態	1. フランジの締め付け状態の良否 2. 接続部からの漏れの有無（スモークテスター，聴音）		
	点検口等の状態	1. 点検口，掃除口，測定孔の開閉機能の良否 2. 点検口，掃除口，測定孔の気密性の良否		
	ファイアーダンパの	1. ファイアーダンパの作動状況の良否		

検　査　項　目	検　　査　　内　　容	検　査　結　果	改善措置等
状態			
排風量の測定	1．排風量 （測定点および測定値は別添）	測定箇所（　） 排風量 （　　m³/min）	
ケーシングの表面の状態	1．摩耗，腐食，くぼみ等の有無，塗装等の損傷の有無 2．付着物，たい積物の有無		
ケーシングの内面，インペラおよびガイドベーンの状態	1．摩耗，腐食，くぼみ等の有無 2．塗装等の損傷の有無 3．付着物の有無		
ベルト等の状態	1．ベルトの損傷，摩耗の有無 2．ベルトとプーリーの溝の型の不一致の有無 3．多本掛けのベルトの型または張り方の不揃いの有無 4．プーリーの損傷，偏心または取付け位置のズレの有無 5．キーおよびキー溝の緩みの有無 6．ベルトのたわみ量の適否 7．ベルトの振れの有無 8．ファンの回転数の良否（吸気および排気の能力が否の場合）	（　　/min（rpm））	
ファンの回転方向（吸気および排気の能力が否の場合）	1．ファンの回転方向の良否		
軸受けの状態	1．異常な音の有無 2．軸受け箱の温度の良否 3．油量および油の状態の良否	（　　　℃）	
電動機の状態	1．絶縁抵抗の良否 2．表面温度の良否 3．異常な音の有無	（　　MΩ） （　　　℃）	
安全カバーおよびその取付け部の状態	1．摩耗，腐食，破損，変形等の有無 2．取付け部の緩み等の有無		
制御盤の状態	1．表示灯，充電部カバー，銘板等の破損，欠落等の有無 2．計器類の作動不良等の有無 3．付着物，たい積物の有無 4．端子の緩み，変色等の有無		
ファンの排風量（吸気および排気の能力が否の場合）	1．ファンの排風量の良否		

（※表の左側に縦書きで「ファンおよび電動機」の記載あり）

局所排気装置定期自主検査記録表（記載例）

実施頻度1年以内ごとに1回
保存年数3年間

設 置 名 称 等	粉じん用局所排気装置（VSF−3KZW−A型）		
設 置 場 所	鋳物工場	設置年月日	令和元年10月30日
対 象 作 業	鋳物砂投入作業，注湯作業，中子研磨作業，脊折り作業		
対 象 有 害 物 質	粉じん	天 候	晴
検 査 者	中央 太郎	検査年月日	令和4年6月15日
型 式・気 流 の 向 き	① 囲い式 ② 外付け式上方吸引型（キャノピー型） ③ 外付式下方吸引 ④ 外付式側方吸引		
特 記 事 項	• 要修理事項については速やかに修理を実施し，修理後の当該項目の再検査を行うこと。 • 月例点検を確実に実施すること。		
系 統 図	別紙排気系統図参照		
改 善 実 施 責 任 者	中央 太郎	改善年月日	令和4年7月1日

検 印	工 場 長	部 長	課 長	係 長	班 長

（備考）　1. 特記事項欄には，気象条件，目視以外の検査方法，使用した測定器，作業実施状況，総合判定等を記載すること。

　　　　　2. 系統図欄には，局所排気装置の系統図を略記し，各種測定位置，要改善箇所等を記入すること。

別紙　排気系統図

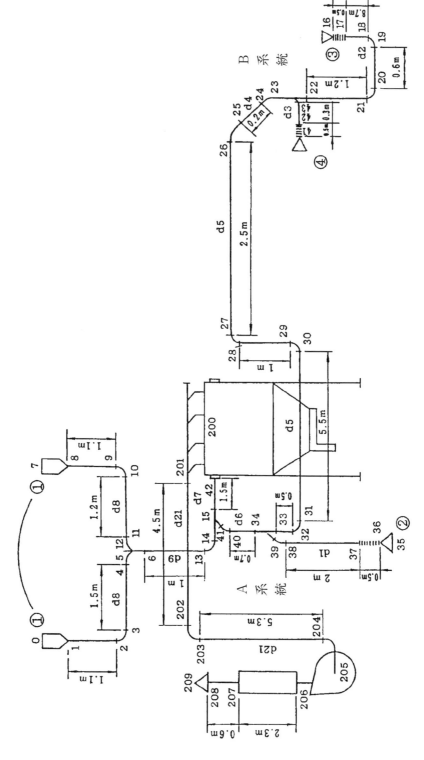

局所排気装置チェックリスト（判定例）

項目	適用	検査項目	検査方法	判定基準	判定
フードNo.①	○	内面および外面の摩耗，くぼみ，腐食，変形，破損等の状態	目視	設置位置，開口部の向き等が設置図のとおりに保たれていること	良
				摩耗，腐食，くぼみ，変形，破損等のないこと	否（破損部あり。要修理）
	○	吸い込み気流の状態等	スモークテスターおよび目視	金網，フィルタの目詰まりのないこと	良
				気流を妨げるような付着物，たい積物のないこと	良
				良好に煙が吸い込まれること	良
	○	吸気および排気の能力	風速計	制御風速が確保されていること	否（別紙吸引風速測定結果参照）
	○	その他	目視，作動試験，聴診	作業性と吸い込み能力が良好であること	否
				外れ，詰まりのないこと	良
				フードと発散源との位置関係が適正であること	良
				ダンパが設定位置に保持されていること	良
				ダンパのガタツキのないこと	良
				共鳴音等の異常な騒音のないこと	良
フードNo.②	○	内面および外面の摩耗，腐食，くぼみ，変形，破損等の状態	目視	設置位置，開口部の向き等が設置図のとおりに保たれていること	良
				摩耗，腐食，くぼみ，変形，破損等のないこと	良
	○	吸い込み気流の状態等	スモークテスターおよび目視	金網，フィルタの目詰まりのないこと	良
				気流を妨げるような付着物，たい積物のないこと	良

	点検項目	点検方法	判定基準	判定
○	吸気および排気の能力	風速計	良好に煙が吸い込まれること	良
			制御風速が確保されていること	良（別紙吸引風速測定結果参照）
○	その他	目視，作動試験，聴診	作業性と吸い込み能力が良好であること	良
			外れ，詰まりのないこと	良
			フードと発散源との位置関係が適正であること	良
			ダンパが設定位置に保持されていること	良
			ダンパのガタツキのないこと	良
			共鳴音等の異常な騒音のないこと	良
○	内面および外面の摩耗，腐食，くぼみ，変形，破損等の状態	目視	設置位置，開口部の向き等が設置図のとおりに保たれていること	良
			摩耗，腐食，くぼみ，変形，破損等のないこと	良
			金網，フィルタの目詰まりのないこと	良
○	吸い込み気流の状態等	スモークテスターおよび目視	気流を妨げるような付着物，たい積物のないこと	良
			良好に煙が吸い込まれること	良
○	吸気および排気の能力	風速計	制御風速が確保されていること	否（別紙吸引風速測定結果参照）
○	その他	目視，作動試験，聴診	作業性と吸い込み能力が良好であること	良
			外れ，目詰まりのないこと	良
			フードと発散源との位置関係が適正であること	否（位置関係が適正でない。要変更）
			ダンパが設定位置に保持されていること	良

フード No.③

局所排気装置チェックリスト（判定例）（続）

項目	適用	検査項目	検査方法	判定基準	判定
フードNo.④	○	内面および外面の摩耗、腐食、くぼみ、変形、破損等の状態	目視	ダンパのガタツキのないこと	良
				共鳴音等の異常な騒音のないこと	良
				設置位置、開口部の向き等が設置図のとおりに保たれていること	良
				摩耗、腐食、くぼみ、変形、破損等のないこと	良
				金網、フィルタの目詰まりのないこと	良
	○	吸い込み気流の状態等	スモークテスターおよび目視	気流を妨げるような付着物、たい積物のないこと	良
				良好に煙が吸い込まれること	良
	○	吸気および排気引風の能力	風速計	制御風速が確保されていること	良（別紙吸引風速測定結果参照）
	○	その他	目視、作動試験、聴診	作業性と吸い込み能力が良好であること	良
				外れ、詰まりのないこと	良
				フードと発散源との位置関係が適正であること	良
				ダンパが設定位置に保持されていること	良
				ダンパのガタツキのないこと	良
				共鳴音等の異常な騒音のないこと	良
ダクト	○	外面の摩耗、腐食、くぼみ、変形、破損等の状態	目視、超音波厚さ計	摩耗、腐食、くぼみ、変形、破損等のないこと	良
				腐食の元になるような塗装等の剥がれ、割れのないこと	良

区分		点検項目	点検方法	判定基準	判定
ダクト	○	内面の摩耗、腐食、変形、破損等および粉じん等のたい積の状態	目視 超音波厚さ計 テストハンマー	摩耗、腐食、変形、破損等のないこと	良
				腐食の元になるような塗装等の剥がれ、割れのないこと	良
				粉じん等のたい積のないこと	良
	○	ダンパの状態	目視および作動試験	ダンパが設定位置に保持されていること	良
				ダンパのガタツキのないこと	良
	○	接続部の状態	スモークテスターおよび目視 テストハンマー	フランジの締め付け状態が良好であること	良
				シールテープ等の剥がれのないこと	良
	○	点検口等の状態	スモークテスターおよび目視 作動試験	部品の破損、錆び付き、欠落等のないこと	良
				点検口、掃除口、測定孔の開閉が円滑であること	良
				気密性が良好であること	良
				ガスケットの劣化のないこと	良
	—	ファイアーダンパの状態	作動試験	温度ヒューズの劣化のないこと（劣化の場合は交換すること）	—
				作動試験で正常に作動すること	—
	○	排風量の測定	風速計、ピトー管およびマノメータ	風量が設計計値の範囲内にあること	良
ファン および 電動機	○	ケーシングの表面の状態	目視、テストハンマー	摩耗、腐食、くぼみ等のないこと	良
				腐食の原因になるような塗装の剥がれのないこと	良
				付着物、たい積物のないこと	良
	○	ケーシングの内面、インペラおよびガイドベーンの状態	目視	摩耗、腐食、くぼみ等のないこと	良
				腐食の原因になるような塗装の剥がれのないこと	良

局所排気装置チェックリスト（判定例）（続）

項目	適用	検査項目	検査方法	判定基準	判定
ファンおよび電動機	○	ベルト等の状態	目視、テンションメータ、スケール	付着物、たい積物のないこと	良
				ベルトの損傷、摩耗のないこと	良
				プーリー溝に摩耗のないこと	良
				プーリーの損傷、偏心のないこと	良
				キーおよびキー溝に緩みのないこと、多本掛けベルトにおいては張り方に不揃いのないこと	良
				ベルトのたわみ量が適正であること	良
	○	ファンの回転および方向（吸気および排気の能力が否の場合）	目視および回転計	ファンの回転方向が規定通りであること	良
				ファンの回転数が適正であること	良
	○	軸受けの状態	目視、聴音器、ベアリングチェッカー、温度計	軸受けに異常音のないこと	良
				軸受け箱（ハウジング）が過熱していないこと	良
				グリースが適正に保たれていること	良
	○	電動機の状態	目視、絶縁抵抗計、温度計、聴音器、振動計	絶縁抵抗が適正値であること	—
				表面温度が適正であること（70℃以下）	良
				異常音、異常振動のないこと	良
				粉じん等のたい積により電動機の冷却効果が低下していないこと。また、冷却ファンに異常のないこと	良
	○	安全カバーおよびその取付部の状態	目視、触診	摩耗、腐食、くぼみ、変形、破損等のないこと	良
				取付部に緩みのないこと	良
				外されたままの状態でないこと	良

	項目	方法	判定基準	
○	制御盤の状態	目視，作動試験	表示灯，充電部カバー等の破損・欠落，計器類の作動不良のないこと，また，計器類の作動不良のないこと	良
			端子の緩み，変色等のないこと	良
			制御盤内部に付着物，粉じんのたい積のないこと	良
○	ファンの排風量（呼気および排気の能力が否の場合）	風速計，ピトー管およびマノメータ	風量および静圧が設計値の範囲内にあること	良
○	ダクトサポートの状態	目視，触診，テストハンマー	欠損，緩み，腐食のないこと	良
			他に流用していないこと	良
○	ステップ，梯子，手摺等の状態	目視，触診，テストハンマー	欠損，緩み，腐食のないこと	良
			溶接部の腐食・割れのないこと	良
			適切に塗装されていること	良
○（安全）	安全カバーの状態	目視，触診	欠損，緩み，腐食のないこと	良
○（安全）	基礎ボルトの固定状態	目視，触診，テストハンマー	欠損，緩み，腐食のないこと	良
—	電気 漏電 アース線の状態 充電部のカバーの状態	（電気技術者によること）		—

別 紙　吸 引 風 速 測 定 結 果

フード番号	①	②
フード形状	 A：2.12 m² （単位 mm）	 A：0.36 m² （単位 mm）
作 業 内 容	受入れホッパー	注湯作業
フード形式	囲い式	外付け式　上方吸引型（キャノピー型）
法定制御風速	0.7 m/s	1.2 m/s（注）
設定排風量	150 m³/min	240 m³/min

枝管風速等	管径	1	φ290 mm				管径	1	φ500 mm					
		2	φ290 mm					2						
	風速 (m/s)	1	21.5	19.3	18.5	19.9	風速 (m/s)	1	20.0	20.1	21.1	19.8	19.9	20.0
		2	21.5	19.1	18.4	19.8			21.5	20.8				
	平均風速	1	19.8 m/s	2	19.7 m/s		平均風速	1	20.4 m/s	2				
	排風量	1	78 m³/min	2	78 m³/min		排風量	1	240 m³/min	2				

吸 引 風 量	各測定点での測定値 (m/s)	1.7　0.7　0.8　1.8 1.5　0.7　0.7　1.5 1.4　0.6　0.6　1.4 1.4　0.6　0.6　1.4	各測定点での測定値 (m/s)	図中 Vc 点で測定
	制御風速	0.6 m/s	制御風速	1.3 m/s
	平均値	1.09 m/s	平均値	
	排風量	139 m³/min	排風量	238 m³/min

判　　定	否	良
備　　考	○ゴムのれんの破損部有り………修理要 ○天井部フォークにより破損……修理要 ○開口面は狭小だが16測定点とした。	（注）　注湯作業は特定粉じん発生源ではないので，特定以外の粉じん発生源に対する制御関連を引用した。 ○3側面開放の正方形キャノピー型フードの風量計算は次の式を用いる。 　　$Q = 60 \times 8.5\,H^{1.8} \times W^{0.2} \times Vc$ 　　　$= 60 \times 8.5 \times 0.6^{1.8} \times 0.6^{0.2} \times 1.3$ 　　　$= 60 \times 8.5 \times 0.398 \times 0.9028 \times 1.3$ 　　　$= 238.2$ m³/min

別紙　吸引風速測定結果

フード番号	③						④						
フード形状	A：1.20 m² (但しグリル有効面積比 90%)　　　　(単位 mm)						A：0.25 m²　　　　　　　　　(単位 mm)						
作業内容	中子研磨						脊折り						
フード形式	外付け式　下方吸引型						外付け式　側方吸引型						
法定制御風速	1.0 m/s						1.0 m/s						
設定排風量	120 m³/min						90 m³/min						
枝管風速等	管径	1	φ350 mm				管径	1	φ300 mm				
		2						2					
	風速 (m/s)	1	19.8	21.0	21.0	19.5	19.0	20.0	風速 (m/s)	1	22.0	19.8	21.9	21.1
		2	23.0	21.5					2				
	平均風速	1	20.6 m/s		2			平均風速	1	21.2 m/s		2	
	排風量	1	119 m³/min		2			排風量	1	90 m³/min		2	
吸引風量	各測定点での測定値 (m/s)	図中 Vc 点で測定					各測定点での測定値 (m/s)	図中 Vc 点で測定					
	制御風速	0.9 m/s					制御風速	1.1 m/s					
	平均値						平均値						
	排風量	109 m³/min					排風量	91 m³/min					
判定	否						良						
備考	○開口面で研磨作業をすること。 ○外付け式下方吸引型グリルフードの風量計算は，グリル面をテーブルと考えると次の計算式を用いる。 　Q = 0.75 × 60(10x² + A)Vc 　= 45(10 × 0.4² + 1.2 × 0.9) × 0.90 　= 108.5 m³/min						○外付け式テーブル上のフランジ付き側方吸引型フードの風量計算は，次の計算式を用いる。 　Q = 0.75 × 60(5x² + A)Vc 　= 45(5 × 0.5² + 0.25) × 1.1 　= 74.25 m³/min						

プッシュプル型換気装置定期自主検査記録表（例）

整理番号
実施頻度 1 年以内ごとに 1 回
保存年数 3 年間

設　置　名　称　等				
設　置　場　所		設置年月日		年　月　日
対　象　作　業				
対　象　有　害　物　質		天　候		
検　　査　　者		検査年月日		年　月　日
型　　　　　式	密閉式（送風機有り・無し）　　　　　　　開放式			
気　流　の　向　き	下降流　斜降流　水平流　その他			
特　記　事　項				
系　　統　　図				
改　善　実　施　責　任　者		改善年月日		年　月　日
検　　　　　印	工場長	部　長	課　長	係　長	班　長

（備考）　1. 型式の欄は，該当するものに○を付すること。
　　　　　2. 特記事項欄には，気象条件，目視以外の検査方法，使用した測定器，作業実施状況総合判定等を記載すること。
　　　　　3. 系統図欄には，プッシュプル型換気装置の系統図を略記し，各種測定位置，要改善箇所等を記入すること。

プッシュプル型換気装置チェックリスト（例）

検　査　項　目		検　査　内　容	検査結果	改善措置等
吹き出し側・吸い込み側フード（No.　）	フードの構造	1.　フードの寸法およびフランジ，バッフル板等が所定の状態であること。		
	フードの内面，外面の状態	1.　フードの機能を低下させるような摩耗，腐食，くぼみ等の有無 2.　腐食の原因となる塗装等の損傷の有無 3.　開口部ハニカム部の摩耗，くぼみの有無		
	一様流の状態	1.　気流を妨げる構造物の有無 2.　気流を妨げる器具，工具，材料等の有無 3.　装置停止時の捕捉面における外乱気流の有無（スモークテスター） 4.　装置稼働時の捕捉面における気流の調査（スモークテスター）		
	換気区域の境界面における吸い込み状態	1.　装置稼働時，境界面において煙が吸い込み側フードに吸い込まれるか確認（スモークテスター） ※　開放式のみ		
	吸い込み側フィルタ等の状態	1.　汚染，目詰まり，破損等の有無（水洗式のものを除く）		
	吹き出し側フィルタ等の状態	1.　汚染，目詰まり，破損等の有無		
	捕捉面における風速	1.　捕捉面風速の適否 法定値：平均風速 0.2 m/s 以上，バラツキは平均風速に対して ±50% 以内 （測定点，実測値は別添）		
	風量	1.　プッシュ風量 （密閉式または開放式送風機有り） 2.　吹き出し開口面積　　　m² 3.　プル風量 4.　吸い込み開口面積　　　m²	前回 （　　　m³/min） 今回 （　　　m³/min） 前回 （　　　m³/min） 今回 （　　　m³/min）	

（注）フードごとに作成すること。

検　査　項　目		検　査　内　容	検査結果	改善措置等
ダクト	外面の摩耗，腐食，くぼみ等の状態	1.　摩耗，腐食，くぼみ等の有無 2.　塗装，ライニング等の損傷の有無 3.　通気抵抗の増加または粉じん等のたい積の原因となるような変形の有無		
	内面の摩耗，腐食，くぼみ等の状態	1.　摩耗，腐食，くぼみ等の有無 2.　塗装，ライニング等の損傷の有無 3.　付着物，たい積物の有無		

検　査　項　目	検　　査　　内　　容	検 査 結 果	改善措置等
ダ ク ト　ダンパの状態	1. 流量調整用ダンパの開度および固定状態の良否 2. 流路切替え用ダンパおよび締切り用ダンパの作動状態の良否		
接続部の状態	1. フランジの締付け状態の良否 2. 接続部からの漏れの有無 （スモークテスター，聴音）		
点検口等の状態	1. 点検口，掃除口，測定孔の開閉機能の良否 2. 点検口，掃除口，測定孔の気密性の良否		
ファイアーダンパの状態	1. ファイアーダンパの作動状況の良否		
排風量の測定	1. 排風量 （測定点および測定値は別添）	測定箇所 （　　　　　） 排風量 　　　　　　m³/min	
ファン（送風機・排風機）および電動機　ケーシングの表面の状態	1. 摩耗，腐食，くぼみ等の有無 2. 塗装等の損傷の有無		
ケーシングの内部，インペラおよびガイドベーンの状態	1. 摩耗，腐食，くぼみ等の有無 2. 塗装等の損傷の有無 3. 付着物，たい積物の有無		
ベルト等の状態	1. ベルトの損傷，摩耗の有無 2. ベルトとプーリーの溝の型の不一致の有無 3. 多本掛けのベルトの型または張り方の不揃いの有無 4. プーリーの損傷，偏心または取付け位置のズレの有無 5. キーおよびキー溝の緩みの有無 6. ベルトのたわみ量の適否 7. ベルトの振れの有無		
ファンの回転方向（吸気および排気の能力が否の場合）	1. ファンの回転方向の良否 2. ファンの回転数の良否	（　/min（rpm））	
軸受けの状態	1. 異常な音の有無 2. 軸受け箱の温度の良否 3. 油量および油の状態の良否	（　　　　℃）	
電動機の状態	1. 絶縁抵抗の良否 2. 表面温度の良否 3. 異常な音の有無	（　　　MΩ） （　　　　℃）	

検　査　項　目		検　　査　　内　　容	検 査 結 果	改善措置等
ファン（送風機・排風機）および電動機	配線の状態	1．充電部カバーの有無 2．被覆の摩耗，腐食，損傷の有無		
	接地線の状態	1．接地端子の緩み等の有無		
	インバータ	1．マニュアル設定の動作の適否 2．自動設定の動作の適否		
	安全カバーおよびその取付部の状態	1．摩耗，腐食，破損，変形等の有無 2．取付部の緩み等の有無		
	制御盤の状態	1．表示灯，充電部カバー，銘板等の破損，欠落等の有無 2．計器類の作動不良等の有無 3．付着物，たい積物の有無 4．端子の緩み，変色等の有無		
	ファンの排風量（吸気および排気の能力が否の場合）	1．ファンの排風量の良否	（　　　　m³/min）	

プッシュプル型換気装置定期自主検査記録表（記載例）　　実施頻度1年以内ごとに1回
保存年数3年間

設　置　名　称　等	塗装作業用プッシュプル型換気装置			
設　置　場　所	塗装工場	設置年月日		令和3年10月30日
対　象　作　業	塗装作業			
対　象　有　害　物　質	第2種有機溶剤	天候		
検　査　者	中央　太郎	検査年月日		令和4年6月15日
型　　　式	⦿密閉式 ⦿送風機有り・⦿無し　　　　　　⦿開放式			
気　流　の　向　き	⦿下降流 ⦿斜降流 ⦿水平流　その他			
特　記　事　項	・排気ファンベルト亀裂有り・・・・・要交換（応急的に張り調整のみ行った。）			
系　　統　　図	別紙系統線図参照			
改　善　実　施　責　任　者	中央　太郎	改善年月日		令和4年7月1日
検　　印	工場長	部　長	課　長	係　長	班　長

（備考）　1. 型式の欄は，該当するものに○を付すること。
　　　　　2. 特記事項欄には，気象条件，目視以外の検査方法，使用した測定器，作業実施状況総合判定等を記載すること。
　　　　　3. 系統図欄には，プッシュプル型換気装置の系統図を略記し，各種測定位置，要改善箇所等を記入すること。

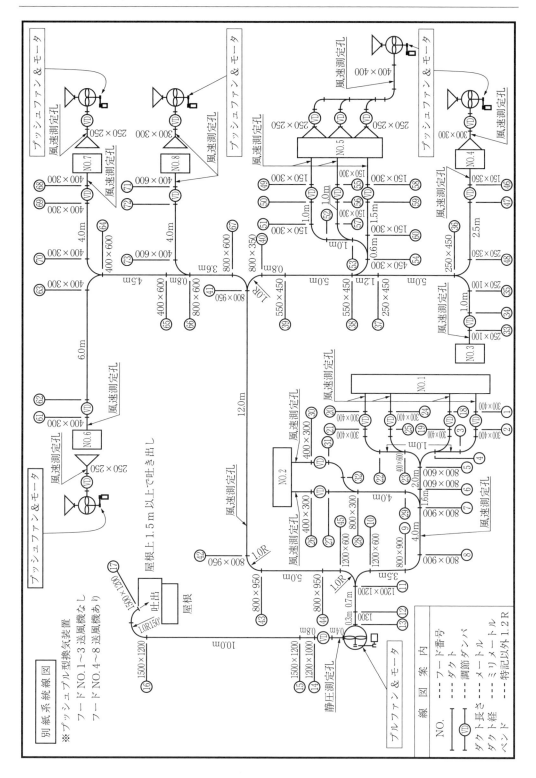

プッシュプル型換気装置チェックリスト（判定例）（適用欄は、実施項目に○を付すこと）

検査項目	検査内容	方法	適用	判定基準	判定	備考
フードの構造	フードの寸法および組み立て状態	測定	○	所定の構造であること	良	
フードの内面、外面の状態	フードの表面の状態	目視	○	フランジ、バッフル板等所定の状態であること	良	
		目視	○	フードの機能を低下させるような摩耗、腐食、くぼみその他の損傷、有害物質による閉塞が無いこと	良	
		目視	○	腐食の原因となる塗装等の損傷が無いこと	良	
	フードの内部の状態	目視	○	フードの機能を低下させるような有害物質のたい積が無いこと	良	
一様流の状態	柱、壁等の状態	目視	○	気流を妨げるような柱、壁等が無いこと	良	
	器具、工具、被加工物、材料等の状態	目視	○	気流の妨げになるような置き方がされていないこと	良	
	装置停止時の捕捉面における外乱気流の状態	目視	○	スモークテスター等の煙が流れず滞留すること	良	別紙捕捉面風速検査記録表 No. 1 参照
	装置稼働時の捕捉面における気流の状態	目視	○	スモークテスター等の煙が滞留せずフードに吸い込まれること	良	同上
換気区域の境界面における吸い込む気流の状態	装置稼働時の境界面における気流の状態	目視	—	境界面でのスモークテスター等の煙が滞留せずフードに吸い込まれること	—	
吸い込み側フィルタ等の状態	汚染、目詰まり、破損等の状態（水洗式のものを除く）	目視	○	吸い込み機能を低下させるような汚染、目詰まり破損等が無いこと	良	マノメータにより確認を行うこと

吸い込み側フード（番号1）

＊送風機無し。

区分	点検項目	点検内容	測定		判定基準	判定	備考
吸い込み側フード（番号2）	フードの構造		目視	○	所定の構造であること	良	
			目視	○	フランジ，バッフル板等所定の状態であること	良	
	フードの内面，外面の状態	フードの寸法および組み立て状態	目視	○	フードの機能を低下させるような摩耗，腐食，くぼみその他の損傷，有害物質による閉塞が無いこと	良	
		フードの表面の状態	目視	○	腐食の原因となる塗装等の損傷が無いこと	良	
		フードの内部の状態	目視	○	フードの機能を低下させるような有害物質のたい積が無いこと	良	
	一様流の状態	柱，壁等の状態	目視	○	気流を妨げるような柱，壁等が無いこと	良	
		器具，工具，被加工物，材料等の状態	目視	○	気流の妨げになるような置き方がされていないこと	良	
		装置停止時の捕捉面における気流の状態	目視	○	スモークテスター等の煙が流れず滞留すること	良	別紙捕捉面風速検査記録表 No. 2 参照
		装置稼働時の捕捉面における気流の状態	目視	○	スモークテスター等の煙が滞留せずフードに吸い込まれること	良	同上
	換気区域の境界面における吸込状態	装置稼働時の境界面における気流の状態（開放式のみ）	目視	—	境界面でのスモークテスター等の煙が滞留せずフードに吸い込まれること	—	
		吸い込み側フィルタ等の状態	目視	○	汚染，目詰まり，破損等の状態（水流式のものを除く）	良	マノメータにより確認を行うこと
					吸い込み機能を低下させるような汚染，目詰まり，破損等が無いこと		

＊送風機無し。

プッシュプル型換気装置チェックリスト（判定例）（続）

検査項目	検査内容	方法	適用	判定基準	判定	備考
フードの構造	フードの寸法および組み立て状態	測定	○	所定の構造であること	良	
フードの内面、外面の状態	フードの表面の状態	目視	○	フランジ、バッフル板等所定の状態であること		
		目視	○	フードの機能を低下させるような摩耗、腐食、くぼみその他の損傷、有害物質による閉塞が無いこと	良	
	フードの内部の状態	目視	○	腐食の原因となる塗装等の損傷が無いこと	良	
		目視	○	フードの機能を低下させるような有害物質のたい積が無いこと	良	
一様流の状態	柱、壁等の状態	目視	○	気流を妨げるような柱、壁等が無いこと	良	
	器具、工具、被加工物、材料等の状態	目視	○	気流の妨げになるような置き方がされていないこと	良	
	装置停止時の捕捉面における外乱気流の状態	目視	○	スモークテスター等の煙が流れず滞留すること	良	別紙捕捉面風速検査記録表No.3参照
	装置稼働時の捕捉面における気流の状態	目視	○	スモークテスター等の煙が滞留せずフードに吸い込まれること	良	同上
吸い込み側フード（番号3）	換気区域の境界面における吸込状態	装置稼働時のスモークテスター等の状態（開放式のみ）	目視	—	境界面でのスモークテスター等の煙が滞留せずフードに吸い込まれること	—	
	吸い込み側フィルタ等の状態	汚染、目詰まり、破損等の状態（水洗式のものを除く）	目視	○	吸い込み機能を低下させるような汚染、目詰まり破損等が無いこと	良	マノメータにより確認を行なうこと

＊送風機なし。

区分	点検項目	測定	要否	判定基準	判定	備考
フードの構造	フードの寸法および組み立て状態		○	所定の構造であること	良	
		目視	○	フランジ，バッフル板等所定の状態であること	良	
吹き出し側 フードの内面，外面の状態	フードの表面の状態	目視	○	フードの機能を低下させるような摩耗，腐食，くぼみその他の損傷，有害物質による閉塞が無いこと	良	
		目視	○	腐食の原因となる塗装等の損傷が無いこと	良	
	フードの内部の状態	目視	○	フードの機能を低下させるような有害物質のたい積が無いこと	良	
一様流の状態	柱，壁等の状態	目視	○	気流を妨げるような柱，壁等が無いこと	良	
	器具，工具，被加工物，材料等の状態	目視	○	気流の妨げになるような置き方がされていないこと	良	
	装置停止時の捕捉面における外乱気流の状態	目視	○	スモークテスター等の煙が流れず滞留すること	良	別紙捕捉風速検査記録表 No.4 参照
	装置稼働時の捕捉面における気流の状態	目視	○	スモークテスター等の煙が滞留せずフードに吸い込まれること	良	同上
換気区域の境界面における吸込状態	装置稼働時の境界面における気流の状態（開放式のみ）	目視	―	境界面でのスモークテスター等の煙が滞留せずフードに吸い込まれること	―	
吸い込み側フード（番号4） 吸い込み側フィルタ等の状態	汚染，目詰まり等の状態（水流式のものを除く）	目視	○	吸い込み機能を低下させるような汚染，目詰まり破損等が無いこと	良	マノメータにより確認を行うこと
吹き出し側フィルタ等の状態	汚染，目詰まり，破損等の状態	目視	○	吹き出し機能を低下させるような汚染，目詰まり破損等が無いこと	良	マノメータにより確認を行うこと

プッシュプル型換気装置チェックリスト（判定例）（続）

	検査項目	検査内容	方法	適用	判定基準	判定	備考
	フードの構造	フードの寸法および組み立て状態	測定	○	所定の構造であること	良	
吹き出し側フード（番号5）	フードの内面、外面の状態	フードの表面の状態	目視	○	フランジ、バッフル板等所定の状態であること	良	
			目視	○	フードの機能を低下させるような摩耗、腐食、くぼみその他の損傷、有害物質による閉塞が無いこと	良	
			目視	○	腐食の原因となる塗装等の損傷が無いこと	良	
		フードの内部の状態	目視	○	フードの機能を低下させるような有害物質のたい積が無いこと	良	
吸い込み側フード（番号5）	一様流の状態	柱、壁等の状態	目視	○	気流を妨げるような柱、壁等が無いこと	良	
		器具、工具、被加工物、材料等の状態	目視	○	気流の妨げになるような置き方がされていないこと	良	
		装置停止時の捕捉面における外乱気流の状態	目視	○	スモークテスター等の煙が流れず滞留すること	良	別紙捕捉面風速検査記録表 No. 5 参照
		装置稼働時の捕捉面における気流の状態	目視	○	スモークテスター等の煙が滞留せずフードに吸い込まれること	良	同上
	換気区域の境界面における吸込気流状態	装置稼働時のスモークテスター等の状態（開放式のみ）	目視	—	境界面でのスモークテスター等の煙が滞留せずフードに吸い込まれること	—	
	吸い込み側フィルタ等の状態	汚染、目詰まり、破損等の状態（水洗式のものを除く）	目視	○	吸い込み機能を低下させるような汚染、目詰まり、破損等が無いこと	良	マノメータにより確認を行うこと
	吹き出し側フィルタ等の状態	汚染、目詰まり、破損等の状態	目視	○	吹き出し機能を低下させるような汚染、目詰まり、破損等が無いこと	良	マノメータにより確認を行うこと

区分	検査項目		測定		判定基準	判定	備考
吹き出し側	フードの構造	フードの寸法および組み立て状態		○	所定の構造であること	良	
			目視	○	フランジ，バッフル板等所定の状態であること	良	
		フードの表面の状態	目視	○	フードの機能を低下させるような摩耗，腐食，くぼみその他の損傷，有害物質による閉塞が無いこと	良	
		フードの内部の状態	目視	○	腐食の原因となる塗装等の損傷が無いこと	良	
			目視	○	フードの機能を低下させるような有害物質のたい積が無いこと	良	
	一様流の状態	柱，壁等の状態	目視	○	気流を妨げるような柱，壁等が無いこと	良	
		器具，工具，被加工物，材料等の状態	目視	○	気流の妨げになるような置き方がされていないこと	良	
		装置停止時の捕捉面における外乱気流の状態	目視	○	スモークテスター等の煙が流れず滞留すること	良	別紙捕捉面風速検査記録表 No. 6 参照
吸い込み側フード（番号6）		装置稼働時の捕捉面における気流の状態	目視	○	スモークテスター等の煙が滞留せずフードに吸い込まれること	良	同上
	換気区域の境界面における吸込状態等の状態	換気区域の境界面における気流の状態（開放式のみ）	目視	○	境界面でのスモークテスター等の煙が滞留せずフードに吸い込まれること	良	
	吸い込み側フィルタ等の状態	汚染，目詰まり，破損等の状態（水洗式のものを除く）	目視	○	吸い込み機能を低下させるような汚染，目詰まり破損等が無いこと	良	マノメータにより確認を行うこと
	吹き出し側フィルタ等の状態	汚染，目詰まり，破損等の状態	目視	○	吹き出し機能を低下させるような汚染，目詰まり，破損等が無いこと	良	マノメータにより確認を行うこと

プッシュプル型換気装置チェックリスト（判定例）（続）

	検査項目	検査内容	方法	適用	判定基準	判定	備考
吹き出し側フード	フードの構造	フードの寸法および組み立て状態	測定	○	所定の構造であること	良	
			目視	○	フランジ、バッフル板等所定の状態であること	良	
	フードの内面、外面の状態	フードの表面の状態	目視	○	フードの機能を低下させるような摩耗、腐食、くぼみその他の損傷、有害物質による閉塞が無いこと	良	
			目視	○	腐食の原因となる塗装等の損傷が無いこと	良	
		フードの内部の状態	目視	○	フードの機能を低下させるような有害物質のたい積が無いこと	良	
	一様流の状態	柱、壁等の状態	目視	○	気流を妨げるような柱、壁等が無いこと	良	
		器具、工具、被加工物、材料等の状態	目視	○	気流の妨げになるような置き方がされていないこと	良	
		装置停止時の捕捉面における外乱気流の状態	目視	○	スモークテスター等の煙が流れず滞留すること	良	別紙捕捉面風速検査記録表 No. 7 参照
吸い込み側フード（番号 7）		装置稼働時の捕捉面における気流の状態	目視	○	スモークテスター等の煙が滞留せずフードに吸い込まれること	良	同上
	換気区域の境界面における吸込状態	装置稼働時の境界面における気流の状態（開放式のみ）	目視	○	境界面でのスモークテスター等の煙が滞留せずフードに吸い込まれること	良	
	吸い込み側フィルタ等の状態	汚染、目詰まり、破損等の状態（水洗式のものを除く）	目視	○	吸い込み機能を低下させるような汚染、目詰まり、破損等が無いこと	良	マノメータにより確認を行うこと
	吹き出し側フィルタ等の状態	汚染、目詰まり、破損等の状態	目視	○	吹き出し機能を低下させるような汚染、目詰まり、破損等が無いこと	良	マノメータにより確認を行うこと

区分	点検項目	状態	測定	判定	判定基準	結果	備考
吹き出し側・吸い込み側フード（番号8）	フードの構造	フードの寸法および組み立て状態		○	所定の構造であること	良	
			目視	○	フランジ，バッフル板等所定の状態であること	良	
		フードの内面，外面の状態 — フードの表面の状態	目視	○	フードの機能を低下させるような摩耗，腐食，くぼみ，その他の損傷，有害物質による閉塞が無いこと	良	
			目視	○	腐食の原因となる塗装等の損傷が無いこと	良	
		フードの内部の状態	目視	○	フードの機能を低下させるような有害物質のたい積が無いこと	良	
	一様流の状態	柱，壁等の状態	目視	○	気流を妨げるような柱，壁等が無いこと	良	
		器具，工具，被加工物，材料等の状態	目視	○	気流の妨げになるような置き方がされていないこと	良	
		装置停止時の捕捉面における外乱気流の状態	目視	○	スモークテスター等の煙が流れず滞留すること	良	別紙捕捉面風速検査記録表 No. 8 参照
		装置稼働時の捕捉面における気流の状態	目視	○	スモークテスター等の煙が滞留せずフードに吸い込まれること	良	同上
	換気区域の境界面における吸込状態	換気区域の境界面における気流の状態（開放式のみ）	目視	○	境界面でのスモークテスター等の煙が滞留せずフードに吸い込まれること	良	
	吸い込み側フィルタ等の状態	汚染，目詰まり，破損等の状態（水洗式のものを除く）	目視	○	吸い込み機能を低下させるような汚染，目詰まり，破損等が無いこと	良	マノメータにより確認を行うこと
	吹き出し側フィルタ等の状態	汚染，目詰まり，破損等の状態	目視	○	吹き出し機能を低下させるような汚染，目詰まり，破損等が無いこと	良	マノメータにより確認を行うこと

プッシュプル型換気装置チェックリスト（判定例）（続）

検査項目	検査内容	方法	適用	判　定　基　準	判定	備　　考 (位置表示の場合は系統線図No.を明記)
外面の摩耗，腐食，くぼみ等の状態	摩耗，腐食，くぼみ等の状態	目視	○	空気漏れの原因となるような摩耗，腐食，くぼみ等が無いこと	良	
		目視	○	腐食の原因となるような塗装等の損傷が無いこと	良	
		目視	○	通気抵抗の増加または粉じん等のたい積の原因となるような変形が無いこと	良	
内面の摩耗，腐食，くぼみ等の状態	摩耗，腐食等および粉じん等のたい積の状態（点検口または接続部を外し検査）	目視	―	空気漏れの原因となるような摩耗，腐食が無いこと	―	
		目視	―	腐食の原因となるような塗装等の損傷が無いこと	―	
		目視	―	粉じんのたい積が無いこと	―	
	（テストハンマー等の打音にて検査）	聴診	―	粉じんのたい積による異音が無いこと	―	
	（ダクトの静圧測定による検査）	測定	○	ダクト内の静圧が，初期静圧の値と著しく差が無いこと	良	
ダンパの状態	流量調節用ダンパの開度および固定の検査	目視	○	所定の開度で固定してあること	良	
	切替え，締切りダンパの検査	目視	―	作動が正常であること	―	
	（スモークテスター等を使用）	目視	―	開放状態の時はフードに煙が吸込まれること	―	
		目視	―	閉切り状態の時はフードに煙が吸込まれないこと	―	
接続部の状態	フランジの締め付けボルト，ナット	目視	○	ボルト，ナット，ガスケット等の破損，欠落が無いこと	良	

第
1
編

点検箇所	点検項目	点検方法		判定基準	判定
		目視	○	ボルトの片締めが無いこと	良
	（スモークテスター等を使用）	目視	—	吸い込み込みダクトにあっては接続部から煙が吸い込まれないこと	—
		目視	—	吐き出しダクトにあっては接続部から煙が吹き飛ばされないこと	—
	（流入、漏出音を聴く）	聴診	○	流入、漏出音が無いこと	良
	（ダクト内の静圧測定による検査）	測定	—	ダクト内の静圧が，初期静圧の値と著しく差が無いこと	—
点検口の状態	構成部品の破損，欠落の検査	目視	○	破損、欠落が無いこと	良
	開閉状態の検査	目視	○	開閉が円滑にでき、かつ、密閉が確実に出来ること	良
	ガスケット部の空気の流入、漏出の検査	目視	○	スモークテスター等の煙が吸い込まれたり吹き飛ばされないこと	良
ファイアーダンパの状態	1. ファイアーダンパの作動状況の良否	作動	○	温度ヒューズの劣化のないこと　作動試験に正常に作動すること	良
排風量の測定	1. 排風量（測定点および測定値は別添）	測定	○	排風量が設計値の範囲内にあること	良

プッシュプル型換気装置チェックリスト（判定例）（続）

検査項目	検査内容	方法	適用	判定基準	判定	備考 （位置表示の場合は系統線図No.を明記）
ケーシング表面の状態	ケーシング表面の検査	目視	○	ファンの機能を低下させるような摩耗，腐食，くぼみその他損傷または，粉じんのたい積が無いこと	良	
		目視	○	腐食が原因となるような塗装等の損傷	良	
ケーシング内部，インペラおよびガイドベーンの状態 ※吸気，排気能力低下の場合のみ検査実施	ケーシング内面，インペラおよびガイドベーンの摩耗，腐食，くぼみその他損傷および粉じん付着の検査	目視	—	ファンの機能を低下させるような摩耗，腐食，くぼみその他の損傷または，粉じんの付着が無いこと	—	
		目視	—	腐食が原因となるような塗装等の損傷	—	
		目視	—	ファンの機能を低下させるような粉じん等の付着が無いこと	—	
ベルト等の状態	損傷，偏心，位置ズレ，キーの検査	目視	○	ベルトの損傷傷が無いこと	良	
		目視	○	ベルトとプーリーの溝の型の不一致が無いこと	良	
		目視	○	多本掛けベルトの型または張り方の不揃いが無いこと	良	
		目視	○	プーリーの損傷，偏心または取付け位置のズレが無いこと	良	
		目視	○	キーおよびキー溝の緩みが無いこと	良	
	ベルトのたわみの検査	実測	○	著しいたるみが無いこと	良	
	ベルトの振れの検査	目視	○	ファンを作動させベルトの振れが無いこと	良	
	ファン実回転数の検査 ※吸気，排気能力低下の場合のみ点検	実測	—	性能を出し得る回転数であること （プッシュ・ファン…銘板値1/min	—	

検査項目	検査実施			判定基準（rpm）	検査結果
ファンの回転方向	ファンの回転方向の検査	目視	○	所定の回転方向であること	良
軸受けの状態	異音の検査（聴音器を当てる）	聴診	○	回転音に異常が無いこと	良
	振動の検査（ベアリングチェッカーにて測定）	実測	○	指示値が一定の範囲内にあること	良
	表面温度の検査（1時間以上運転後）	触診	—	軸受けの表面が手で触れていられる熱さであること	一
	オイルカップまたはグリースカップの油量および油の状態	目視	—	油量が所定の量であり，油の汚れまたは水もしくは粉じん，金属粉等の混入が無いこと	一
電動機の状態	絶縁抵抗の検査（絶縁抵抗計使用）（巻線とケースの間および巻線と接地端子の間測定）	実測	—	絶縁抵抗が十分高いこと	一
	表面温度の検査（1時間以上運転後）（表面温度計，ガラス温度計使用）	実測	○	表面温度が右表の耐熱クラスに対応して示された温度以下であること（適用耐熱クラスB 実測値90℃）	良

耐熱クラス	Y	A	E	B	F	H			
温度℃	90	105	120	130	155	180	200	220	250

（左端縦項目：ファンおよび電動機）

プッシュプル型換気装置チェックリスト（判定例）（続）

検　査　項　目		検　査　内　容	方法	適用	判　定　基　準	判定	備　　　　考 (位置表示の場合は系統線図No.を明記)
制御盤の状態		表示灯，充電部カバー，銘板の検査	目視	○	破損，欠落が無いこと	良	
		計器類の作動の検査	目視	○	作動不良が無いこと	良	
		粉じん等のたい積の検査	目視	―	粉じん等のたい積が無いこと	―	
		端子の緩み，変色の検査	目視 触診	○	端子に緩み，変色が無いこと	良	
		電源を入れ，所定の作動（ボタン操作等）の検査	目視	―	機器が所定の作動をすること	―	
送風機（お）よび電動機	配線の状態	充電部の検査	目視	○	充電部が露出せずカバーがかけられていること	良	
		被覆の摩耗，腐食，損傷の検査	目視	―	被覆の摩耗，腐食，損傷が無いこと	―	
	接地線の状態	接地端子の締め付けの検査	目視	○	緩み，外れが無いこと	良	
	インバータ	マニュアル設定の動作確認	目視	○	周波数が円滑に変化すること	良	
		自動設定の動作確認	目視	○	設定された周波数に自動的に変化すること	良	
	ファンの排風量	入口，出口側の静圧の検査	実測	○	静圧を基に計算される風量が，必要な風量以上であること	良	
	安全カバー等の状態	ベルトカバー等の検査 ※必要に応じて触診	目視	○	摩耗，腐食，破損，変形が無いこと 取付部の緩みが無いこと	良	

部位	検査項目	検査方法		判定基準	判定	備考
ア ケーシング表面の状態	ケーシング表面の検査	目視	○	ファンの機能を低下させるような摩耗，腐食，くぼみその他の損傷または，粉じんのたい積が無いこと	良	
		目視	○	腐食が原因となるような塗装等の損傷が無いこと	良	
イ ケーシング内部の状態 ※吸気，排気能力低下の場合のみ検査実施	ケーシング内面，インペラおよびガイドベーンの摩耗，腐食，くぼみその他損傷および粉じん付着の検査	目視	—	ファンの機能を低下させるような摩耗，腐食，くぼみその他の損傷または，粉じんの付着が無いこと	—	
		目視	—	腐食が原因となるような塗装等の損傷が無いこと	—	
（排風機）		目視	—	ファンの機能を低下させるような粉じん等の付着が無いこと	—	
おおよび電動機 ベルト，プーリーの状態	損傷，偏心，位置ズレ，キーの検査	目視	○	ベルトの損傷が無いこと	否	排気ファン ※検査後補修完了（齋藤…5月1日）
		目視	○	ベルトとプーリーの溝の型の不一致が無いこと	良	
		目視	○	多本掛けベルトの型または張り方の不揃いが無いこと	良	
		目視	○	プーリーの損傷，偏心または取付け位置のズレが無いこと	良	
		目視	○	キーおよびキー溝の緩みが無いこと	良	
	ベルトのたわみの検査	実測	—	著しいたわみが無いこと	—	
	ベルトの振れの検査	目視	—	ファンを作動させベルトの振れが無いこと	—	

プッシュプル型換気装置チェックリスト（判定例）（続）

	検査項目	検査内容	方法	適用	判定基準	判定	備考（位置表示の場合は系統線図No.を明記）
ファン（排風機）および電動機		ファン実回転数の検査　※吸気、排気能力低下の場合のみ点検実施	実測	ー	性能を出し得る回転数であること（プルファン…銘板値 1/min (rpm)）		
	ファンの回転方向	ファンの回転方向の検査	目視	○	所定の回転方向であること	良	
	軸受けの状態	異音の検査（聴音器を当てる）	聴診	○	回転音に異常が無いこと	良	
		振動の検査（ベアリングチェッカーにて測定）	実測	○	指示値が一定の範囲内にあること	良	
		表面温度の検査（1時間以上運転後）	触診	ー	軸受けの表面が手で触れていられる熱さであること	ー	
		オイルカップまたはグリースカップの油量および油の状態	目視	ー	油量が所定の量であり、油の汚れまたは水もしくは粉じん、金属粉等の混入が無いこと	ー	
	電動機の状態	絶縁抵抗の検査（絶縁抵抗計使用）（巻線とケースの間および巻線と接地端子の間測定）	実測	ー	絶縁抵抗が十分高いこと	ー	
		表面温度の検査（1時間以上運転後）（表面温度計。ガラス温度計使用）	実測	○	表面温度が右表の耐熱クラスに対応して示された温度以下であること（適用耐熱クラスB 実測値90℃）	良	接地線の状態、配線盤の状態、インバータ、ファンの排風量、安全カバー等の状態

耐熱クラス	Y	A	E	B	F	H	200	220	250
温度℃	90	105	120	130	155	180	200	220	250

「ファン（排風機）および電動機」についても、「ファン（送風機）および電動機」中の p.36 の B の検査項目。（制御盤等は略。p.36 と同じ内容となる。）ファンの排風量、安全カバー等の状態が必要となる（ここでは検査内容等は略。p.36 と同じ内容となる。）。

別紙　捕捉面風速検査記録表（1/4）

フード番号	NO. 1					NO. 2				
フード形状	捕捉面　1.5 m					捕捉面				
	開口面積	プッシュ ： 無し				開口面積	プッシュ ： 無し			
		プル ： 20.0 m²					プル ： 8.0 m²			
作業内容	大物製品吹付け塗装作業					中製品吹付け塗装作業				
型 式	密閉式　下降流　（送風機無し）					密閉式　水平流　（送風機無し）				
法定捕捉面風速	平均：0.2 m/s 以上バラツキ±50％ 以内					平均：0.2 m/s 以上バラツキ±50％ 以内				
設定風量	プル　290 m³/min		プッシュm³/min			プル　115 m³/min		プッシュ　　m³/min		
枝管風速等　管 径 (mm)	φ350	φ350	φ350	φ350		φ350	φ350			
風 速 (m/s)	12.8	13.2	12.8	12.5		10.2	10.0			
	13.0	12.7	13.0	13.2		10.5	10.2			
	12.7	13.5	13.2	12.8		10.2	10.4			
	13.2	12.8	13.1	13.2		10.5	11.0			
平均風速	12.9	13.0	13.0	12.9		10.35	10.4			
風量	74.6	75.0	75.0	74.6		59.7	60.0			

捕捉面風速　各測定点での測定値 (m/s)	捕捉面サイズ5 m×4 m				捕捉面サイズ2 m×4 m			
	0.20	0.24	0.28	0.20	0.17	0.28	0.23	0.19
	0.18	0.25	0.26	0.18	0.22	0.26	0.28	0.18
	0.22	0.24	0.27	0.18	0.18	0.23	0.18	0.22
	0.25	0.26	0.22	0.20	0.26	0.22	0.25	0.24
	捕捉面を16等分しその中心点の床上1.5 mにて測定				捕捉面を16等分しその中心点にて測定			

風速値	平均0.227 m/s　最大0.28 m/s　最小0.18 m/s	平均0.224 m/s　最大0.28 m/s　最小0.17 m/s
バラツキ	23.3%～－20.7%	25%～－24.1%
判 定	良好	良好
備 考	プル枝管合計風量　　299.2 m³/min ｜ プッシュ枝管合計風量　　— m³/min	プル枝管合計風量　　119.7 m³/min ｜ プッシュ枝管合計風量　　— m³/min

第1編

別紙　捕捉面風速検査記録表（2/4）

フード番号	NO. 3				NO. 4			
フード形状	捕捉面				捕捉面			
	開口面積	プッシュ ： 無し			開口面積	プッシュ ： 4.0 m²		
		プル ： 1.0 m²				プル ： 4.0 m²		
作業内容	小物製品手塗り作業				中製品吹付け塗装作業			
型　式	密閉式　水平流　（送風機無し）				密閉式　水平流　（送風機有り）			
法定捕捉面風速	平均 0.2 m/s 以上バラツキ ±50% 以内				平均 0.2 m/s 以上バラツキ ±50% 以内			
設定風量	プル　15 m³/min		プッシュm³/min	プル　60 m³/min		プッシュ　60 m³/min		
枝管風速等　管径(mm)	φ125	φ125			φ250	φ250	φ250	φ250
風速(m/s)	10.0	10.5			10.0	11.2	11.2	10.0
	11.0	10.0			11.5	10.8	10.8	11.0
	9.8	10.3			8.4	10.5	10.5	9.0
	10.4	10.4			11.7	9.1	8.9	11.4
平均風速	10.3	10.3			10.4	10.4	10.4	10.4
風量	7.6	7.6			30.0	30.6	30.5	30.5

捕捉面風速　各測定点での測定値(m/s)	捕捉面サイズ 1 m×1 m				捕捉面サイズ 2 m×2 m			
	0.22	0.22	0.24	0.24	0.21	0.28	0.19	0.19
	0.25	0.28	0.22	0.18	0.25	0.26	0.19	0.22
	0.26	0.24	0.26	0.17	0.29	0.28	0.22	0.22
	0.20	0.24	0.22	0.16	0.28	0.30	0.26	0.24
	捕捉面を 16 等分しその中心点にて測定				捕捉面を 16 等分しその中心点にて測定			

風速値	平均 0.225 m/s　最大 0.28 m/s　最小 0.16 m/s	平均 0.243 m/s　最大 0.30 m/s　最小 0.19 m/s
バラツキ	+24%〜−29%	+24%〜−22%
判　定	良好	良好
備　考	プル枝管合計風量　15.2 m³/min　｜　プッシュ枝管合計風量　― m³/min	プル枝管合計風量　61.2 m³/min　｜　プッシュ枝管合計風量　61.0 m³/min

別紙　捕捉面風速検査記録表（3/4）

フード番号	NO.5						NO.6		
フード形状	捕捉面　1.5 m						吹き出し側フード　捕捉面　換気区域　吸い込み側フード　1300　1300　1500　1500　1500		
開口面積	プッシュ ： 6.0 m²				プル ： 6.0 m²		プッシュ ： 1.69 m²		プル ： 2.25 m²
作業内容	大物製品吹付け塗装作業						小物製品手塗り作業		
型　式	密閉式　下降流　（送風機有り）						開放式　　下降流　（送風機有り）		
法定捕捉面風速	平均 0.2 m/s 以上バラツキ ±50% 以内						平均 0.2 m/s 以上バラツキ ±50% 以内		
設定風量	プル 90 m³/min			プッシュ 90 m³/min			プル 75 m³/min	プッシュ 35 m³/min	

	管径 (mm)	φ225	φ225	φ225	φ225	φ225	φ225	300×400	250×250
枝管風速等	風速 (m/s)	12.5	12.6	12.5	12.4	13.0	13.0	10.6	10.0
		12.0	12.5	12.5	13.6	13.5	12.8		
		13.0	12.2	12.5	12.7	12.9	13.0	10.5	10.5
		13.5	13.2	13.5	12.3	12.3	13.7		
	平均風速	12.8	12.6	12.8	13.0	12.9	13.1	10.6	10.3
	風量	30.4	30.1	30.4	31.1	30.8	31.3	76.0	38.4

	各測定点での測定値 (m/s)	捕捉面サイズ 3 m×2 m						捕捉面サイズ 1.3 m×1.3 m			
捕捉面風速		0.30	0.29	0.27	0.26			0.30	0.26	0.33	0.19
		0.28	0.25	0.23	0.23			0.35	0.34	0.36	0.25
		0.22	0.18	0.24	0.22			0.33	0.33	0.28	0.19
		0.19	0.18	0.20	0.17			0.28	0.25	0.26	0.20
		捕捉面を 16 等分しその中心点の床上 1.5 m にて測定						捕捉面を 16 等分しその中心点の床上 1.5 m にて測定			
	風速値	平均 0.232 m/s　最大 0.3 m/s　最小 0.17 m/s						平均 0.281 m/s　最大 0.36 m/s　最小 0.19 m/s			
	バラツキ	＋29%～－27%						＋28%～－32%			

判　定	良好				良好			
備　考	プル枝管合計風量 90.9 m³/min		プッシュ枝管合計風量 93.2 m³/min		プル枝管合計風量 76.0 m³/min		プッシュ枝管合計風量 38.4 m³/min	

別紙　捕捉面風速検査記録表（4/4）

フード番号	NO. 7				NO. 8			
フード形状								
	開口面積	プッシュ ： 1.69 m²			開口面積	プッシュ ： 3.0 m²		
		プル ： 2.25 m²				プル ： 8.0 m²		
作業内容	小物製品吹付け塗装作業				中製品吹付け塗装作業			
型　式	開放式　斜降流　（送風機有り）				開放式　水平流　（送風機有り）			
法定捕捉面風速	平均0.2 m/s 以上バラツキ±50% 以内				平均0.2 m/s 以上バラツキ±50% 以内			
設定風量	プル　75 m³/min		プッシュ　35 m³/min		プル　140 m³/min		プッシュ　60 m³/min	
枝管風速等　管径(mm)	300×400		250×250		400×600		300×300	
風速(m/s)	10.8		9.5		10.5		11.0	
	10.3		10.0		10.8		11.8	
平均風速	10.6		9.8		10.7		11.4	
風量	76.0		36.6		153.4		61.6	

捕捉面風速　各測定点での測定値(m/s)	捕捉面サイズ1.3 m×1.3 m				捕捉面サイズ2.5 m×1.2 m			
	0.40	0.36	0.38	0.20	0.30	0.40	0.41	0.32
	0.35	0.35	0.33	0.25	0.28	0.38	0.38	0.33
	0.38	0.40	0.29	0.30	0.30	0.35	0.29	0.22
	0.30	0.33	0.22	0.20	0.22	0.21	0.22	0.25
	捕捉面を16等分しその中心点にて測定				捕捉面を16等分しその中心点にて測定			
平均値	0.315 m/s				0.304 m/s			
バラツキ	+27%〜−37%				+35%〜−34%			
判定	良好				良好			
備考	プル枝管合計風量　76.0 m³/min		プッシュ枝管合計風量　36.6 m³/min		プル枝管合計風量　153.4 m³/min		プッシュ枝管合計風量　61.6 m³/min	

除じん装置定期自主検査記録表（例）（共通）

設　置　名　称　等				
設　置　場　所		設置年月日		年　月　日
対　象　有　害　物　質				
検　　査　　者		検査年月日		年　月　日
特　記　事　項				
系　　統　　図				
改　善　実　施　責　任　者		改善年月日		年　月　日
検　　　　　印	工場長	部　長	課　長	係　長	班　長

（備考）　特記事項欄には，気象条件，目視以外の検査方法，使用した測定器，作業実施状況，総合判定
等を記載すること。

除じん装置（ろ過式）チェックリスト（例）

検　査　項　目		検　　査　　内　　容	検　査　結　果	改善措置等
装置本体	外面の摩耗，腐食および破損等の有無ならびに粉じん等のたい積の状態	1. 外面の摩耗，腐食，破損等の有無 2. 塗装等の損傷の有無 3. たい積物の有無 4. 支持部の緩み等		
	内部の摩耗，腐食および破損等の有無ならびに粉じん等のたい積の状態	1. 内部の摩耗，腐食，破損等の有無 2. 塗装等の損傷の有無 3. たい積物の有無 4. 支持部の緩み等		
	点検口の状態	1. 点検口の開閉機能の良否 2. 点検口の気密性の良否		
	制御盤の状態	1. 表示灯，充電部カバー，銘板等の破損，欠落等の有無 2. 計器類の作動不良等の有無 3. たい積物の有無 4. 端子の緩み，変色等の有無		
	ダクト接続部の状態	1. 流量調整用ダンパの開度および固定状態の良否 2. 流路切替え用ダンパおよび締切り用ダンパの作動状態の良否 3. バイパス弁およびフレキシブルジョイントの摩耗，腐食，破損，塗装の損傷，粉じんのたい積等の有無 4. バイパス弁の作動状態の良否		
	接続部の緩みの有無	1. 接続部の締付け状態の良否 2. 制御用またはパルス払落し用圧縮空気配管系統の接続部からの漏れの有無（スモークテスト）		
ろ材	ろ材の状態	1. 目詰まり，破損，劣化，焼損，湿り等の有無 2. ろ材の前後の圧力差の適否	前回 （　　　　hPa） 今回 （　　　　hPa）	
	ろ材の取付け状態	1. 脱落，たるみ等の有無 2. 固定ボルト，バンド等の破損，欠落または片締めの有無		
払落し装置	払落し装置の状態	1. 摩耗，腐食，破損，変形等の有無 2. 払落し装置の作動状況の良否 3. パイロット弁およびダイヤフラム弁の作動状態の良否，異常な音の有無 4. 圧縮空気の圧力の良否 5. 圧縮空気中の水，油等の有無		

検　査　項　目	検　　査　　内　　容	検　査　結　果	改善措置等
排出装置	ホッパー，ダンパ，ロータリーバルブ，コンベヤー等の状態	1．摩耗，腐食，破損等の有無 2．塗装等の損傷の有無 3．変形の有無		
	ホッパー内部の状態	1．摩耗，腐食，破損等の有無 2．塗装等の損傷の有無 3．たい積物の有無		
	排出装置の作動状態	1．作動不良，異常な音，異常な振動の有無		
駆動装置	ベルト，チェーン等の状態	1．ベルト，チェーンの損傷，摩耗の有無 2．ベルトとプーリーの溝の型の不一致の有無 3．多本掛けのベルトの型または張り方の不揃いの有無 4．プーリー，スプロケットの損傷，偏心または取付け位置のズレの有無 5．キーおよびキー溝の緩みの有無 6．ベルト，チェーンのたわみ量の適否 7．ベルトの振れの有無 8．チェーンの付着物，油切れの有無		
	軸受けの状態	1．異常な音の有無 2．軸受け箱の温度の良否 3．油量および油の状態の良否	（　　　　℃）	
	電動機の状態	1．絶縁抵抗の良否 2．表面温度の良否 3．異常な音の有無	（　　　MΩ） （　　　　℃）	
	安全カバーおよびその取付部の状態	1．摩耗，腐食，破損，変形等の有無 2．取付部の緩み等の有無		
その他	除じん性能	1．除じん効率の良否		
	安全装置	1．圧力放散ベント，ファイアーダンパ，インターロック，逃し弁等の作動の良否		
	その他特記事項			

除じん装置（ろ過式）定期自主検査記録表（記載例）　　実施頻度1年以内ごとに1回
保存年数3年間

設 置 名 称 等	ろ過式除じん装置（ＤＣ－１－ＢＦ型）		
設 置 場 所	第1工場	設置年月日	令和元年 10 月 30 日
対 象 有 害 物 質	粉じん		
検 査 者	中央 太郎	検査年月日	令和 4 年 6 月 15 日
特 記 事 項	• 特に記載すべき事項なし		
系 統 図			
改 善 実 施 責 任 者	―	改善年月日	―年―月―日
検 印	工場長	部 長	課 長	係 長	班 長

（備考）　特記事項欄には，気象条件，目視以外の検査方法，使用した測定器，作業実施状況，総合判定
　　　　等を記載すること。

除じん装置（ろ過式）チェックリスト（判定例）

項目	適用	検査項目	検査方法	判定基準	判定
装置本体	○	外面の摩耗，腐食および破損等の有無ならびに粉じん等のたい積の状態	目視，テストハンマー，超音波厚さ計	摩耗，腐食，破損のないこと	良
				異常な変形のないこと	良
				異常な粉じんのたい積のないこと	良
	○	内部の摩耗，腐食および破損等の有無ならびに粉じん等のたい積の状態	目視，テストハンマー，超音波厚さ計	摩耗，腐食，破損のないこと	良
				異常な変形のないこと	良
				異常な粉じんのたい積のないこと	良
	○	点検口の状態	目視およびスモークテスター	点検口，掃除口，測定孔の開閉が円滑であること	良
				気密性が良好であること	良
				ガスケットの劣化のないこと	良
	○	制御盤の状態	目視，作動試験	表示灯，充電部カバー等の破損・欠落のないこと，また，計器類の作動不良のないこと	良
				端子の緩み，変色等のないこと	良
				盤内部に粉じんのたい積のないこと	良
	○	ダクト接続部の状態	スモークテスターおよび目視，テストハンマー	フランジの締め付け状態が良好であること	良
				シールテープ等の剥がれのないこと	良
	○	接続部の緩みの有無	スモークテスターおよび目視，テストハンマー	本体フランジ部，圧縮空気配管等の部位において漏れのないこと	良
				特に雨水の漏れ込みのないこと	良
ろ材	○	ろ材の状態	目視，触診	目詰まり，破損，劣化，焼損，湿りのないこと	良

除じん装置（ろ過式）チェックリスト（判定例）（続）

項目	適用	検査項目	検査方法	判定基準	判定
ろ材	○	ろ材の取付け状態	目視	脱落、緩み等のないこと	良
払落し装置	○	払落し装置の状態	目視、作動試験	固定ボルト、バンド、ガスケット等の破損、劣化、欠落のないこと	良
				払落し装置の作動が良好であること	良
				払落し装置の作動時に異常音、異常振動を発生しないこと	良
				摩耗、腐食、変形、欠落、電磁弁（ダイアフラム弁）の故障のないこと	良
				圧縮空気の圧力が所定の値であること	良
				圧縮空気の結露水が溜まっていないこと	良
排出装置	○	ホッパー、ダンパ、ロータリーバルブ、コンベヤー等の状態	目視、テストハンマー、超音波厚さ計	摩耗、腐食、破損のないこと	良
				異常な変形のないこと	良
				排出装置のインペラ（羽根車）が粉じんによって詰まっていないこと	良
	○	ホッパー内部の状態	目視、テストハンマー	摩耗、腐食、破損のないこと	良
				粉じんによるブリッジ現象を起こしていないこと	良
	○	排出装置の作動状態	目視、作動試験	粉じんが正常に排出されること	良
				擦過音等の異常音が発生しないこと	良
駆動	○	ベルト、チェーン等の状態	テンションメータ、目視、作動試験	ベルト、チェーンに損傷、摩耗、腐食のないこと	良
				プーリー溝、スプロケットに摩耗のないこと	良
				プーリーの損傷、偏心のないこと	良
				多本掛けベルトにおいては張り方に不揃い	良

分類		点検項目	点検方法	いのないこと	
装　置	○	軸受けの状態	聴音器，ベアリングチェッカー，温度計	ベルト，チェーンのたわみ量が適正であること	良
				チェーンに付着物がないこと，油切れしていないこと	良
				軸受けに異常音のないこと	良
				軸受け箱（ハウジング）が過熱していないこと	良
				潤滑油が適正に保たれていること	良
	○	電動機の状態	絶縁抵抗計（メガー），温度計，聴診器，振動計	絶縁抵抗が適正値であること	良
				表面温度が適正であること	良
				異常音，異常振動の発生のないこと	良
				粉じん等のたい積により電動機の冷却効果が低下していないこと，また，冷却ファンに異常のないこと	良
	○	安全カバーおよびその取付部の状態	目視，触診	摩耗，腐食，破損，変形等のないこと	良
				取付部に緩みのないこと	良
				外されたままの状態でないこと	良
	○	除じん性能	粉じん測定器	適正な除じん効率（集じん率）が保持されていること	良
その他	○	安全装置	目視，作動試験	ファイアーダンパの温度ヒューズ，爆圧放散ベントのラプチャーディスクに劣化のないこと	良
				各種のインターロック回路が正常に作動すること	良

風量等測定結果記録表（例）			
除じん装置形式	ろ過式除じん装置（ＤＣ－１－ＢＦ型）	測定日時	
測　定　結　果		測定者	
除じん装置の概要と測定点位置図	バグフィルタ ② 出口側 ろ布 排気管 入口側 ① ③ B 入口側静圧　A ろ布差圧　C 出口側静圧　ファン		

測　定　値　名	測定点名	測定値	
		水柱 mm	圧力換算値 hPa
ろ　布　差　圧	①→②（B－A）		
入　口　静　圧	①（B）		
出　口　静　圧	②（C）		
排　気　側　静　圧	③		
仕　　　　　様	単　位	測定値	設計値
入　口　口　径	ϕ mm		
入　口　速　度　圧	hPa		
入　口　風　速	m/s		
入　口　風　量	m³/min		

（注意事項）風速等の測定のとき，センサーをトラバースしてその読みに大きな変動のないことを確かめるか，バラツキの大きな場合は平均風速を求めること。本紙裏面または本文参照のこと。

測定器の形式		測定器管理番号	

排風量測定の要点

　排風量を測定するには，ファンの入口側または出口側のダクトの直線部分に設けた測定口からダクト内にピトー管または風速計のセンサーを挿入してダクト断面の風速分布を測定して，平均風速とダクト断面積から排風量を求める。ダクト断面上の測定点のとり方は次のようにする。

（イ）　円形ダクトの場合は，直交する２直径上で，同心円によって断面積を等分してできた環状帯の各中心点を測定点とする。ダクト直径，半径区分数，測定点の数は**図1**を参照して**表1**の通りである。

表1　円形ダクトの風速測定点位置（JIS Z 8808 より）

適用ダクト直径 2R（m）	半径区分数	測定点の数	測定点のダクト中心からの距離（m）				
			r_1	r_2	r_3	r_4	r_5
1以下	1	4	0.707R	—	—	—	—
1を超え2以下	2	8	0.500R	0.866R	—	—	—
2を超え4以下	3	12	0.408R	0.707R	0.913R	—	—
4を超え4.5以下	4	16	0.354R	0.612R	0.791R	0.935R	—
4.5を超えた場合	5	20	0.316R	0.548R	0.707R	0.837R	0.949R

　なお，ベンド近傍などでダクト内の風速分布が激しい場合はこのような測定をする必要があるが，測定精度がラフでよい場合や風速分布が小さいと判断される場合は適宜測定点を減らしても差し支えない。

　ダクト内の風速の測定に直読式風速計を使用するときには，センサーの測風点が正しく測定点にくるように，かつセンサーの風上マークが正しく上流を向くようにして測定する。ただし，ダクト内の気流の温度，圧力および粉じんやガス・水分等の組成が風速計の指示に影響する場合には，ピトー管による測定値を用いて補正する必要がある。また，測定に熱

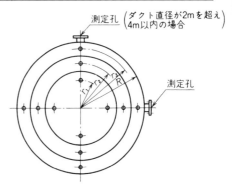

図1　円形ダクトの測定点の例

線式風速計を用いる場合は，ダクト径が 0.1 m 以下では r_1 の位置に届かないことがあるので注意する。

（ロ）　角形ダクトの場合は，断面積に応じて一辺の長さ ℓ が 0.5〜1.0 m 以下になるように，断面を 4〜20 の等面積の正方形又は長方形に分割し，各面積の中心を測定点とする。

　なお，各測定点における速度圧の算術平均を求めてから，風速に換算しても差し支えないが，ダクト内の風速分布が著しくバラック場合は誤差が極端に大きくなるので注意を要する。このときは，各測定点における速度圧をそれぞれ風速に換算した後，その風速の平均値を求める。風速は速度圧の平方根に比例するからである。

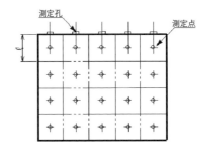

除じん装置（遠心式（サイクロン））チェックリスト（例）

検 査 項 目		検　　　査　　　内　　　容	検 査 結 果	改善措置等
装置本体	外面の摩耗，腐食および破損等の有無ならびに粉じん等のたい積の状態	1. 外面の摩耗，腐食，破損等の有無 2. 塗装等の損傷の有無 3. たい積物の有無 4. 支持部の緩み等		
	内部の摩耗，腐食および破損等ならびに粉じん等のたい積の状態	1. 内部の摩耗，腐食，破損等の有無 2. 塗装等の損傷の有無 3. たい積物の有無 4. 支持部の緩み等		
	点検口の状態	1. 点検口の開閉機能の良否 2. 点検口の気密性の良否		
	制御盤の状態	1. 表示灯，充電部カバー，銘板等の破損，欠落等の有無 2. 計器類の作動不良等の有無 3. たい積物の有無 4. 端子の緩み，変色等の有無		
	ダクト接続部の状態	1. 流量調整用ダンパの開度および固定状態の良否 2. 流路切替え用ダンパおよび締切り用ダンパの作動状態の良否 3. バイパス弁およびフレキシブルジョイントの摩耗，腐食，破損，塗装の損傷，粉じんのたい積等の有無 4. バイパス弁の作動状態の良否		
	接続部の緩みの有無	1. 接続部の締付け状態の良否 2. 制御用または操作用等の圧縮空気配管系統の接続部からの漏れの有無（スモークテスト）		
ダストホッパー等	ダストホッパーの状態	1. 粉じんによる閉塞の有無 2. 破損，劣化，湿り等の有無 3. ダストホッパーからの空気漏れの有無（吸引式のサイクロンに限る）		
排出装置	ダンパ，ロータリーバルブ，コンベヤー等の状態	1. 摩耗，腐食，破損等の有無 2. ダスト排出装置からの空気漏れの有無（吸引式のサイクロンに限る） 3. 塗装等の損傷の有無 4. 変形の有無		
	排出装置の作動状態	1. 粉じんの排出状態の良否 2. 擦過音等の異常音の有無		

検　査　項　目	検　　査　　内　　容	検 査 結 果	改善措置等
駆動装置　ベルト・チェーン等の状態	1. ベルトの損傷，摩耗の有無 2. ベルトとプーリーの溝の型の不一致の有無 3. 多本掛けのベルトの型または張り方の不揃いの有無 4. プーリーの損傷，偏心または取付け位置のズレの有無 5. キーおよびキー溝の緩みの有無 6. ベルトのたわみ量の適否 7. ベルトの振れの有無 8. チェーンの付着物，油切れの有無		
軸受けの状態	1. 異常な音の有無 2. 軸受け箱の温度の良否 3. 油量および油の状態の良否	（　　　　℃）	
電動機の状態	1. 絶縁抵抗の良否 2. 表面温度の良否 3. 異常な音の有無	（　　　MΩ） （　　　　℃）	
安全カバーおよびその取付け部の状態	1. 摩耗，腐食，破損，変形等の有無 2. 取付け部の緩み等の有無		
その他　除じん性能	1. 除じん効率の良否		
安全装置	1. 圧力放散ベント，ファイアーダンパ，インターロック，逃し弁等の作動の良否		
その他特記事項			

整理番号　001-002
実施頻度 1 年以内ごとに 1 回
保存年数 3 年間

除じん装置（遠心式（サイクロン））定期自主検査記録表（記載例）

設　置　名　称　等	遠心式除じん装置（ＤＣ－2－ＣＹ型）		
設　置　場　所	第 2 工場	設置年月日	令和元年 10 月 30 日
対　象　有　害　物　質	粉じん		
検　査　者	中央　太郎	検査年月日	令和 4 年 6 月 15 日
特　記　事　項	• 特に記載すべき事項なし		
系　統　図			
改　善　実　施　責　任　者	――	改善年月日	＿＿＿年＿＿月＿＿日
検　　　　　　印	工場長	部　長	課　長	係　長	班　長

（備考）　特記事項欄には，気象条件，目視以外の検査方法，使用した測定器，作業実施状況，総合判定
　　　　等を記載すること。

除じん装置（遠心式（サイクロン）チェックリスト（判定例）

項目	適用	検査項目	検査方法	判定基準	判定
装置本体	○	外面の摩耗，腐食および破損等の有無ならびに粉じん等のたい積の状態	目視，テストハンマー，超音波厚さ計	摩耗，腐食，破損のないこと	良
				異常な変形のないこと	良
				異常な粉じんのたい積のないこと	良
	○	内部の摩耗，腐食および破損等の有無ならびに粉じん等のたい積状態	目視，テストハンマー，超音波厚さ計	摩耗，腐食，破損のないこと	良
				異常な変形のないこと	良
				異常な変形や粉じんのたい積のないこと	良
	○	点検口の状態	目視およびスモークテスター	点検口，掃除口，測定孔の開閉が円滑であること	良
				気密性が良好であること	良
				ガスケットの劣化のないこと	良
	○	制御盤の状態	目視，作動試験	表示灯，充電部カバー等の破損・欠落のないこと，また，計器類の作動不良のないこと	良
				端子の緩み，変色等のないこと	良
				制御盤内部に粉じんのたい積のないこと	良
	○	ダクト接続部の状態	スモークテスターおよび目視テストハンマー	フランジの締め付け状態が良好であること	良
				シールテープ等の剥がれのないこと	良
	○	接続部の緩みの有無	スモークテスターおよび目視テストハンマー	本体フランジ部，圧縮空気配管等の部位において漏れのないこと	良
				特に雨水の漏れ込みのないこと	良

除じん装置（遠心式（サイクロン））チェックリスト（判定例）（続）

項目	適用	検査項目	検査方法	判定基準	判定
ダストホッパー等	○	ダストホッパーの状態	目視、テストハンマー、スモークテスター	摩耗、腐食、破損、湿りのないこと	良
				粉じんによるブリッジ現象を起こしていないこと	良
				ダストホッパーからの空気の漏れ込みのないこと（吸引式はサイクロンに限る）	良
排出装置	○	ダンパ、ロータリーバルブ、コンベヤー等の状態	目視、テストハンマー、超音波厚さ計	摩耗、腐食、破損のないこと	良
				異常な変形のないこと	良
				排出装置のインペラ（羽根車）が粉じんによって詰まっていないこと	良
	○	排出装置の作動状態	目視、作動試験	粉じんが正常に排出されること	良
				擦過音等の異常音が発生しないこと	良
駆動装置	○	ベルト、チェーン等の状態	テンションメータ、目視、作動試験	ベルト、チェーンに損傷、摩耗、腐食のないこと	良
				プーリー溝、スプロケットに摩耗のないこと	良
				プーリーの損傷、偏心のないこと	良
				多本掛けベルトにおいては張り方に不揃いのないこと	良
				ベルト、チェーンのたるみ量が適正であること	良
				チェーンに付着物がないこと、油切れしていないこと	良
	○	軸受けの状態	聴診器、ベアリングチェッカー、温度計	軸受けに異常音のないこと	良
				軸受け箱（ハウジング）が過熱していないこと	良

第１編

区分		点検項目	点検方法	判定基準	
	○	電動機の状態	絶縁抵抗計（メガー），温度計，聴音器，振動計	グリースが適正に保たれていること	良
				絶縁抵抗が適正値であること	良
				表面温度が適正であること	良
				異常音，異常振動の発生のないこと	良
				粉じん等のたい積により電動機の冷却効果が低下していないこと，また，冷却ファンに異常のないこと	良
	○	安全カバーおよびその取付部の状態	目視，触診	摩耗，腐食，破損，変形等のないこと	良
				取付部に緩みのないこと	良
				外されたままの状態でないこと	良
	○	除じん性能	粉じん測定器	適正な除じん効率（集じん率）が保持されていること	良
その他	○	安全装置	目視，作動試験	ファイアーダンパの温度ヒューズ，爆圧放散ベントのラプチャーディスクに劣化のないこと	良
				各種のインターロック回路が正常に作動すること	良

風量等測定結果記録表（例）			
除じん装置形式	遠心式（サイクロン）	測定日時	
測　定　結　果		測定者	
除じん装置の概要と測定点位置図			

測　定　値　名	測定点名	測定値	
		水柱 mm	圧力換算値 hPa
ろ　布　差　圧	①→②（B－A）		
入　口　静　圧	①（B）		
出　口　静　圧	②（C）		
排　気　側　静　圧	③		

仕　　　　　様	単　位	測定値	設計値
入　口　口　径	ϕ mm		
入　口　速　度　圧	hPa		
入　口　風　速	m/s		
入　口　風　量	m³/min		

（注意事項）風速等の測定のとき，センサーをトラバースしてその読みに大きな変動のないことを確かめるか，バラツキの大きな場合は平均風速を求めること。本紙裏面または本文参照のこと。

※排風量測定の要点は51頁参照のこと。

測定器の形式		測定器管理番号	

除じん装置（洗浄式）チェックリスト（例）

検　査　項　目		検　　査　　内　　容	検 査 結 果	改 善 措 置 等
装置本体	外面の摩耗，腐食および破損等の有無ならびに粉じん等のたい積の状態	1. 外面の摩耗，腐食，破損等の有無 2. 塗装等の損傷の有無 3. たい積物の有無 4. 支持部の緩み等		
	内部の摩耗，腐食および破損等の有無ならびに粉じん等のたい積の状態	1. 内部の摩耗，腐食，破損等の有無 2. 塗装等の損傷の有無 3. たい積物の有無 4. 支持部の緩み等		
	洗浄液供給部の状態	1. 洗浄液配管，噴霧ノズル等の閉塞，腐食，摩耗の有無 2. 水位調整装置の作動状態の良否 3. 薬液供給装置の作動状態の良否 4. 給水部の接続状況と，その作動状態の良否		
	洗浄液供給ポンプ等の状態	1. 洗浄液供給ポンプの作動状態の良否 2. ポンプの閉塞，摩耗，腐食の有無 3. フートバルブ，その他のバルブの作動状態の良否		
	充填材の状態	1. 充填材の目詰まり，閉塞，劣化，および充填状態の均一性の良否等		
	エリミネーターの状態	1. エリミネーターの閉塞（目詰まり），腐食，欠落等の有無		
	点検口の状態	1. 点検口の開閉機能の良否 2. 点検口の気密性の良否		
	制御盤の状態	1. 表示灯，充電部カバー，銘板等の破損，欠落等の有無 2. 計器類の作動不良等の有無 3. たい積物の有無 4. 端子の緩み，変色等の有無		
	ダクト接続部の状態	1. 流量調整用ダンパの開度および固定状態の良否 2. 流路切替え用ダンパおよび締切り用ダンパの作動状態の良否 3. バイパス弁およびフレキシブルジョイントの摩耗，腐食，破損，塗装の損傷，粉じんのたい積等の有無 4. バイパス弁の作動状態の良否		
	接続部の緩みの有無	1. 接続部の締付け状態の良否 2. 制御用または操作用等の圧縮空気配管系統の接続部からの漏れの有無（スモークテスト）		

検 査 項 目		検 査 内 容	検 査 結 果	改善措置等
ダストホッパー等	ダストホッパー（スラッジホッパー）の状態	1. 粉じん，スラッジによる閉塞の有無 2. 腐食，破損，劣化等の有無 3. 水封装置からの空気漏れの有無 4. 廃水処理装置との接続状態の良否		
排出装置	ダンパ，ロータリーバルブ，コンベヤー等の状態	1. 摩耗，腐食，破損等の有無 2. 粉じん排出装置からの空気漏れの有無（吸引式サイクロンに限る） 3. 装置等の損傷の有無 4. 変形の有無		
駆動装置	ベルト，チェーン等の状態	1. ベルト，チェーンの損傷，摩耗の有無 2. ベルトとプーリーの溝の型の不一致の有無 3. 多本掛けのベルトの型または張り方の不揃いの有無 4. プーリー，スプロケットの損傷，偏心または取付け位置のズレの有無 5. キーおよびキー溝の緩みの有無 6. ベルト，チェーンのたわみ量の適否 7. ベルトの振れの有無 8. チェーンの付着物，油切れの有無		
	軸受けの状態	1. 異常な音の有無 2. 軸受け箱の温度の良否 3. 油量および油の状態の良否	（　　　　℃）	
	電動機の状態	1. 絶縁抵抗の良否 2. 表面温度の良否 3. 異常な音の有無	（　　　MΩ） （　　　　℃）	
	安全カバーおよびその取付部の状態	1. 摩耗，腐食，破損，変形等の有無 2. 取付部の緩み等の有無		
その他	除じん性能	1. 除じん効率の良否		
	安全装置	1. 圧力放散ベント，ファイアーダンパ，インターロック，逃し弁等の作動の良否		
	その他特記事項			

除じん装置（洗浄式）定期自主検査記録表（記載例）

整理番号　001-003
実施頻度１年以内ごとに１回
保存年数３年間

設 置 名 称 等	洗浄式除じん装置（ＤＣ－３－ＳＣ型）			
設 置 場 所	第３工場	設置年月日	令和元年 10 月 30 日	
対 象 有 害 物 質	粉じん			
検 査 者	中央　太郎	検査年月日	令和４年６月 15 日	
特 記 事 項	・特に記載すべき事項なし			
系 統 図				
改 善 実 施 責 任 者	―	改善年月日	―年―月―日	
検　　　　　　印	工 場 長	部 長	課 長	係 長	班 長

（備考）　特記事項欄には，気象条件，目視以外の検査方法，使用した測定器，作業実施状況，総合判定
　　　　等を記載すること。

第
1
編

除じん装置（洗浄式）チェックリスト（判定例）

項目	適用	検査項目	検査方法	判定基準	判定
	○	外面の摩耗，腐食および破損等の有無ならびに粉じん等のたい積の状態	目視，テストハンマー，超音波厚さ計	摩耗，腐食，破損のないこと	良
				異常な変形のないこと	良
				異常な粉じんのたい積のないこと	良
	○	内部の摩耗，腐食および破損等の有無ならびに粉じん等のたい積の状態	目視，テストハンマー，超音波厚さ計	摩耗，腐食，破損のないこと	良
				異常な変形のないこと	良
				異常な粉じんのたい積のないこと	良
	○	洗浄液供給部の状態	目視，テストハンマー，作動試験	洗浄液配管，噴霧ノズル等の閉塞のないこと	良
				腐食，摩耗のないこと	良
				水位調整装置の作動が正常であること	良
				薬液供給装置の作動状況が正常であること	良
				給水部の接続状況に異常のないこと	良
				各支持部に緩み，外れ，腐食のないこと	良
	○	洗浄液供給ポンプ等の状態	目視，作動試験	洗浄液供給ポンプの作動状態が良好であること	良
				ポンプの閉塞，摩耗，腐食のないこと	良
				フードバルブ，その他のバルブの作動が円滑であること	良
装	○	充填材の状態	目視，触診	充填材の目詰まり，閉塞，劣化のないこと	良
置				充填状態が均一であること	良
	○	エリミネーターの状態	目視，触診	エリミネーターの閉塞，腐食，欠落，変形のないこと	良

部位		点検項目	点検方法	判定基準	判定
本体	○	点検口の状態	目視およびスモークテスター	点検口，掃除口，測定孔の開閉が円滑であること	良
				気密性が良好であること	良
				ガスケットの劣化のないこと	良
	○	制御盤の状態	目視，作動試験	表示灯，充電部カバー等の破損・欠落のないこと，また，計器類の作動不良のないこと	良
				端子の緩み，変色等のないこと	良
				盤内部にじんのたい積のないこと	良
	○	ダクト接続部の状態	スモークテスターおよび目視　テストハンマー	フランジの締め付け状態が良好なこと	良
				シールテープ等の剥がれのないこと	良
	○	接続部の緩みの有無	スモークテスターおよび目視　テストハンマー	本体フランジ部，圧縮空気配管等の部位において漏れのないこと	良
				特に洗浄液の漏れのないこと	良
ダストホッパー等	○	ダストホッパー（スラッジホッパー）の状態	目視，テストハンマー，スモークテスター	摩耗，腐食，破損のないこと	良
				粉じん，スラッジによるブリッジ現象を起こしていないこと	良
				水封装置からの空気の漏れのないこと	良
				廃水処理装置との接続に異常のないこと	良
排出装置	○	ダンパ，ロータリーバルブ，コンベヤー等の状態	目視，テストハンマー，超音波厚さ計	摩耗，腐食，破損等のないこと	良
				装置等に損傷がないこと	良
				異常な変形がないこと	良
駆動装置	○	ベルト，チェーン等の状態	テンションメータ，目視，作動試験	ベルト，チェーンに損傷，摩耗，腐食のないこと	良
				プーリー溝，スプロケットに摩耗のないこと	良
				プーリーの損傷，偏心のないこと	良

除じん装置（洗浄式）チェックリスト（判定例）（続）

項目	適用	検査項目	検査方法	判定基準	判定
駆　動　装　置				多本掛けベルトにおいては張り方に不揃いのないこと	良
				ベルト、チェーンのたるみ量が適正であること	良
				チェーンに付着物がないこと、油切れしていないこと	良
	○	軸受けの状態	聴診器、ベアリングチェッカー、温度計	軸受けに異常音のないこと	良
				軸受け箱（ハウジング）が過熱していないこと	良
				グリースが適正に保たれていること	良
	○	電動機の状態	絶縁抵抗計（メガー）、温度計、聴音器、振動計	絶縁抵抗が適正値であること	良
				表面温度が適正であること	良
				異常音、異常振動の発生のないこと	良
				粉じん等のたい積により電動機の冷却効果が低下していないこと、また、冷却ファンに異常のないこと	良
	○	安全カバーおよびその取付部の状態	目視、触診	摩耗、腐食、破損、変形等のないこと	良
				取付部に緩みのないこと	良
				外されたままの状態でないこと	良
その他	○	除じん性能	粉じん測定器	適正な除じん効率（集じん率）が保持されていること	良
	○	安全装置	目視、作動試験	ファイアーダンパーの温度ヒューズ、爆圧放散ベントのラプチャーディスクに劣化のないこと	良
				各種のインターロック回路が正常に作動すること	良

風量等測定結果記録表（例）			
除じん装置形式	洗浄塔	測定日時	
測　定　結　果		測定者	
除じん装置の概要と測定点位置図	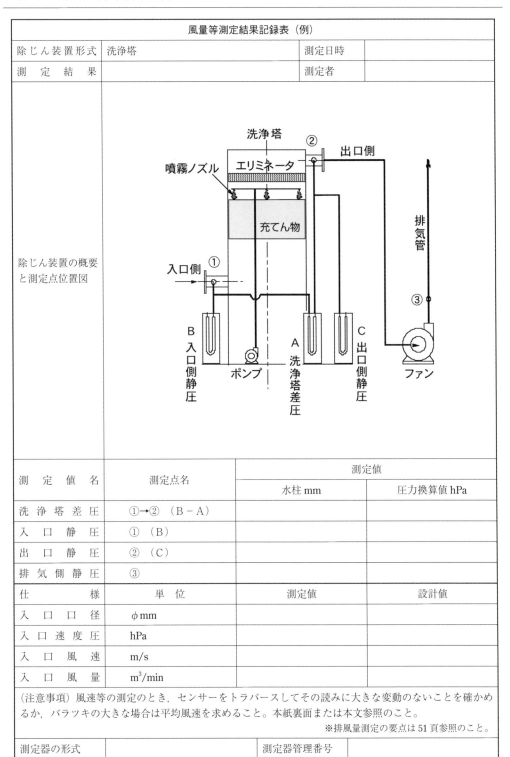		

測　定　値　名	測定点名	測定値	
		水柱 mm	圧力換算値 hPa
洗 浄 塔 差 圧	①→②　（B－A）		
入 口 静 圧	①　（B）		
出 口 静 圧	②　（C）		
排 気 側 静 圧	③		

仕　　　　　様	単　　位	測定値	設計値
入 口 口 径	ϕ mm		
入 口 速 度 圧	hPa		
入 口 風 速	m/s		
入 口 風 量	m^3/min		

（注意事項）風速等の測定のとき，センサーをトラバースしてその読みに大きな変動のないことを確かめるか，バラツキの大きな場合は平均風速を求めること。本紙裏面または本文参照のこと。

※排風量測定の要点は 51 頁参照のこと。

測定器の形式		測定器管理番号	

第1編

除じん装置（電気式）チェックリスト（例）

検　査　項　目		検　査　内　容	検査結果	改善措置等
	外面の摩耗，腐食および破損等の有無ならびに粉じん等のたい積の状態	1. 外面の摩耗，腐食，破損等の有無 2. 塗装等の損傷の有無 3. たい積物の有無 4. 支持部の緩み等		
	内部の摩耗，腐食および破損等の有無ならびに粉じん等のたい積の状態	1. 内部の摩耗，腐食，破損等の有無 2. 塗装等の損傷の有無 3. たい積物の有無 4. 支持部の緩み等		
	点検口の状態	1. 点検口の安全装置（接地線）の良否 2. 点検口の開閉機能の良否 3. 点検口の気密性の良否		
装置本体	制御盤，高圧電源装置，接地の状態	1. 表示灯，充電部カバー，銘板等の破損，欠落等の有無 2. 計器類の作動不良等の有無 3. たい積物の有無 4. 端子の緩み，変色等の有無 5. 高圧電源装置の冷却オイル，乾燥剤の状態 6. 接地線の接続状況の良否		
	ダクト接続部の状態	1. 流量調整用ダンパの開度および固定状態の良否 2. 流路切替え用ダンパおよび締切り用ダンパの作動状態の良否 3. バイパス弁およびフレキシブルジョイントの摩耗，腐食，破損，塗装の損傷，粉じんのたい積等の有無 4. バイパス弁の作動状態の良否		
	接続部の緩みの有無	1. 接続部の締付け状態の良否 2. 制御用または操作用圧縮空気配管系統の接続部からの漏れの有無（スモークテスター）		
集じん極	集じん極および放電極の状態	1. 集じん極，放電極の破損，歪み，腐食等の有無 2. 集じん極，放電極への粉じんの付着状況 3. 集じん極と放電極間の設置間隔の適否 4. 放電極の貫通碍子の破損，ヘアクラックの有無		
碍子	碍子の状態	1. 碍子の汚損の有無 2. 碍子絶縁グリースの汚れ，劣化の状態 3. 碍子に結露の有無 4. 碍子の破損，ヘアクラック，脱落等の有無		

検 査 項 目		検 査 内 容	検 査 結 果	改善措置等
碍子		5. 碍子室の汚損の有無 6. 碍子保護用清浄空気供給装置の作動状況の良否 7. 碍子保護用ヒーターの異常の有無		
払落し装置	払落し装置の状態	1. 摩耗，腐食，破損，変形等の有無 2. 払落し装置の作動状況の良否 3. 放電極払落し装置の絶縁碍子の破損，ヘアクラックの有無		
排出装置	ホッパー，ダンパ，ロータリーバルブ，コンベヤー等の状態	1. 摩耗，腐食，破損等の有無 2. 塗装等の損傷の有無 3. 変形の有無		
	ホッパー内部の状態	1. 摩耗，腐食，破損等の有無 2. 塗装等の損傷の有無 3. たい積物の有無		
	排出装置の作動状態	1. 作動不良，異常な音，異常な振動の有無		
駆動装置	ベルト，チェーン等の状態	1. ベルト，チェーンの損傷，摩耗の有無 2. ベルトとプーリーの溝の型の不一致の有無 3. 多本掛けのベルトの型又は張り方の不揃いの有無 4. プーリー，スプロケットの損傷，偏心又は取付け位置のズレの有無 5. キーおよびキー溝の緩みの有無 6. ベルト，チェーンのたわみ量の適否 7. ベルトの振れの有無 8. チェーンの付着物，油切れの有無		
	軸受けの状態	1. 異常な音の有無 2. 軸受け箱の温度の良否 3. 油量および油の状態の良否	（　　　℃）	
	電動機の状態	1. 絶縁抵抗の良否 2. 表面温度の良否 3. 異常な音の有無	（　　ＭΩ） （　　　℃）	
	安全カバーおよびその取付部の状態	1. 摩耗，腐食，破損，変形等の有無 2. 取付部の緩み等の有無		
その他	除じん性能	1. 除じん効率の良否		
	安全装置	1. 圧力放散ベント，ファイアーダンパ，インターロック，逃し弁等の作動の良否		
	その他特記事項			

第1編

整理番号　001-004
実施頻度 1 年以内ごとに 1 回
保存年数 3 年間

除じん装置（電気式）定期自主検査記録表（記載例）

設　置　名　称　等	電気式除じん装置（ＤＣ－４－ＥＣ型）		
設　置　場　所	第 4 工場	設置年月日	令和元年 10 月 30 日
対　象　有　害　物　質	粉じん		
検　査　者	中央　太郎	検査年月日	令和 4 年 6 月 15 日
特　記　事　項	• 特に記載すべき事項なし		
系　統　図			
改　善　実　施　責　任　者	－	改善年月日	―年―月―日
検　　　　印	工場長　　　　部　長　　　　課　長　　　　係　長　　　　班　長		

（備考）　特記事項欄には，気象条件，目視以外の検査方法，使用した測定器，作業実施状況，総合判定
　　　　等を記載すること。
　　　　高圧電気装置，制御装置，接地線の検査結果は専門家の診断報告書を添付することが望ましい。

除じん装置（電気式）チェックリスト（判定例）

項目	適用	検査項目	検査方法	判定基準	判定
装置本体	○	外面の摩耗，腐食および破損等の有無ならびに粉じん等のたい積の状態	目視，テストハンマー，超音波厚さ計	摩耗，腐食，破損のないこと	良
				異常な変形のないこと	良
				異常な粉じんのたい積のないこと	良
	○	内部の摩耗，腐食および破損等の有無ならびに粉じん等のたい積状態	目視，テストハンマー，超音波厚さ計	摩耗，腐食，破損のないこと	良
				異常な変形のないこと	良
				異常な粉じんのたい積のないこと	良
				集じん極取付け部の緩み，腐食，破損のないこと	良
				気流の整流装置が粉じん等により閉塞，偏流していないこと	良
	○	点検口の状態	目視およびスモークテスター	点検口の安全装置（接地線）に異常のないこと	良
				点検口，掃除口，測定孔の開閉が円滑であること	良
				気密性が良好であること	良
				ガスケットの劣化のないこと	良
	○	制御盤，高圧電源装置，接地の状態	目視，作動試験，その他（専門技術者の点検を要する）	表示灯，充電部カバー等の破損・欠落のないこと，また，計器類の作動不良のないこと	（良）
				端子の緩み，変色等のないこと	（良）
				接地線の接続状況が良好であること	（良）
				制御盤内部に粉じんのたい積のないこと	（良）
				高圧電源装置の冷却オイル，乾燥剤が清浄であること	（良）
	○	ダクト接続部の状態	スモークテスターおよび目視，テストハンマー	フランジの締め付け状態が良好であること	良
				シールテープ等の剥がれのないこと	良
	○	接続部の緩みの有無	スモークテスターおよび目視，テストハンマー	本体フランジ部，圧縮空気配管等の部位において漏れのないこと	良

除じん装置（電気式）チェックリスト（判定例）（続）

項目	適用	検査項目	検査方法	判定基準	判定
集じん極	○	集じん極および放電極の状態	目視、スケール、テストハンマー、キサゲ	特に雨水の漏れ込みのないこと	良
				集じん極、放電極の破損、腐食、歪みのないこと	良
				集じん極、放電極への粉じんの固着が正確であること	良
				集じん極と放電極間の間隔が正確であること	良
				放電極の貫通碍子の汚損、破損、ヘアクラックのないこと	良
碍子	○	碍子の状態	目視	碍子の汚損、破損、ヘアクラックのないこと	良
				碍子の取付け状態に緩みのないこと	良
				絶縁グリースに汚損のないこと（定期検査時に汚損時にグリースを塗り替えること）	良
				碍子に結露していないこと	良
				碍子室内部に粉じん等のたい積のないこと	良
				碍子保護用清浄空気供給装置が正常に作動していること	良
				碍子の結露防止用ヒータが正常に作動すること	良
				碍子室の点検扉の開閉が円滑であること、閉鎖時には気密が保たれること	良
払落し装置	○	払落し装置の状態	目視、作動試験	払落し装置の作動が良好であること	良
				払落し装置の作動時に異常音、異常振動を発生しないこと	良
				摩耗、腐食、変形、欠落のないこと	良
				放電極払落し装置の絶縁碍子の取付け状態に緩みのないこと および、汚損、ヘアクラック、破損のないこと	良
排出	○	ホッパー、ダンパ、ロータリーバルブ、コンベヤー等の状態	目視、テストハンマー、超音波厚さ計	摩耗、腐食、破損のないこと	良
				異常な変形のないこと	良
				排出装置のインペラ（渦根車）が粉じんによって詰まっていないこと	良

分類		点検項目	点検方法	点検内容	判定
装置	○	ホッパー内部の状態	目視，テストハンマー	摩耗，腐食，破損のないこと	良
				粉じんによるブリッジ現象を起こしていないこと	良
	○	排出装置の作動状態	目視，作動試験	粉じんが正常に排出されること	良
				擦過音等の異常音が発生しないこと	良
駆動装置	○	ベルト，チェーン等の状態	テンションメータ，目視，作動試験	ベルト，チェーンに損傷，摩耗，腐食のないこと	良
				プーリー溝，スプロケットに摩耗のないこと	良
				プーリーの損傷，偏心のないこと	良
				多本掛けベルトにおいては張りが片方に不揃いのないこと	良
				ベルト，チェーンのたるみ量が適正であること，油切れしていないこと	良
				チェーンに付着物がないこと，油切れしていないこと	良
	○	軸受けの状態	聴診器，ベアリングチェッカー，温度計	軸受けに異常音のないこと	良
				軸受け箱（ハウジング）が過熱していないこと	良
				グリースが適正に保たれていること	良
	○	電動機の状態	メガー，温度計，聴音器，振動計	絶縁抵抗が適正値であること	良
				表面温度が適正であること	良
				異常音，異常振動の発生のないこと	良
				粉じん等のたい積により電動機の冷却効果が低下していないこと，また，冷却ファンに異常のないこと	良
	○	安全カバーおよびその取付部の状態	目視，触診	摩耗，腐食，破損，変形等のないこと	良
				取付部に緩みのないこと	良
				外されたままの状態でないこと	良
その他	○	除じん性能	粉じん測定器	適正な集じん率が保持されていること	良
	○	安全装置	目視，作動試験	ファイアーダンパーの温度ヒューズ，爆圧放散ベントのラプチャーディスクに劣化のないこと	良
				各種のインターロック回路が正常に作動すること	良

風量等測定結果記録表（例）			
除じん装置形式	電気除じん装置	測定日時	
測 定 結 果		測定者	

除じん装置の概要と測定点位置図			

測 定 値 名	測定点名	測定値	
		水柱 mm	圧力換算値 hPa
除じん装置差圧	①→②（B−A）		
入 口 静 圧	①（B）		
出 口 静 圧	②（C）		
排 気 側 静 圧	③		
仕　　　　様	単　位	測定値	設計値
入 口 口 径	ϕ mm		
入 口 速 度 圧	hPa		
入 口 風 速	m/s		
入 口 風 量	m^3/min		

（注意事項）風速等の測定のとき，センサーをトラバースしてその読みに大きな変動のないことを確かめるか，バラツキの大きな場合は平均風速を求めること。本紙裏面または本文参照のこと。
　　　　　　　　　　　　　　　　　　　　　　　　　※排風量測定の要点は 51 頁参照のこと。

測定器の形式		測定器管理番号	

4. 検査の進め方

　本書で示す検査項目は，厚生労働省令の指針に準じた順序で示されているが，実際に検査を行う際の順序はこれにこだわる必要はない。例えば，まずフード，ダクト，除じん装置などの外面の摩耗，腐食，くぼみ等の状態についての外観検査を行い，次にスモークテスターを使ってフード前面の吸い込み気流の状態等の観察，続いて風速計を使って吸引風速を測定して，制御風速を満たしているか否かを確認する。その次にダクト内の摩耗，腐食，粉じんのたい積の検査，最後に電動機とファンの検査，という順序で実施してもよい。

　また検査途中で不具合が認められた場合，そのままにして先に進まなければならないこともあろうが，簡単に補修できる場合は応急的な補修を行ってから先に進むべきである。例えばダクトの外観検査で継目からの空気の漏れ込みや漏れ出しが認められた場合は，そのままフードの制御風速を測定しても規定の値は得られない。

　定期自主検査の目的は局所排気装置等の不具合な状態の性能を調べることではなく，不具合の原因を調べて補修することであるから，例えば空気の漏れが発見された継目には粘着テープを巻いて塞ぐ等の応急処置を行ってから制御風速の測定に進み，必要があれば後に改めて補修を行うべきである。

5. その他

　現在，局所排気装置などの圧力監視用に水柱マノメータ（**写真 1-1**）が汎用されているが，その目盛り単位として mmH_2O が用いられている場合が多い。しかし，圧力単位として mmH_2O から hPa（ヘクトパスカル）に変更されたので，記録，文書化のために両者の換算式を以下に示す。

$$1 \, mmH_2O(Aq)=0.098 \, hPa$$

写真 1-1　マノメータによる監視

検査の手順

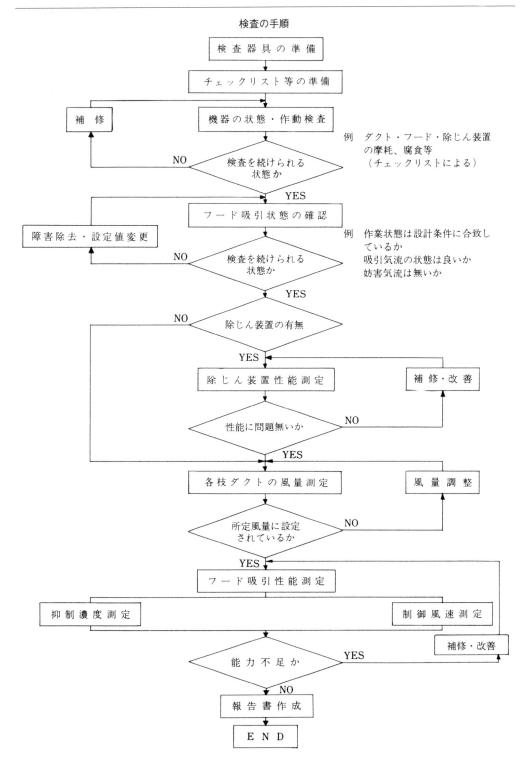

6. 定期自主検査を行う際の留意事項

(1)　総　論

　定期自主検査指針には，留意事項として，定期自主検査時の労働災害防止のために講ずべき措置を規定している。ここでは定期自主検査やそれに付随した改善工事等を行う際の留意事項について，さらに詳しく述べる。

　局所排気装置等の点検整備作業は，その内容に応じ運転部門，保全（整備）部門，専門メーカーに分かれて行われるが，保全部門や専門メーカーは個々の装置で行われる作業の危険性を十分理解しているとは限らない。また定期自主検査，修理，改善工事はいわば臨時作業であるため一般作業の休止日や夜間に行われることが多く，作業時間に制約が伴いがちである。このため，ささいな手違いや連絡ミス等が原因で起こる保守点検作業時の災害も少なくない。さらに，異常事態が生じた場合等の対応に円滑さを欠くこともある。

　したがって，定期自主検査だけでなく安全衛生管理体制の確立も重要となる。このためには，具体的な検査要領を定め，異常事態に備えた救助・連絡体制を確立し，十分な知識と経験を有する者を作業責任者に選任する必要がある。また，検査作業従事者に対して安全衛生教育および訓練を実施しなければならない。その内容は，墜落災害，機械・電気による災害，爆発・火災，有害物による健康障害，酸素欠乏症等その他の労働災害の防止，検査手順，事故時の措置等についてである。その他の対策として，検査作業に必要な照度の確保，整理・整頓・清潔の確保，表示・標識の設置，保護具の整備等が必要である。

(2)　各　論
①　設備内部での作業
除じん装置，ダクトその他装置内の作業においては次の措置を講じる。
（イ）　ガス，粉じんの除去
- 作業開始前に送排気設備等を用いて局所排気装置の各系統の内部に残留しているガス，蒸気，粉じんを除去する。送排気設備の備え付けられていない場合は可搬型排気装置（ポータブルファン）を用いる。このため可搬型排気装置は必ず現場に持ち込んでおき，いつでも使用できるようにしておく。
- ガス，蒸気，粉じんが引き続いて発生する恐れのある場合は作業中換気を継続する。

（ロ）　作業中の表示
- 集じん室の出入口，ピット，マンホールの蓋を開けて作業するときは，誤って閉じるこ

とのないよう固定するとともに，作業中であることを見やすい所に表示する。また墜落
や転落の恐れのある開口部には表示をするほか柵または囲いをする。

- 床などの不用な開口部には蓋または囲いをする。

（ハ）　他系統からの遮断

検査または修理すべき装置に接続されている配管は予め取り外すか，または遮へい板を
取り付けて他の設備からの危険物，有害物の流入を防ぐ。

（ニ）　監視人の配置

除じん装置，ダクト，マンホール，ピット等装置内部で作業を行う場合は単独作業を禁
じ，監視人を配して以下の業務に当たらせる。

- 監視人は内部の作業状態をよく見ることのできる開口部の外側に配置する。
- 作業場所が複雑で外部から作業を監視することが困難な場合は，内部の作業者の中から
  通報する者を定め，外側の監視人に常時連絡できるようにしておく。
- 作業場所付近は必要でない者の立入り禁止の表示をするとともに，関係者以外の者が立
  入ることのないよう監視する。
- 事故の場合，速やかな救助と関係方面への通報連絡を行う。
- 作業者が頭痛，めまい，せき，発汗，刺激臭，吐き気などの異常を訴えるときは，直ち
  に作業を中止して全員退避させる。
- 装置内への出入の人数を確める。

（ホ）　開口部および開口部付近での作業

- 開口部およびその近くで作業者が滑ったり，つまずきや踏み外しをしないよう付近を十
  分に整理しておく。
- 荷の揚げ降ろしに際して積み荷を落とさないよう，合図は確実かつ慎重に行う。

（ヘ）　墜落制止用器具の使用

墜落の恐れがある場合は，墜落制止用器具を使用する。

（ト）　電気設備の検査

可動部分を有する装置の内部で機械を停止して作業を行うときは，次の措置を講じる。

- スイッチのヒューズを取り外し，解線し，通電禁止の表示をする。必要によりスイッチ
  ボックスの蓋に施錠して検査者がその鍵を保持する。
- 電気機械器具の絶縁被覆，絶縁カバー，囲いなどに損傷，脱落のないよう整備に努める。
  特に可搬型のものは取扱いが粗雑になりやすいので使用前に入念に点検する。
- 電気機械器具には完全な接地線を取り付ける。
- 電源には漏電遮断装置を取り付ける。

② 溶接・溶断作業

（イ） アーク溶接での感電災害の防止

- 出力側無負荷電圧の低い溶接機を使用する。
- 絶縁型の溶接棒ホルダーを使用する。
- 自動電撃防止装置を用いる。
- 接地線を確実に取り付ける。
- 感電防止用漏電遮断装置を使用する。
- 溶接機のケーブルの被覆が損傷していないことを確かめる。
- 革手袋，腕抜き，胸当て，足カバー等の保護具を付けてスパッター，スラグの溶滴による火傷の防止を図る。革手袋が汗等で濡れていると絶縁抵抗が低下して感電の危険が生じるので木綿手袋を下に付けて汗を吸収させるとよい。

（ロ） 溶接作業での眼の障害の防止

ガス溶接・溶断作業，アーク溶接作業では次の対策を講じて有害光線による眼の障害を防ぐ。

- ガス溶接・溶断作業では遮光眼鏡を，アーク溶接作業では遮光眼鏡およびヘルメット型遮光面またはシールド型遮光面を使用する。
- キャビネットまたはスクリーンを設けて付近の作業者への影響を防ぐ。

（ハ） 溶接・溶断作業での火災の防止

ガス溶接・溶断，アーク溶接作業による火花，溶滴の飛散，アーク溶接機の接地の不良，コード類の絶縁不良による火花が原因の火災事故が多いので，次の対策を講じる。

- 引火性，可燃性のガス・蒸気のある場所では予め送風ファンを使ってこれらを排除する。または不活性ガスによるパージを行う。パージを行う際は，酸素欠乏症等に注意する。
- 装置内にたい積している粉じんを取り除く。
- ウレタンフォーム，そのほか可燃物がある場所での溶接等は，予めこれらを片付けてから行う。

（ニ） 溶接・溶断作業での健康障害の防止

アーク溶接時に母材や溶加材から発生する有害な溶接ヒュームの他，含鉛塗料で塗装した鉄板の溶接・溶断，あるいは鉛，鉛化合物，亜鉛，マンガン等の粉じんが付着，たい積したダクトの溶接・溶断作業では，それらの加熱に伴い発生するヒューム等を吸入することで中毒，金属熱等の健康障害が起こる。作業時および清掃時には，捕集効率の良い防じんマスクを着用する。必要に応じエアラインマスク等を着用する。また，研削作業の場合も同様である。炭酸ガスアーク溶接の場合は，一酸化炭素の発生を伴うので注意が必要で

ある。

- 予め溶接部等に付着した有害物やたい積している粉じんをできるだけ取り除く。
- 作業中十分な換気を行う。

③　高所作業等（墜落災害の防止）

（イ）　墜落災害防止の一般的注意事項

- 丈夫な作業床を設ける。
- 作業床には丈夫な手すりを設ける。
- 作業床を設けることができないときや作業床に手すりを設けることが困難なときは墜落制止用器具を着用させる。墜落防止用の網を張るなどの措置を講ずる。
- できるだけ身軽な服装にし，不要なものは携えない。
- 保護帽はしっかりと着用し，あごひもを確実に締めておく。
- 脱げやすい履物や裏底が擦り減っていたり，泥が付いて滑りやすい履物は着用しない。
- 降雨，強風等天候不良のときは屋外での高所作業は行わない。
- 高所作業を行う場所には表示をして関係者以外の立入りを禁止する。
- 未熟練者，高齢者あるいは高血圧，低血圧，貧血症，てんかんなどの疾病を有する者，身体が不調の者を高所作業に就かせない。

（ロ）　足場上の作業

- 足場板（作業床板）は使用目的に応じて丈夫なものを選ぶ。
- 作業床には丈夫な手すり，囲いを設け，場合によっては墜落防止用の網を張る。
- 作業床の上には必要以外のものを置かない。また落とさないようにしばっておく等の措置を講ずる。
- 検査器具，修理用資材等の不足または不適当等のために再三作業床に昇り降りすることのないよう，事前の準備を綿密に行うこと。

（ハ）　屋根上，タンク等の装置上での作業

　　屋根上やタンク等の装置上での作業の際，雨，雪等で足元が濡れていると滑ったり，また風にあおられて転落したり，スレート屋根や傷んだトタン屋根を踏み破って墜落することがある。このような作業では次の措置が必要である。

- 足場を組み，作業床を造る。
- スレート屋根やトタン屋根上には丈夫な足場板を敷く。
- タンク等の装置の上部には，設置の段階で手すり，作業床等を設ける。
- 屋根上ではできるだけ姿勢（重心）を低くして，高い方に向かって作業を進める。

- 脱げやすい履物や裏底が擦り減っていたり，泥の付いた滑りやすい履物は使用しない。
- 墜落制止用器具を付けて作業をする。
- 墜落防止用の網を張る。

④　塗装作業での災害の防止

（イ）　塗装作業での火災，爆発の防止

　　塗装作業に用いられる有機溶剤の多くは可燃性であり，しかも引火点が低く火災・爆発の危険性が高い。塗装作業で特に注意すべき事項を以下に述べる。

- できるだけ引火点以下の温度で取り扱う。
- 有機溶剤の蒸気は空気より重く，床面，溝等に沿って広がりピットなど低い所に滞留しやすいので，この危険のある装置内やピット内の作業においては，通風換気を図り溶剤の蒸気を滞留させないようにする。
- 塗装を行う場所での照明灯その他すべての電気機器は防爆型のものとする。
- 電熱器，湯沸器，ストーブ等引火源となる危険なものを塗装作業場所の近くに置かない。
- 塗装作業場所の近くでガス溶断，ガス溶接，アーク溶接作業を行ったり，トーチランプ，電動工具類，たがね，ハンマー等火花を生ずる工具を用いて作業を行わない。
- コード類は被覆の破れのないことを確かめて用いる。
- 必要量以上の溶剤を持ち込まない。保管容器には蓋をする。
- 空容器，使用済みのウエスは速かに作業場所から運び去る。

（ロ）　塗装作業での有機溶剤中毒の防止

　　有機溶剤は常温で液体であるが蒸発しやすく，これを吸い込むと中毒を起こす。また，皮膚等からも吸収され種々の障害を起こす。したがって，有機溶剤の取扱いでは次の注意が必要である。

- 作業場所に送排気装置等を設けて十分に換気をしながら作業を行う。
- 有機ガス用防毒マスク，ホースマスク，エアーラインマスク等を使用する。防じんマスクは有機溶剤中毒の防止には全く効果がないので使用しない。
- 溶剤の入った容器は蓋をして蒸発を防ぐ。
- 装置内の塗装には必要量以上の溶剤を持ち込まない。
- 保護手袋，保護長靴等保護衣を着用して皮膚からの吸収を防ぐ。
- 有機溶剤作業主任者を現場ごとに選任する。なお，有機溶剤の取扱いについては有機溶剤中毒予防規則を参照されたい。

⑤　取扱い運搬作業における災害の防止

（イ）　クレーン作業

　　ダクト，ファンなどの解体・組立には足場を組みクレーンを使用することが多いので，クレーン作業に対する安全対策が必要となる。

（玉掛作業）

・玉掛作業は法定の資格を持った者が行う。

・重心の低い安定した吊り方をする。

・吊り具は吊り荷に正しくかける。

・長尺物や不安定な荷物を吊るときはガイドロープを使うなど安全な方法による。

・荷の横引き，斜め吊り，衝撃のかかるような乱暴な運転を行わない。

・荷を吊っていたり，荷の揚げ降ろしをしているとき，その下に立ち入らない。

（玉掛合図）

・玉掛の合図は指名された者が行う。

・合図者はクレーン等の運転士からよく見える場所に位置して1人で行う。

・定められたとおりの合図を行う。

・吊り上げ，吊り荷の誘導，吊り降ろし等は定められた方法で行う。

（感電防止）

　　クレーンなどのトロリー線その他の電気設備について感電防止の措置をとる。

（ロ）　人力運搬

・物の持ち上げ方，運び方，降ろし方等正しい取扱い，運搬方法を教育し，確実に守らせる。

・小物は箱や容器に入れて運ぶ。

・台車，手押し車，コンベヤー，フォークリフト，ホイスト，シュートなどの運搬具を利用して，できるだけ人力運搬を減らす。

・パイプ，丸太等長尺物の運搬に際しては，特に曲り角で方向を変える時や足場への上り下りの時に，人や物に当てないように注意する。

・長尺物を投げ降ろすと跳ね上って思わぬケガをすることがあるので投げ降ろさない。

・作業場内の整理整頓に努め，運搬通路を確保する。

・作業前，作業の途中，終了時に腰痛予防のため腰部を中心とした体操を行う。

⑥　火災，爆発，静電気災害の防止

装置の保守点検作業において内部に滞留している引火性の蒸気，可燃性ガス，粉じんが，ガ

ス溶断，ガス溶接，工事用灯，電気機器，研磨，研削，はつり等の火花，静電気放電のスパーク等によって着火し，火災爆発災害を起こすことが少なくない。

特に，グラインダを用いた研削作業では，危険性が少ないと考えて安易に作業を行ったために，ダクトや除じん装置の内部の可燃物が研削火花により着火し爆発する例が多い。

（イ）　作業開始前の注意事項

- 可燃性のものを入れたことのある設備については，内部の可燃性ガスの濃度を測定し，爆発範囲外であることを確認した後でなければ作業を始めてはならない。
- 可燃性のものを入れたことのある容器，そのほか加熱により可燃性ガスの発生の恐れのあるものは，内部を不活性ガス等で満たす等の措置を講じた後でなければ溶接等を行ってはならない。
- 窒素ガスなど不活性ガスで引火性の液体，蒸気，可燃性ガスのパージを行う場合は，酸素欠乏の防止を図る必要がある。
- 装置内にたい積している粉じんはできるだけ取り除く。
- 消火器を作業場所近くに配置し，防火設備を整えてその使用方法を教育しておく。
- 空気呼吸器，防毒マスク，防炎衣，保護帽などの保護具を備え常に点検しておく。

（注）　集じん室，ダクト，塔そのほか装置での作業については6の(2)①設備内部での作業の項参照

（ロ）　火気使用禁止区域の設定

- 火気使用禁止区域を表示，区画することによって明確にする。
- 火気使用禁止区域を関係者に周知徹底する。

（ハ）　静電気災害の防止

静電気の放電火花が着火源となって火災や爆発を起こしたり，帯電している物体に触れて激しいショックを受けて転落，その他二次災害を起こすことがある。

- 粉砕機，混合機，バグフィルタ等静電気が発生しやすい装置には，確実な接地を行って帯電を防ぐ。
- 点検，修理作業は帯電していないことを確認した後に始める。

⑦　**有害物質等による障害の防止**

（イ）　有機溶剤中毒の防止

有機溶剤中毒の防止は6の(2)④の（ロ）塗装作業での有機溶剤中毒の防止の項（p.79）を参照のこと。

（ロ）　酸素欠乏症の防止

　　酸素の消費，低酸素濃度の空気の噴出，窒素，炭酸ガス等による空気との置換などが原
　因で，空気中の酸素が欠乏する。除じん装置，マンホール，ダクト等の内部のように外気
　から隔離され通風換気の悪い場所は酸素欠乏空気になりやすいので，このような所で作業
　する場合は次のような措置を講じること。

　　•酸素欠乏危険場所に該当する場所で作業を行わせる場合は酸素欠乏危険作業主任者の選
　　　任，作業者への特別教育の実施等が必要なので，これらの作業が予定される業務の場合
　　　は，あらかじめ必要な措置を講じておくこと。

　　•外気に通ずる開口部を開放し，送風ファンを用いて換気を行い，酸素濃度が18%以上
　　　であることを測定により確めてから作業に就かせる。

　　•作業中換気を継続する。

　　•換気できない場所での作業，もしくは換気前の装置内部で酸素濃度を測定する場合は，
　　　空気呼吸器，酸素呼吸器，送気マスクの何れかを着用する。

　　•酸素欠乏による事故で空気呼吸器，酸素呼吸器等を着用せずに救助しようとして二次災
　　　害を招く例が多い。酸素欠乏には防毒マスクや防じんマスクは全く効果がないので必ず
　　　空気呼吸器，酸素呼吸器，送気マスクを着用して救助にあたること。

　　•墜落制止用器具を着用して転落の危険を防ぐ。

　　•監視人を配置する。

　　•装置への出入りの人数を点検する。

　　その他，酸素欠乏症等防止規則を参考にされたい。

（ハ）　粉じんによる障害の予防

　　内部に粉じんがたい積した局所排気装置等の検査を行う場合は次の対策が必要となる。

　　•設備内部に付着，たい積した粉じん等の除去，アーク溶接，動力研磨等の粉じん作業で
　　　は，粉じんによる障害の危険があるので粉じん対策が必要である。

　　•散水，換気等の対策を行う。

　　•粉じん作業では発生源の風上で作業を行う。また発生源からできるだけ離れた姿勢で作
　　　業を行うこと。

　　•防じんマスク等の呼吸用保護具を着用して粉じんの吸入を防ぐ。粉じん対策については
　　　粉じん障害防止規則を参考にされたい。

（ニ）　熱中症等の防止

　　検査対象装置が高温であったり，作業場所が高温である場合には，作業が短時間であっ
　ても高温ばく露によって熱中症が起こることがある。

- 除じん装置，ダクト等は，十分に冷却した後でなければ内部に立入らせてはならない。
- 送風の確保，作業時間の配慮，飲用水などの補給を行うこと。
- 発汗で皮膚や作業衣が濡れていると感電災害の危険が大きくなるので注意が必要である。

（ホ）　一酸化炭素中毒の防止

　　不完全に物が燃えるときは一酸化炭素が発生する。一酸化炭素は無色，無味，無臭の気体で皮膚粘膜に対する刺激もないので五感により存在を感知できない。そのためしばしば急性一酸化炭素中毒による死亡災害が起っている。

- 狭い場所，通風換気の悪い場所で溶接・溶断の作業を行う場合は一酸化炭素中毒の危険があることを忘れてはならない。
- 炉内その他一酸化炭素中毒の危険のある場所で作業を行う場合は，あらかじめ一酸化炭素濃度の測定を行うこと。
- 一酸化炭素を発生する装置とつながる装置内に立入る場合は，遮断を確実に行うとともに換気しながら作業を行うこと。
- 一酸化炭素中毒の危険のある場所では空気呼吸器，酸素呼吸器などを備え付けておき，必要に応じ着用すること。

（ヘ）　鉛および特定化学物質等の有害物による障害の防止

　　鉛およびクロム，マンガン等の特定化学物質を取り扱う作業に対し設けられた局所排気装置のダクト等の内部には，これらの物質がたい積していたり，ガス・蒸気状の有害物が滞留していることが多いので，検査の前に保護具を着用して除去する等の措置が必要となる。そのほか具体的には，④（ロ）の「塗装作業での有機溶剤中毒の防止」，⑦（ハ）の「粉じんによる障害の予防」および（ホ）の「一酸化炭素中毒の防止」を参考にされたい。

⑧　保護具

（イ）　作業時の服装と化学防護服

- 作業衣は作業形態に応じた適切なものを選ぶ。（熱源のある所では化学繊維製のものを使用してはならない。また静電気の火花により着火の危険性がある場合は静電服を着用すること。）
- 作業衣は身体に合って運動機能を妨げないものを選ぶ。
- 常に清潔なものを着用する。
- 身体が腐食，皮膚炎，中毒等を起こすような化学物質で汚染される恐れのある作業では，これに適応した化学防護服を着用する。
- 化学防護服は，作業の特性や取り扱う化学物質に応じ，耐透過時間を確認するなどし，

適切なものを選択し，使用する。

（ロ）　保護帽（産業用ヘルメット）

- 保護帽は必要に応じて耐衝撃性，絶縁性，耐熱性，難燃性，耐食性等をもつ適当なものを選ぶ。
- 着装体（ハンモック）と帽体内頂面との間隙は 2.5 cm 以上を保つように調節する。
- 保護帽は正しくかぶり，あご紐は確実に締めておく。

（ハ）　保護眼鏡

- グラインダやスケール落しの際の飛来物，酸やアルカリなどの飛沫による眼の傷害を防ぐための保護眼鏡と，溶接作業での有害光線から眼を護るための保護（遮光）眼鏡とがある。
- 作業の種類に応じ適切な保護眼鏡を選んで使用する。

（ニ）　耳栓，耳覆い

- スケール落し，研磨等の騒音作業に従事するときは，耳栓等の聴覚保護具を使用する。（紙や綿を丸めて耳に詰めても聴覚保護の効果はない。）
- 耳栓は騒音の大きさと性質（周波数）から必要とする遮音値を備えた耳栓を選ぶ。
- 耳栓の他，耳覆い（イヤーマフ），グラスウール製耳栓，発泡ポリマー系耳栓等があるので作業の特性に応じて適当なものを選択する。

（ホ）　呼吸用保護具

　　　呼吸用保護具には防じんマスク，電動ファン付き呼吸用保護具（PAPR），防毒マスク，送気マスク（ホースマスクおよびエアーラインマスク），空気呼吸器，酸素呼吸器などがある。
（防じんマスク，PAPR）

- 作業場所で発生する粉じんの有害性にあわせ，国家検定に合格した適当な区分の防じんマスク，PAPR を使用する。
- 高濃度ばく露の恐れがあるときは，できるだけ捕集効率が高い防じんマスクや PAPR を使用する。
- 有害性の高い鉱物性粉じんを取り扱う作業では，使い捨て防じんマスクではなく取替え式（フィルター）の防じんマスク，PAPR を使用する。
- アーク溶接作業等では PAPR の着用も効果的である。
- 酸素濃度が 18% 未満（酸素欠乏）の場所では防じんマスク，PAPR 等のろ過式呼吸用保護具を使ってはならない。送気マスク，空気呼吸器，酸素呼吸器を使用する。
- 防じんマスク・PAPR は使用後の手入れと保管が大切なので，粉じんや湿気の多い場所に放置してはならない。

- 防じんマスク・PAPR のろ過材は，通気抵抗が上昇し息苦しくなる前に交換する。ろ過材に付着した粉じんを軽く叩いて取り除ける場合もあるが，有害性の高い物質に対して使用したものは使用のたびに交換しなければならない。

（防毒マスク）

防毒マスクは吸収缶内の活性炭等で有害なガス，蒸気を吸着したり，中和剤などで無毒化するもので，隔離式，直結式および直結式小型がある。

- 使用できるガスの濃度上限は隔離式，直結式，直結式小型の順に低くなる。
- 防毒マスクは対象とするガスに適合した吸収缶を選んで使用すること。
- 有毒ガス，蒸気の濃度が規定を超える場合や酸素濃度が 18% 未満（酸素欠乏）の場所で防毒マスクを使用してはならない。送気マスク，空気呼吸器，酸素呼吸器を使用する。
- 吸収缶には使用限度時間（破過）がある。作業環境中の濃度を確認し，その濃度に応じてあらかじめ有効時間を算定する。その時間内に交換することが目安となるが，使用限度時間以内であっても，異臭を感じたり，使用中に目，鼻，のどに異常を感じたときは，作業を中断する。
- 吸収缶は吸湿により性能が低下するため，湿度が低く直射日光の当たらない場所に保管する。

（送気マスク（ホースマスクおよびエアーラインマスク））

ホースを通じて，有毒なガス，蒸気，粉じんによる汚染のない清浄空気を給気する構造のもので，一部（肺力吸引形を除く）の製品は酸素欠乏の場所でも使用できる。

- 肺力吸引形ホースマスクは，ホースの長さが 10m 以下であるため行動範囲が制約される。
- 電動送風機使用時にはホースマスク使用中と明示し，誤ってスイッチを切ることがないようにする。
- 停電やホースのよじれなどが原因で送気が止まったり送風量が減ったとき，あるいは臭気や温度の上昇を感じた場合は，直ちに退避するよう指示しておくこと。

（空気呼吸器，酸素呼吸器）

空気呼吸器および酸素呼吸器はボンベに圧入（14.7〜29.4 MPa）された空気または酸素を一定の圧力まで減圧して吸入するもので，防毒マスクや防じんマスクが使用できない場所で使用できる。

- 空気呼吸器および酸素呼吸器は送気マスクと異なり行動範囲の制約はないが，ボンベの充てん量の関係で使用時間に制限があるので注意が必要である。
- 空気呼吸器，酸素呼吸器ではボンベに残っている空気または酸素の量を確認しながら作業を行う必要がある。

- マスクの装着は確実に行えるよう日頃から訓練しておく。
- ボンベの圧力が低下して警報器が鳴ったときは，速やかに安全な場所に脱出する。

（ヘ）化学防護手袋，履物（作業靴，安全靴，化学防護長靴）

- 化学防護手袋は作業の特性や取り扱う物に応じ，耐透過時間を確認順守するなど，適切なものを選択し，使用する。なお，回転する機械部分に巻き込まれる危険のある作業では手袋を着用してはならない。
- 足場上，屋根上，ピット，マンホールの開口部等転落または踏み抜いて墜落の恐れのある場所では地下足袋等を用いる。
- 裏底がすり減っている履物は滑りやすいので使用しない。
- 重量物の取扱い作業や釘等を踏み抜く恐れのある場所では安全靴を使用する。
- 腐食，皮膚炎，中毒等を起こすような物を取り扱うときは化学防護手袋，化学防護長靴等を着用する。
- 感電の恐れのある作業では絶縁性の電気用ゴム手袋および履物その他を使用すること。
- ゴム手袋，ゴム長靴は，劣化によるひび割れや破れのないことを確かめる。高温，低温，日光等にさらすと劣化を早め，ひび割れを生じやすい。

（ト）墜落制止用器具など

　2 m 以上の高さの所で作業する場合は，作業床・囲いの設置，墜落制止用器具の使用等により，墜落による災害の防止を図る。

- 墜落制止用器具には，「フルハーネス型」と「胴ベルト型」があるが，原則としてフルハーネス型を使用すること（高さ 6.75 m を超える箇所で作業を行う場合はフルハーネス型を使用しなければならない）。
- 使用可能な最大質量を超えない器具を選定すること。
- 墜落制止用器具を取付ける設備は，墜落制止時の衝撃力に耐えられるものであること。フックは，墜落の危険がある箇所に接近できない位置に掛ける，可能な限り高い位置に掛ける等が求められる。

⑨ その他

（イ）機械による災害の防止

　電動機，ファン，除じん装置等の可動部分を検査する際は，関連部署と十分連絡打合せを行ったうえで動力源を遮断し，作業中に連絡ミスのため起動されることのないよう，スイッチ類には表示や施錠を行う。

（ロ）感電災害の防止

アーク溶接作業を行わない場合でも，電動機，電気除じん装置等の充電部分に近づく際は，電源を切り，放電棒で放電させ，できれば接地してから作業にかかる。そのほか，前記の「電気設備の検査」および「アーク溶接での感電災害の防止」を参照されたい。

⑩　検査終了後の運転開始準備とその作業手順

（イ）　装置内部の点検・検査が完了したときは，内部に工具類，ウエス等の置き忘れや異物がないか入念に確認すること。

（ロ）　点検口，マンホール等は，気密（ガスケットの交換取付け等）が十分かどうかを確認してから閉める。有害ガス処理装置，電気式除じん装置等，特に危険を伴う装置には，施錠することが望ましい。

（ハ）　フィルタ，放電極，集じん極板等の取付け状態，充てん材の状態等が正常であることの確認を行う。

（ニ）　粉じん払落し装置（フィルタ，放電極，集じん極板など）の作動試験を行い，異常のないことを確認する。粉じん取出し装置など，そのほかの駆動部の作動試験も同様に行う。

（ホ）　特に電気式除じん装置では碍子室のヒーター電源を入れ，所定の温度で5時間以上保持し，碍子を十分乾燥させる。

（ヘ）　前各項の作業を完了した後，空気負荷による電圧，電流値を測定し記録する。

（ト）　排気条件が所定の状態（温度，ガス量等）になった時，実ガス負荷による電圧，電流値の測定および粉じん濃度を測定し記録する。

7.　定期自主検査で使用する測定器等

　定期自主検査指針では，使用する測定器や工具を「必ず準備すべきもの」と「必要に応じて準備すべきもの」に分けて掲げている。

　「必ず準備するもの」とは，全項目の検査を基本的な方法により行う場合必ず使用するものである。一方，ある項目の検査を構造上の都合等により基本的な方法で行えない場合は別の測定器を必要とすることもあり，このとき使用するものが「必要に応じて準備すべきもの」である。また，装置の構造や捕捉対象物質等により使用する測定器等が異なる場合があるが，これらも「必要に応じて準備すべきもの」に含まれる。

　定期自主検査で使用する測定器は，携帯に便利で堅ろうでなければならない。また，それぞれの測定器には，自社またはメーカーによる保守点検，校正などを行い，必要な性能の維持に努めなければならない。以下，主な測定器や工具について解説する。

（1）　スモークテスター（図1-1）

　塩化第二スズを吸着させた軽石をガラス管に封入した発
煙管をゴム球スプレーに取り付けて，ゴム球を押えて通気
し水酸化第二スズの白煙を吹き出させる構造のものである。
この白煙が気流に乗って流れることにより気流の状態を知
ることができるので，通風・換気状態をみるのに有用な道
具である。この他，四塩化チタンや塩酸とアンモニア水か
ら発生させる塩化アンモニウムを利用したものがあるが，
塩化アンモニウムを利用したものは塩酸とアンモニア水を
持ち運ばなければならないので定期自主検査用としては利
便性に欠ける。なお，いずれのタイプも，生ずる白煙は有
害（刺激性・腐食性）なので，吸い込まないように注意し
なければならない。また，爆発・火災の恐れのある場所で
タバコや線香の煙を代用することは絶対に避けなければならない。

発煙管

ゴム球

図1-1　スモークテスターの例

（2）　風速計，静圧プローブ付き風速計

　風速計は制御風速とダクト内風速を測定するので，0〜数 m/秒の範囲（制御風速測定用）
を測定でき，かつ，20 m/秒程度までの範囲（ダクト内風速測定用）も測定できるような切替
えスイッチの付いたものを選ぶ。プッシュプル型換気装置の捕捉面における風速測定に用いる
風速計は，最小風速 0.1 m/ 秒以下まで測定でき，かつ，小数点以下 2 桁まで測定できるもの
を選ぶ。センサーの構造によって指向性のものと無指向性のものがあるが，風向きを確認する
必要があるので，指向性のものが望ましい。また，白金ワイヤが露出しているセンサー型式の
ものは，可燃性のガスや蒸気を含む気流中で使用してはならない。

　なお，静圧プローブ付き風速計はダクト内の静圧も併せて測定できるようになっている。ま

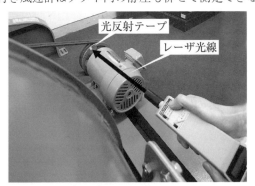

光反射テープ

レーザ光線

写真 1-2　レーザ式回転計によるプーリーの回転
　　　　　数測定（イメージ図）

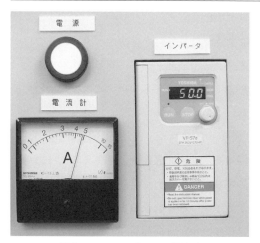

写真 1-3　インバータと電流計

写真 1-4　温度測定

表面温度計を用いて, ベアリングブロックの温度上
昇を調べる。30 分以上連続運転した後に測定する。
一般に, 羽根側のベアリングよりもベルト側のほう
が, ベルトの摩擦熱のために高くなる。

た風速計はセンサーへの付着物や劣化等により精度が低下するので, メーカーに依頼するなど
して定期的に校正および点検を行う必要がある。

（3）　回転計（写真 1-2）

　吸気および排気の能力の検査で, 検査結果が判定基準に適合しない場合は, ファンの回転数
を測定し, 必要な回転数となっているか確認しなければならない。回転計を原理により分類す
ると, 回転部分に検知部を接触させて測定するもの, 光の反射を計数するもの, ストロボを使
用するものなどがあるが, 安全性や簡便性を考慮すると光の反射を計数するものが望ましい。

（4）　テスター, クランプメータ, 検電器または絶縁抵抗計

　定期自主検査では, 電気系統の異常の検査に使用するが, 電動機の過負荷状態の点検等にも
使用することがある。通常, 各電動機に電流計が設置してあることが多いが, そうでないとき
は, テスターまたは検電器を用いて測定する。一般にクランプメータと呼ばれる電流計を使用
すれば結線を外さずに測定できる（写真 1-3）。

　電動機の巻線とケースとの間および巻線と接地端子との間の絶縁抵抗の測定には, 一般にメ
ガーと呼ばれる絶縁抵抗計を使用する。

（5）　スケール

　制御風速測定位置の確認, フード開口面の面積算出, ダクト径の算出の他, 局所排気装置等
の外観図・系統図の作成に不可欠な計測器具である。スケール本体は布製のものと鋼製のもの
があるが, 電気伝導性, 耐久性等それぞれ長短所があるので, 両者を準備しておくことを勧める。

（6）　テストハンマー

点検口や接続部から内部を見ることのできないダクトでは，外部から厚肉ダクトの場合はテストハンマー（槌打検査用）で，破損の恐れのあるダクトや薄肉ダクト・樹脂ダクトの場合は木または竹の棒で叩いて粉じん等のたい積の状態を調べる。このとき使用する木または竹の棒は，形状や寸法は問わない。適当なものを用意すればよい。

（7）　温度計

電動機や軸受けの表面の温度を測るための測定器である。表面温度計はサーミスター式のセンサーにより温度を検出するもので，センサーを測定箇所に当てれば直ちに温度が測定できるので，多数点測定する場合に便利である。表面温度計がなければ普通のガラス温度計等をパテで張り付けて測定するが，指示温度が安定するまで時間がかかる（写真 1-4）。

（8）　空気中の有害物質の濃度および除じん性能を測定するための機器

抑制濃度で性能要件が定められている局所排気装置等で，過去に抑制濃度が判定基準に適合し，かつ制御風速を測定していないものについては，フード周辺の当該物質濃度の測定と併せて吸気および排気の能力を判定する。抑制濃度を測定する測定機器は，作業環境測定基準で定められた機器でなければならない。このため，一般の事業場でこの検査を行う際は，作業環境測定機関等に依頼するのが一般的であろう。除じん装置の性能を検査するための詳細は日本産業規格 JIS Z 8808（排ガス中のダスト濃度の測定方法）に示されたとおりである。なお，その他の有害物質については，作業環境測定ガイドブック 1（日本作業環境測定協会発行）を参照されたい。それには，除じん装置の上流部のダクトと下流部のダクトに設けた測定孔から吸引ノズルを挿入し，ここから含じん空気を等速吸引して粉じんをろ過捕集する。この質量と，吸引した空気量から粉じん濃度を算出し，除じん効率を求める。このため必要な器具として，吸引ノズル，ろ紙ホルダー，吸引ポンプ，流量計・圧力計等がある。

（9）　微差圧計

差圧が水柱で 2 mm（0.196 hPa）程度以下の場合は，普通の水柱マノメータでは正確に読みとれない。この場合は水柱マノメータを傾斜した状態で設置し，その斜辺で，水位差を測定し，その数値に傾斜角度の正弦を乗じて差圧を求めることができる。この原理を応用した微差圧計が傾斜マノメータとして市販されている。

一方，ダイアフラムを用いた微差圧計もある。ダイアフラムはゴム膜でできており，差圧によるゴム膜の膨らみ状態の変化を検出する構造になっている。この種の微差圧計を用いる場合は，最大測定可能圧力 50～100 Pa（0.5 hPa～1 hPa）程度のものを選定すればよい。

（10）　聴音器またはベアリングチェッカー

聴音器は医療用の聴診器と同様の構造のもので最も簡単なものでよく，特に高性能である必

要はない（写真 1-5）。

　ベアリングチェッカーは振動計の一種で，軸受けの劣化による振動の増加を測定し，正常かどうかを判定する測定器である。軸受けの劣化は，最初は徐々に進行し，その後急速に悪化するものである。したがって，定期的に測定し，急速な劣化の起こる前に対策を立てなければならない。

　ベアリングチェッカーを使用する場合は，軸受けが正常な状態の時のデータを記録しておき，その値との比較で評価する。一般にファンでは 6 カ月〜 12 カ月ごとに測定すればよい。

グリースニップル

写真 1-5
聴音器を用いたベアリングの異常音の有無の検査状況

（11）　振動計

　振動計はファン，電動機等の振動を測定する測定器で，検査時のデータと初期データとを比較して異常の有無を判定するためのものである。

　振動を測定する場合は振動ピックアップを測定したい部分に当てて振動の加速度，速度，振幅を求める。ファンではコモンベースなどに振動ピックアップを当てる。ファンのケーシング等に当てると非常に大きな値になり異常値になってしまうことがあるので，被測定部の選定に注意が必要である。

（12）　風速計センサー固定用架台

　プッシュプル型換気装置の性能要件に示される風速は，風速計の測定下限値に近いことおよび測定者とセンサーの位置によって気流の乱れを生じること等により，正確な測定ができない場合がある。そこで，センサーと測定者の距離を十分におきセンサー固定用架台を用いると便利である。また，床面より定められた高さでの測定にも効果的である。

（13）　ピトー管　（図 1-3，1-4）

　水柱マノメータと接続してダクト内流速を測定するためのL字型の金属管である。熱線風速計で測定できる場合は必要ない。

　ピトー管は，JIS B 8330（送風機の試験及び検査方法）に規定されるピトー管またはピトー管係数の明らかなピトー管を用いる。

（14）　キサゲ（図 1-2）

　加工物の表面を精密に仕上げるため使用する工具で，平キ

図 1-2　キサゲの例

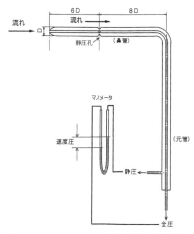

図1-3 JIS B 8330（送風機の試験及び検査方法）が規定するL形ピトー管

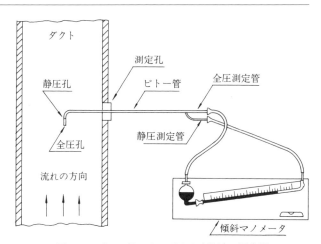

図1-4 ピトー管によるダクト内流速の測定例

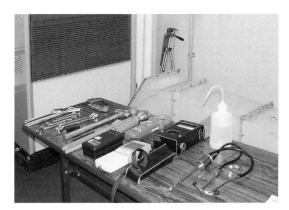

写真1-6 手回り工具の一例

サゲ，ささばキサゲ等の種類がある。定期自主検査においてはたい積物，付着物等の状態の調査および除去に使用するので，特に高級なものである必要はない。

(15) 必要な工具

局所排気装置等の検査に準備すべき工具類は，あまり特殊なものは必要ない。すなわち，ドライバー，スパナ，モンキーレンチ，プライヤ，ハンマー，バール，パイプレンチ等の手回り工具であるが，他に消耗品として浸透潤滑剤，塗料，ウエス等を準備する。その他，錆び付いたり，塗装してあるボルト・ナットを外した場合は再度の締め付けが困難なので新品に換える。ガスケット類も同様に交換することになる（**写真1-6**）。

また，作業の手元の照度不足，ダクト内やインペラの観察等には懐中電灯が有効である。

第２編　局所排気装置の
　　　　　定期自主検査指針の解説

　局所排気装置の定期自主検査指針における検査項目，検査方法および判定基準については，以下の表によること。

1. フードの検査

（1）　フードの外観検査

検　査　項　目		検　査　方　法	判　定　基　準
1.　フード	（1）　フードの構造及び摩耗，腐食，くぼみ等の状態	①　スケールを用いてフードの寸法及び組立て状態を調べる。 ②　フードの表面の状態を調べる。 ③　フード内部の状態を調べる。	①　寸法及びフランジ，バッフル板等が届出の状態に保たれていること。 ②　次の異常がないこと。 　イ　吸気の機能を低下させるような摩耗，腐食，くぼみその他損傷 　ロ　腐食の原因となるような塗装等の損傷 ③　次の異常がないこと。 　イ　粉じんやミスト等のたい積物がないこと。 　ロ　吸込口に粉じんやミスト等による閉塞がないこと。

【解説】

　フードの検査は，まず設置位置，開口面の向き，フランジ，バッフル板等が所定の状態に保たれているかを設置図と照合して確認する。フランジや囲い式フードのカバーが外されたまま放置されている場合は元の位置に固定する。作業性等の理由で変更が行われているものについては，その状態で検査を進め，4 の「吸気および排気の能力の検査」（p. 134）で規定の性能が得られれば，図面の方を変更する。規定の性能が得られない場合はフードの形，設置位置，作業の方法等を再検討する必要がある。

　次に摩耗，腐食，くぼみ，変形，破損，塗装のきず等の異常について外観検査を行う。外観検査の目的は吸気機能を低下させる損傷を未然に防ぐことなので，向こう 1 年間十分使用に耐える状態であれば，小さな損傷には粘着テープによる補強，塗装のタッチアップ等の補修を行い，大きい損傷や一面の腐食などには当て板をする等の方法で補修する。取付け部分やダクトとの接続部分のねじが緩んでいる場合は増し締めを行う。

　フード内部の検査では，吸い込み気流を妨げるような粉じん，ミスト等のたい積物がないか確認する。たい積物等がある場合は清掃を行う。ただし，清掃により機能を低下させるおそれがある場合はメーカー等に依頼する。

第2編

（2）　吸い込み気流の状態などの検査

検　査　項　目		検　査　方　法	判　定　基　準
1．フード	（2）　吸い込み気流の状態及びそれを妨げる物の有無	①　フードの開口面付近に，所期の吸い込み気流を妨げるような柱，壁等の構造物がないかどうかを調べる。 ②　フードの開口面付近に，作業中の器具，工具，被加工物，材料等が，所期の吸い込み気流を妨げるような置き方をされていないかどうかを調べる。 ③　局所排気装置を作動させ，スモークテスターを用いて，次に定める位置における煙の流れ方を調べる。	①　吸い込み気流を妨げるような柱，壁等の構造物がないこと。 ②　器具，工具，被加工物，材料等が，吸い込み気流を妨げるような置き方をされていないこと。 ③　煙がフード外に流れず，又は滞留せず，フード内に吸い込まれること。 　また，外気，扇風機，電動機の冷却ファン等による乱れ気流の影響のないこと。

イ　囲い式フードにあっては，次の図に示す位置。

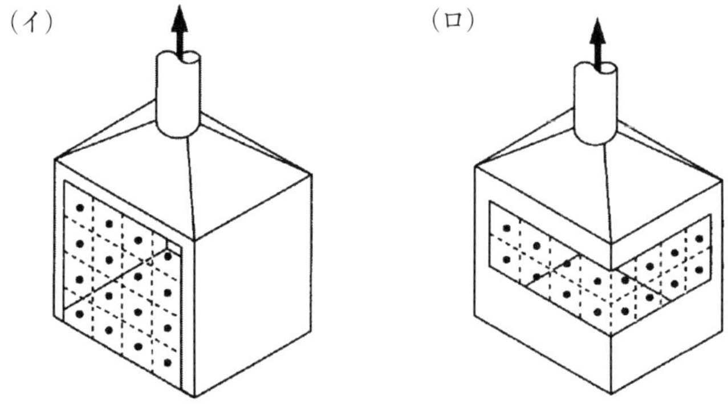

（イ）　　　　　　　　　　　　　（ロ）

備考
1　・印は，フードの開口面を，それぞれの面積が等しく，かつ，一辺が0.5メートル以下となるように，16以上（フードの開口面が著しく小さい場合にあっては，2以上）の部分に分割した各部分の中心であって，煙の流れ方を調べる位置を表す。
2　図（イ）及び（ロ）に示す型式以外の型式のフードの局所排気装置に係る位置については，これらの図に準ずるものとする。

検 査 項 目	検 査 方 法	判 定 基 準
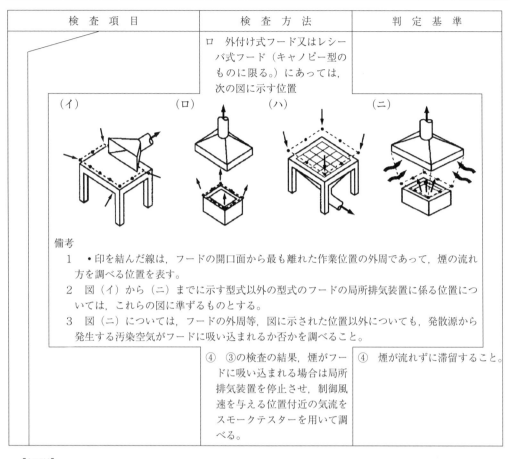	ロ　外付け式フード又はレシーバ式フード（キャノピー型のものに限る。）にあっては，次の図に示す位置	
	④　③の検査の結果，煙がフードに吸い込まれる場合は局所排気装置を停止させ，制御風速を与える位置付近の気流をスモークテスターを用いて調べる。	④　煙が流れずに滞留すること。

備考
1　•印を結んだ線は，フードの開口面から最も離れた作業位置の外周であって，煙の流れ方を調べる位置を表す。
2　図（イ）から（ニ）までに示す型式以外の型式のフードの局所排気装置に係る位置については，これらの図に準ずるものとする。
3　図（ニ）については，フードの外周等，図に示された位置以外についても，発散源から発生する汚染空気がフードに吸い込まれるか否かを調べること。

【解説】

　フード開口面の直前に物が置かれて吸引気流が妨害されるケースもよくある。そこに置く必要のない物であれば片付け，作業の都合上片付けることができない物であればフードの形状ないし設置位置を見直す。

　スモークテスターは気流の状態を目で確認できるので，局所排気装置の検査・点検に有用な道具である。ただし，この煙には腐食性があり刺激性もあるので吸い込まないように注意すること。煙草や線香の煙を使用することは有機溶剤等，引火性の物質を扱う作業場では絶対に避けねばならない。

　スモークテスターを使用するには，まず管の両端を切り取り付属のゴム球につなぎ，ゴム球を軽く潰し空気を通すと，先端から白煙が出る。ゴム球をゆっくり潰すと白煙は細くつながった糸状に，急に潰すと塊状に出る。

　次に局所排気装置を作動させ，スモークテスター等で吸引気流を観察する（写真2-1，2-2）。多少熟練すれば煙の動きでおおよその風速を推定することも可能である（図2-1）。

写真2-1　スモークテスターによる気流のチェック（囲い式フード）

写真2-2　スモークテスターによる気流のチェック（外付け式フード）

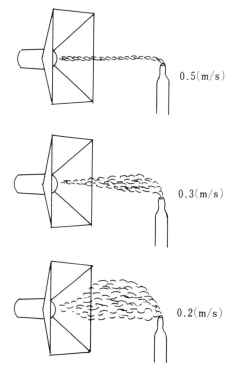

0.5(m/s)

0.3(m/s)

0.2(m/s)

図2-1　スモークテスターの煙の状態と気流の速度

　気流を観察する場合は，管の先端が図2-1のように煙の流れと直角になるように持ち，囲い式フードの場合には開口面を16以上に等分した各面積の中心を，外付け式フードの場合にはフード開口面から最も離れた作業位置を示す・印（・で示した点：捕捉点または制御位置）を結んだ線に沿って動かしながら発煙させ，煙の流れを観察する。

　しばしば見られるケースだが，フードの形が囲い式のような形であっても，被加工物が開口面より外にはみ出して作業が行われていれば，そのフードは外付け式として機能することになるので，はみ出した作業位置の開口面から最も離れた点で発煙させてみる。また外付け式フードの場合は，作業者に何も指示せずに自由にしばらく作業させ，どこが最も離れた作業位置になるか観察してからその位置の気流を調べる。

　煙がフードに吸引されずに散ってしまう場合は，排風量不足が原因であることが多い。同じファンに連結されている他のフードを調べて吸い過ぎになっているなら，風量調整用ダンパの開口度のアンバランスが原因なので，再調整してから先に進む。

　また外付け式フードの場合，計画時に考えたよりも離れた位置で作業が行われているため，

結果的に排風量不足になっていることもある。この場合はフード開口面に近づいて作業を行うよう作業者を指導する。

乱れ気流の影響が考えられる場合は，局所排気装置を停止させた状態で制御風速を与える位置付近で発煙させ，煙の状態を観察する。煙が流れずほぼ滞留するなら，乱れ気流はないと判断してよい。煙が横流れする場合は，窓等からの外気の流入，エアコン，冷風機，扇風機の風，電動機の冷却風等の影響が考えられる。このような原因を取り除かないと吸引性能を維持できない場合もある。フードに向かって作業をしている作業者の背後から扇風機で風を送っている例によく出会うが，扇風機の気流が強過ぎて逆にフードから溢れ出す原因となっていることが多い。

（3） レシーバ式フードの開口面の向きなどの検査

検 査 項 目		検 査 方 法	判 定 基 準
1. フード	（3） レシーバ式フードの開口面の向き	作業が定常的に行われているときの発生源から飛散する有害物の飛散の状態を調べる。	有害物がフード外に飛散せず，フードに吸い込まれること。

【解説】

レシーバ式フードの場合は，普段の作業を行わせてみて，発生源（発散源）から飛散する有害物がすべてフード開口面に吸い込まれるかどうかを観察する。グラインダ作業の粉じんの場合は火花を見れば容易に確認できる。フード開口面の外に飛散するならば，開口面が小さ過ぎるか設置位置が不適当かのどちらかである（写真 2-3，2-4）。

設置位置が不適当な場合は位置を調整してから検査に進む。スインググラインダの場合は回

写真 2-3
レシーバ式フードの設置位置が不適当なため，火花が外に飛び出す。

写真 2-4
火花はほとんどフードに入る。

写真 2-5

坩堝炉にフラックスを投入した直後の白煙が熱上昇気流によって
上方へ急速に拡散する。

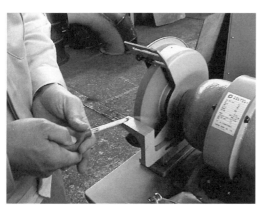

写真 2-6　両頭グラインダの場合

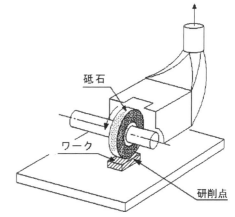

図 2-2　スインググラインダの場合

転する砥石の当たる角度によって火花の飛ぶ方向が変わるので，火花がフードに入らない場合
は，吊り下げ高さを調節して砥石の当たる角度を変えてみる（写真 2-4）。なお，この火花は
比較的大きな粉じんがほとんどで，労働衛生で問題になる微細な粉じんは砥石の回転に沿って
移動し，作業者側で浮遊するおそれがある。従って，作業環境測定のデータ等も参考にして改
善対策を講じるようにする。その結果，作業者側にもう一つのフードが必要になることもあり
得る。フードの改造あるいは新設の場合は研削盤等構造規格（昭和 46 年労働省告示第 8 号）
に従う必要がある。プッシュプル型換気装置の併用等も考えられる。

　熱上昇気流をキャノピー型フードで受け止める場合には気流を肉眼で観察できないことがあ
るので，その場合はフード開口面に沿って発煙管（スモークテスター）を使って気流が溢れ出

ないことを確認する（写真2-5）。

　両頭グラインダの場合，砥石を止めて，ワークレスト付近において制御風速5 m/sを確保する必要がある。この状態で砥石を回転させれば煙が確実に吸い込まれるので安全である（写真2-6）。

　しかし，スインググラインダのような構造のものは図2-2に示すように開口面と研削点が離れるため，5 m/sの風速で粉じんを完全に捕集することが困難な場合もある。

（4）　乾式塗装用ブースなどのフィルタの状態の検査

検　査　項　目		検　査　方　法	判　定　基　準
1.　フード	（4）　塗装用ブース等のフィルタ等の状態	①　塗装用ブース（水洗式のものを除く。）等で，フードにフィルタが使用されているものについては，その汚染，目詰まり，破損等の状態を調べる。	①　フィルタにフードの吸い込みの機能を低下させるような汚染又は目詰まりがないこと。また，フィルタに捕集能力を低下させるような破損がないこと。

【解説】

　図2-3のような塗装用ブースが，囲い式フードに相当するか外付け式フードに相当するかは判断に迷う所だが，作業者がブース内に入っている場合は，ブース本体は作業室，フィルタがフード開口面の場合，フードの型式は外付け式と考えるべきである。

　なお，図2-3のような場合，作業者自身が気流の乱れを誘い顔面付近で渦を巻く。作業者が同図（A）のようにワークから離れた位置で作業すればあまり問題にならないが，（B）のように前屈みになると，顔とワークとの距離が近づき，有害物を吸い込むおそれがある。この種の作業では，作業者（作業位置・作業姿勢等）の個人差によって有害物のばく露のされ方が変わり，姿勢を変えれば効果が上がる。従って，ワークに十分な照度を確保し，視認性を良くして，

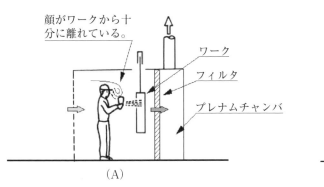
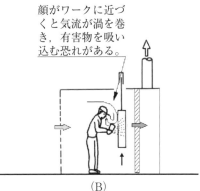

図2-3　塗装ブース

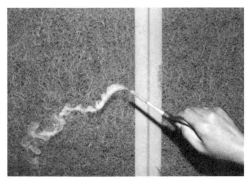

写真 2-7　フィルタの目詰り点検

不自然な作業姿勢にならないように注意しなければならない。当然，検査には照明器具の汚損，破損等の不具合の有無も含まれる。なお，照度だけではなく，作業者の視力も問題になることも心得ておく必要がある。

　また，塗装作業者の前を通るブースの断面における気流速度がプッシュプル型換気装置の性能要件を満たしていれば，密閉式プッシュプル型換気装置（水平流，送風機なし）と考えるべきである。この型式の塗装ブースの場合，フィルタの表面に塗料が付着して目詰まりすることがある。吸引不良の場合はフィルタの直前の気流をスモークテスターで調べ，流れが悪い場合，またはマノメータ等を用いてフィルタ前後の圧力損失を調べ所定の値を超えている場合など目詰まりが認められたら，フィルタを清掃および交換する（**写真 2-7**）。

　新品のフィルタは使用初期に多少塗料ミストが通過し，そのミストがある程度付着してから保証された効果を発揮する。塗料ミストが付着するほどフィルタのろ過効率は上がる。しかし，目詰まりが進み，圧力損失が高くなるとフィルタ枠の隙間の方を塗料ミストが通過したり，フィルタ自体が塗料ミストの重量に耐えきれず枠の中でずり落ちたりすることもある。

（5）　水洗式塗装用ブースの洗浄水の検査

検　査　項　目		検　査　方　法	判　定　基　準
1.　フード	（4）　塗装用ブース等のフィルタ等の状態	②　水洗式の塗装用ブースで，壁面に水膜を形成させて塗料の付着を防ぐ方式のものについては，壁面の濡れの状態を調べる。 ③　水洗式の塗装用ブースの塗料のかすの浮遊状態及び鋸歯状板への塗料の付着状態を調べる。 ④　水洗式の塗装用ブースで，洗浄水を循環させるためにポンプを使用しないものについては，洗浄室内の水量を調べる。	②　壁面全体が一様に濡れていること。 ③　一様なシャワーの形成及び吸引性能に影響を及ぼさないこと。 ④　停止状態での水面の高さが設計値の範囲内にあり，かつ，作動時には一様なシャワーが形成されること。

【解説】

　水洗式塗装用ブースで壁面に水を流して塗料を洗い流す型式のものは，一旦水膜が切れるとそこに塗料が付着してますますその部分に水が流れ難くなり汚れがひどくなる。このような場

合は水膜の切れている場所を掃除する。また，多量の塗料かす
が水面に浮遊していたり鋸歯状板に付着している場合は取り除
く必要がある。

　洗浄水の循環にポンプを使用しない方式の水洗式塗装用ブー
スは，ノーポンプブース（ポンプレスブース），またはベンチ
ュリーブースとも呼ばれ，吸引された空気が下部に貯めた水と
鋸歯状板との隙間を通過する際に水を巻き上げ，シャワーを形
成して塗料を洗い落とすものである（図2-4）。水量が多過ぎ
れば吸引能力が落ち，少な過ぎればシャワーが形成されないこ
とから，停止状態でまず水面の高さを観察して規定の水量であ
ることを確認し，次にファンを運転して空気を吸引しブース全

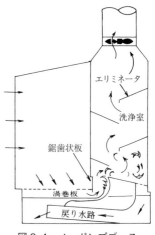

図2-4　ノーポンプブース

幅に一様なシャワーが形成されることを確認する。なお，これらのブースからの廃液は公共下
水道には放流できないので，その処理方法も調査し，必要事項を指摘すること。

2. ダクトの検査

（1）　ダクトの外観検査

検　査　項　目		検　査　方　法	判　定　基　準
2.　ダクト	（1）　外面の摩耗，腐食，くぼみ等の状態	キサゲ等を用いてダクト系の外面の状態を調べる。この場合において，吸い込みダクトの枝ダクトにあってはフード接続部からダクト合流部に向かって，主ダクトにあっては上流から下流に向かって調べるものとする。	次の異常がないこと。 イ　空気漏れの原因となるような摩耗，腐食，くぼみその他損傷 ロ　腐食の原因となるような塗装等の損傷 ハ　通気抵抗の増加又は粉じん等のたい積の原因となるような変形

【解説】

　ダクト系の外観検査は，見落しのないようできるだけ設置図の系統線図番地にそって順序だ
てて検査していく。内面からの摩耗は粉じんを吸引するダクトの曲り部分の外周に生じやすい。
腐食，錆び，塗装のきず等の兆候を発見したら，その部分と周辺を手で押してみるか，厚肉ダ
クトの場合はテストハンマーで軽く叩いてみる。フードの場合と同様，小さな穴等は粘着テー
プを巻いて補修し，大きい損傷や一面に腐食しているようなときはビニールシート等を巻いて
一時的に補修した上で検査を行い，後でその部分を取り替える。フランジ接続部分が緩んでい

る場合はボルト等の増し締めを行う。ダクトの支持部分がねじ止めされている場合は増し締めする。

　フレキシブルダクトは破損しやすく，一度破れたものはテーピング等の補修を行っても動かせば再び損じることが多いので，外観検査で破損が発見された場合は新品との交換を奨める。

（２）　ダクト内面の状態の検査

検　査　項　目		検　査　方　法	判　定　基　準
2．ダクト	（2）　内面の摩耗，腐食等及び粉じん等のたい積の状態	①　点検口が設けられているものにあっては点検口を開いて，点検口が設けられてないものにあってはダクトの接続部を外して，内面の状態を調べる。	①　次の異常がないこと。 　イ　空気漏れの原因となるような摩耗又は腐食 　ロ　腐食の原因となるような塗装等の損傷 　ハ　粉じん等のたい積

【解説】

　ダクトに掃除口，点検口が設けられている場合は，これらを開いて内部の摩耗，腐食，粉じん等のたい積の状態を調べ，必要があれば内部を掃除する（図2-5）。

　ダクトに点検口がない場合に内部の検査を行う際は，接続部を外すか新たに点検口を設けなければならないが，先に制御風速の測定等の性能検査を行い，その結果をみてフローチャートに従い次の検査を進める方が合理的である。

　またフレキシブルダクトについては，両端の接続部を外して検査し，必要があれば内部を掃除するが，破損している場合は新品と交換する。

（３）　打音によるダクトの詰まりなどの検査

検　査　項　目		検　査　方　法	判　定　基　準
2．ダクト	（2）　内面の摩耗，腐食等及び粉じん等のたい積の状態	②　①によることができないものについては，ダクトの立ち上がり部の前等粉じん等のたい積しやすい箇所等において，鋼板製の厚肉ダクトの場合にあってはテストハンマー，鋼板製の薄肉ダクト又は樹脂製ダクトの場合にあっては木ハンマーを用いてダクトの外面を軽く打ち，打音を調べる。	②　粉じん等のたい積等による異音がないこと。

【解説】

　ダクト内面の粉じん等のたい積状態を調べるとき目視検査ができない場合が多いので，ダクトの外側から軽く叩いて，その打音でたい積物の有無を判断することができる。

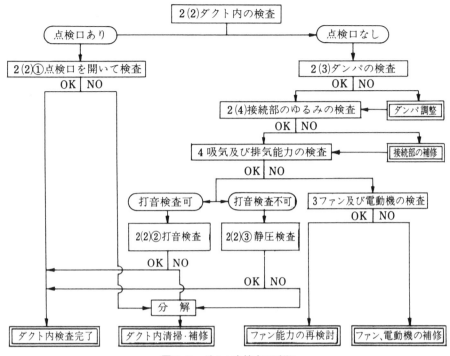

図2-5　ダクト内検査の手順

　鈍い音がしなければ粉じんのたい積はないと考えてよい。この打音の変化を言葉で表すのは難しいが，空バケツを叩いたような響き音の場合はたい積なし，水の入ったバケツを叩いたような鈍く余韻のない音の場合は内面に相当量のたい積物や付着物があると考えてよい。

　ただし，この打音による検査方法は力の入れ方に注意しないとダクトを破損させてしまうことになる。鋼板製の厚肉ダクトではテストハンマーを用い，樹脂製（塩ビなど）のダクトや鋼板製の薄肉ダクトでは木製のハンマーを使用する。なお，鋼板の厚肉ダクトと薄肉ダクトの区別は明確ではないが，一般に，局排等のダクトにおいては肉厚 1.5 mm 以上のものを厚肉ダクト，それより薄いものを薄肉ダクトと呼んでいる。

（4）　静圧の測定によるダクトの検査

検　査　項　目		検　査　方　法	判　定　基　準
2.　ダクト	(2)　内面の摩耗，腐食等及び粉じん等のたい積の状態	③　①又は②によることができないものについては，ダクトの立ち上がり部の前等の粉じん等のたい積しやすい箇所等の前後に設けられている測定孔において，微差圧計等を用いて，ダクト内の静圧を測定する。	③　ダクト内の静圧値が，その設計値と著しい差がないこと。

【解説】

　点検口の設けられていないダクトの詰まり，漏れを検査する簡便な方法は，ダクト内の静圧の変化を調べることである。

　熱線風速計の中には特殊アタッチメントが付属していて，これを用いて静圧を測定することができるものがある。まず静圧プローブ（**図2-6**）の締付ナットを少し緩めて風速計センサーの先端が止まるまで差し込み，静圧プローブの合わせマークをセンサーの風上マークと合わせ，締付ナットを十分締める。測定の際には内側のオリフィスがダクトの測定孔に入るように静圧キャップを押し付ける（**写真2-8**）。この場合，ダクト内静圧に合った方の静圧キャップを使うこと。ダクト内の静圧は，測定孔でスモークテスターの煙が吹き飛ばされれば正圧，吸い込まれれば負圧であることが判る。

　ダクト内静圧の測定に水柱マノメータを用いてもよい。静圧差の大きい所はU字管マノメータでも測定できるが，ファン前後または除じん装置の前後以外の箇所では静圧の絶対値は大きくないので傾斜マノメータが必要になることもある（**図2-7-①，2-7-②**）。マノメータの一端（図2-7-②の右側）には適当な長さ（検査しようとするダクトの測定孔に届く長さ）のゴム管を接続し，その先端に軟らかいゴム栓か厚肉ゴム管を接続して，測定孔に密着できるようにしておく。静圧の測定値を設計値または前回の検査結果と比較することにより，ダクト内の状況を推定することができる（**表2-1，図2-8**）。検査の結果，ダクト内に粉じんのたい積などの異常が認められる場合はダクトを分解して清掃，補修を行う。

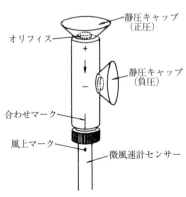

図2-6　静圧測定プローブの取付け方法

写真2-8　静圧プローブ付風速計による
ダクト内静圧の測定

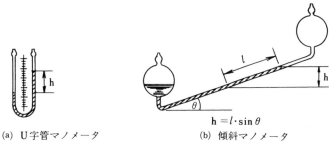

(a) U字管マノメータ　　　　　　　(b) 傾斜マノメータ

$$h = l \cdot \sin \theta$$

図2-7-①　U字管マノメータと傾斜マノメータ

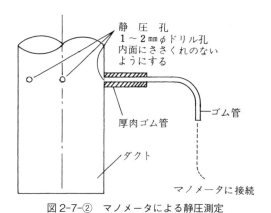

図2-7-②　マノメータによる静圧測定

表2-1　2点間の静圧測定による異常の有無の診断

	マノメータの読み		予想される主な現象
1	P1 P2 P1-P2	読み低下 読み増大 差圧増大	除じん装置のフィルタ等の目詰まり 従って，風量低下
2	P1 P2 P1-P2	読み増大 読み増大 差圧激減	主ダクトまたは枝ダクトの閉塞 ファイアダンパの誤作動
3	P1 P2 P1-P2	読み低下 読み低下 差圧減少	ファンの能力低下（逆回転，インバータの設定不良）ファンの主ダンパの誤作動 ファンの点検扉が開いている 防振ジョイントの破損またはダクトの外れ，破れ
4	P1 P2 P1-P2	読み多少増大 読み多少増大 差圧激減	フィルタの破れ，外れ等除じん装置の内部異常 従って，主ダクトの風量多少増大

（注）　次頁の図2-8において除じん装置の代わりに枝ダクト等に着目している2点間の静圧を測定することにより，異常の有無を診断することができる。

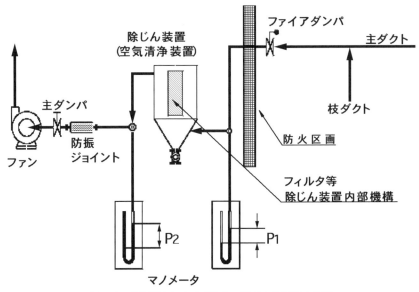

図2-8　静圧測定によるダクト，除じん装置等の診断

（5）　ダンパの検査

検 査 項 目		検 査 方 法	判 定 基 準
2.　ダクト	（3）　ダンパの状態	①　流量調整用ダンパについて開度及び固定状態を調べる。	①　ダンパが局所排気装置の性能を保持するように調整されたときの開度で固定されていること。
		②　流路切替え用ダンパが設けられている場合，各フードの流路を開放状態及び閉め切り状態にした後，局所排気装置を作動させ，スモークテスターを用いて，煙がフードに吸い込まれるかどうかを調べる。	②　ダンパが軽い力で作動し，かつ，流路が開放状態のときにあっては煙がフードに吸い込まれるものであり，流路が閉め切り状態のときにあっては煙がフードに吸い込まれないものであること。

【解説】

　局所排気装置は適切なメンテナンスが行われても，使用に伴い次第に吸気ないし排気の能力が低下するものである。ダクト系の途中に流量調整用ダンパ（ボリュームダンパ）を設ける主な目的は，枝ダクトの通気抵抗を調整して合流部の静圧のバランスをとり，各枝ダクトに連結されたフードの排風量のバランスをとることであるが，同時に吸気ないし排気の能力が少し低下した場合にダンパの開度を上げて通気抵抗を下げることにより能力を回復させる目的もある。したがって流量調整用ダンパの開度の検査は，必ずフードの吸気能力の検査と一緒に行うべき

である。

　定期自主検査で比較的小さな排風量のアンバランスが発見された場合は，各フードの制御風速を測定しながら，まず風量が過剰な枝ダクトのダンパを少し閉じて所定の風量にし，次に風量不足だったフードの制御風速を測定し直し，まだ不足していたら少しダンパを開いてバランスをとる。ダンパが開き過ぎ（風量の多過ぎ）の箇所を放置して風量不足箇所のダンパを開いてバランスをとろうとしても，全体の風量が不足して調整不能になる。

　調整を終えた流量調整用ダンパはむやみに動かされないよう固定し，調整後の開度を記録しておく。この値が次回の検査の際の基準となる。

　またバランスが大きく崩れて容易に調整できない場合は，一度すべての枝ダクトの流量調整用ダンパを全開にしてから，下流側（ファンに近い方）のフードから順に，制御風速に見合う風量となるように枝ダクトのダンパ開度を調整し，仮の固定をする。各フードの風量が順次調整されるに従って既に調整を終えた枝ダクトの風量は増加するので，調整途中でダンパが全開でも必要な風量の得られない枝ダクトが現れた場合は，再度下流方に戻って再調整する。

　最上流の枝ダクトまで調整を終えたら，再度，逆の順に，上流から下流に向って再調整を行いながら各ダンパを固定し開度を記録しておく。同時に各フードのテーク・オフ（フードとダクトの接続）部の静圧を測定して記録しておくと，後の定期自主検査の際に便利である。

　ダンパ調整によって必要な風量が得られない場合はファンの能力不足の疑いがあるので，3の（15）の「ファンの性能の検査」（p. 128）を行う。

　流路切替え用及び締切り用ダンパについては，局所排気装置を作動させた状態でフード開口面で煙が発生し，ダンパが軽く動くこと，開放状態で煙がフードに吸い込まれること，締切り状態で煙が吸い込まれないこと等によって機能を検査する。

　また空圧，油圧等の動力によって駆動されるダンパについては駆動機構，連動ダンパについては連動機構の検査が必要だが，これらについては一律に検査方法等を定められないので，それぞれの装置の取扱説明書またはメーカーの指示に基づいて実施すること。

（6）　ダクト接続部の検査

検 査 項 目		検 査 方 法	判 定 基 準
2. ダクト	（4）　接続部の緩みの有無	①　フランジの締付けボルト，ナット，ガスケット等の破損，欠落及び片締めの有無をスパナ等を用いて調べる。	①　フランジの締付けボルト，ナット，ガスケット等の破損，欠落又は片締めがないこと。

【解説】

　ダクト接続部の緩みの検査は2の（1）の「ダクトの外観検査」（p. 103）と一緒に行うべき

である。フランジ接手については，まず全体を目視してガスケットが切れたりはみ出したりしていないこと，ボルト，ナット，ワッシャーの欠落がないことを検査する。破損したガスケットは新品と交換し，ボルト，ナット，ワッシャーの欠落した所は補充する。フランジに片締めがあればボルト，ナットを増し締めして修正する。最後にボルト，ナット全部について緩みのないことを確認する。

（7）　ダクト接続部の緩みの検査

検 査 項 目	検 査 方 法	判 定 基 準
2．ダクト　（4）　接続部の緩みの有無	②　局所排気装置を作動させ，スモークテスターを用いて，ダクトの接続部における空気の流入又は漏出の有無を調べる。 ③　②によることができない場合については，ダクトの接続部における空気の流入又は漏出による音を聴く。 ④　②又は③によることができない場合については，ダクト系に設けられている測定孔において，微差圧計等を用いて，ダクト内の静圧を測定する。	②　スモークテスターの煙が，吸い込みダクトにあっては接続部から吸い込まれず，排気ダクトにあっては接続部から吹き飛ばされないこと。 ③　空気の流入又は漏出による音がないこと。 ④　ダクト内の静圧値が，その設計値と著しい差がないこと。

【解説】

ダクト系の外観検査とフランジの緩み等の検査を終えたら，ファンを運転して接続部，接合部の漏れを検査する。

漏気が激しい場合は，静かな場所で注意して聴けばシューシューという音で判ることもあるが，一般には接続部，接合部に沿ってスモークテスターで発煙させ，煙の動きで漏出または流入のないことを検査する。

高所に設置されたダクト等で，接続部に近づいて音や煙による漏気検査ができない場合は，2の（4）の「静圧の測定によるダクトの検査」（p. 105）と同じ方法でダクト内静圧を測定し，その変化によって漏気を検査できる。

（8）　点検口の検査

検 査 項 目	検 査 方 法	判 定 基 準
2．ダクト　（5）　点検口の状態	①　点検口の構成部品の破損，錆び付き，欠落等を調べる。 ②　点検口の開閉の状態を調べる。	①　破損，錆び付き，欠落等がないこと。 ②　開閉が円滑にでき，かつ，密閉が確実にできること。

検 査 項 目	検 査 方 法	判 定 基 準
	③　スモークテスターを用いて，ガスケット部等からの空気の流入又は漏出の有無を調べる。	③　煙が吸い込まれたり，吹き飛ばされたりしないこと。

【解説】

　ダクトに点検口が設けられている場合は，これを開いて内部の検査および必要ならば清掃を行う。内部検査，清掃を終えた点検口を再び閉じる際にはガスケット，ボルト，ナット，ワッシャー等の欠落のないように注意し，閉じた後2の（7）の「ダクト接続部の緩みの検査」（p. 110）と同じ方法で漏気のないことを検査する。

　内部検査，清掃等のために開かれなかった点検口については，スライドドア，ねじ等に注油して次の検査の際に円滑に開放できるようにするとともに，漏気の検査を行って密閉を確認する。

3.　ファンおよび電動機の検査

（1）　安全カバー等の検査

検 査 項 目		検 査 方 法	判 定 基 準
3.　ファン及び電動機	（1）　安全カバー及びその取付部の状態	電動機とファンを連結するベルト等の安全カバー及びその取付部の状態を調べる。	摩耗，腐食，破損，変形等がなく，かつ，取付部の緩み等がないこと。
	（2）　ファンの回転方向	ファンの回転方向を調べる。	所定の回転方向であること。
	（3）　騒音及び振動の状態	騒音及び振動の状態を調べる。	異常な騒音及び振動のないこと。

【解説】

　安全カバーの状態を検査し，緩みのないよう確実に取り付ける。カバーが破損，変形している場合は修理し，錆びや塗装の傷んでいる場合は塗装し直し，取付部のねじ類には次の検査時に外しやすいようにグリースを塗って錆び止めもしておく。

（２）　ファンケーシングの外観検査

検 査 項 目		検 査 方 法	判 定 基 準
3. ファン及び電動機	(4) ケーシングの表面の状態	ファンを停止して，ケーシングの表面の状態を調べる。	次の異常がないこと。 イ　ファンの機能を低下させるような摩耗，腐食，くぼみその他損傷又は粉じん等のたい積 ロ　腐食の原因となるような塗装等の損傷

写真 2-9　ファンの各部の名称

（吐出口，インペラ（羽根車），ケーシング，シャフト，吸引口，軸受箱（ピローブロック））

【解説】

　ファンのケーシングについてもフード，ダクトと同様に摩耗，腐食，くぼみ，塗装の損傷等の異常がないか外観検査を行う（**写真 2-9**）。フード，ダクトの場合と同様に，向こう１年間十分使用に耐える状態であれば，小さな損傷に対しては粘着テープによる補強，塗装のタッチアップ等の補修を行い，取付け部分やダクトとの接続部分のボルト・ナット類が緩んでいる場合は増し締めを行う。

　　ファンは多くの場合屋外に設置されるため，ケーシングに腐食が生じやすい。広範囲に錆びが発生している場合は塗装をし直す必要がある。また除じん装置を備えていない局所排気装置では，粉じんによるケーシングの摩耗が避け難いので，除じん装置を設置し，ファンに摩耗による穴あきが生じた場合はファンを交換する。

（３）　ファン内部の検査

検 査 項 目		検 査 方 法	判 定 基 準
3. ファン及び電動機	(5) ケーシングの内面，インペラ及びガイドベーンの状態	(3)において，異常騒音又は振動がある場合は，次によりケーシングの内面，インペラ及びガイドベーンの状態を調べる。 ① 点検口が設けられているものにあっては点検口から，点検口が設けられていないものにあってはダクトの接続部を外して，ケーシングの内面，インペラ及びガイドベーンの状態を調べる。	① 次の異常がないこと。 イ　ファンの機能を低下させるような摩耗，腐食，くぼみその他損傷又は粉じん等の付着 ロ　腐食の原因となるような塗装等の損傷

検 査 項 目		検 査 方 法	判 定 基 準
		② インペラのブレード及びガイドベーンの表面を目視検査し，粉じん等の付着の状態を調べる。	② ファンの機能を低下させるような粉じん等の付着がないこと。

【解説】

　ファンケーシングの内側，インペラ（羽根車），ガイドベーン（案内羽根）等の摩耗，腐食，粉じんや塗料かす等の付着，たい積はファン性能の著しい低下の原因となり，時には振動，騒音の原因にもなる。

　2の「ダクトの検査」（p. 103）で空気漏れ，粉じん等のたい積等の異常がなく，ファンの回転数，回転方向ともに正常であるのに，4の「吸気および排気の能力の検査」（p. 134）で必要な能力が得られない場合は，3の（15）の「ファンの性能の検査」（p. 128）のファン前後の静圧差の測定を行い，ファン性能が低下している場合はファン内部の検査を行う。またファンを運転したときにケーシング内で擦れ音などの異音を発する場合や振動する場合にもファン内部の検査を行う必要がある。

　ファンの内部を検査する際には，電動機の電源を切り制御盤を施錠するか点検口にインターロックをするなど，回転中に点検口が開いたり，検査中に起動したりしないための安全確保が特に重要である。

　また，ファンに点検口が設けられている場合は毎回行った方がよいが，点検口が設けられていない場合は，接続するダクトを外さなければ内部の検査はできない。ファンの検査を行う目的は排気能力の低下を予防することであるから，点検口が設けられていない場合はフードの吸気及び排気の能力を先に検査し，ファンの能力が十分であることが確認され，かつ設置場所等の条件からファンの摩耗，腐食，粉じんの付着等の恐れが少ないと考えられる場合は，内部の検査を省略してよい。

　ファンケーシングに点検口が設けられている場合は，点検口を開けば内部の検査もある程度可能だが，完全な検査をするには接続するダクトを外し，ガイドベーン，インペラも取り外してファンを分解してみなければならない。インペラに摩耗，腐食が認められるとき，または多量の粉じんが付着している場合などは専門家による診断・修理を依頼するべきである。特に，インペラに付着した多量の粉じんをキサゲでこそぎ取る等の場合に不完全な清掃はインペラのバランスを崩し，振動を大きくしてしまう恐れがある。

　インペラは摩耗，腐食，異物の吸い込みによって変形するが，それを放置すると振動，軸受けの片減り，インペラや軸の破損，飛散による大事故につながる恐れがある。したがって大型

のもの，高速回転するものについては，安全確保のため回転部の補修はメーカーに依頼し，補修後バランシングマシンによる動的バランス試験を行ってから組立てるべきである。小型（遠心式ファンの#4程度まで）で低速（2,500/min（rpm）くらいまで）回転のものについては，ベルト駆動の場合はベルトを外し，直結の場合はそのままで，インペラの1カ所にマークを付けて手で軽く回転させ，手を離して静止した時のマーク位置を観察する方法（静的バランス試験）で代用してもよい。この静的バランス試験を10回程度くり返し，もしインペラが毎回同じ位置で静止するようなら静的バランスが不良である。

　ファンの分解，補修，再組立てには回転機械に関する高度な知識と技能を必要とし，また架台上や屋上等の高所に設置されているファンの検査や分解，補修を安全に行うには機械の知識のみならず高所作業や重量物取扱いの技術も必要なので，これらについて十分訓練された者が行うべきである。

（4）　ベルトおよびプーリーの検査

検 査 項 目		検 査 方 法	判 定 基 準
3. ファン及び電動機	（6）ベルト等の状態	① ベルトの損傷及び不ぞろい，プーリーの損傷，偏心及び取付位置のずれ，キー及びキー溝の緩み等の有無を調べる。	① 次の異常がないこと。 イ ベルトの損傷 ロ ベルトとプーリーの溝の型の不一致 ハ 多本掛けのベルトの型又は張り方の不ぞろい ニ プーリーの損傷，偏心又は取付位置のずれ ホ キー及びキー溝の緩み

【解説】

　イ　ベルト掛け駆動の場合

　電動機直結式でないファンの駆動にはVベルトが使用されることが多い。ファンと電動機のVプーリーが一直線上になかったり，VベルトとVプーリーの溝の型が合っていなかったり，多本掛けのベルトの型や張り方に不揃いがあるとベルト損傷の原因になる。

　Vベルトおよびプーリーの点検では，電動機を停止し電源スイッチに施錠するか表示を行って，点検中の連絡不足による通電を防止した上で安全カバーを外し，まず両方のプーリーの側面に道糸を張るか，直スケールを当ててプーリーのとおりを調べる（図2-9）。

　次に手でプーリーを回し，ケーシング内で回転部が擦れる音や，軸受けやプーリーにガタやゴロゴロという異音がなく，軽くスムーズに回転すること，ベルトに損傷のないこと，油やグリースが付いていないこと等を確認する。損傷のあるベルトを使用すると高速回転中に切断し飛んだりして危険である。また古い伸びたベルトと新しいベルトを一緒に使うと新しいベルト

だけに張力がかかるので，多本掛けのベルトを
交換する場合はなるべく全部一緒に交換する。

　Ｖプーリーの山が欠けたまま使用している例
を見かけるが，これは高速回転時にブレの原因
となり，破損事故の原因となり得るので交換す
る。プーリーのセットスクリュー，キーなどは
検査の際に増し締めをしておく。

　また，プーリーは長年使用していると溝が摩
耗する。正常な状態では溝は「Ｖ字型」である
が，摩耗してくると「Ｕ字型」になってくる。
このような状態になるとＶベルトの傷みが早

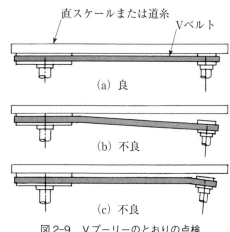

図2-9　Ｖプーリーのとおりの点検

まるので，プーリーを交換する必要があるが溝を指で触れてみればＶ字かＵ字かが判る。24
時間連続運転でおよそ3〜5年を目途にプーリー交換の計画をたてる。

　ロ　カップリング直結の場合

　カップリング直結とは，駆動軸（電動機軸）と被駆動軸（ファンの軸）をカップリングによ
って直結する方法で，両軸の中心線が一直線上になるように設置する。しかし，その誤差を完
全になくすことは不可能なので，多少の心ズレが生じても大丈夫な構造となっている。種々の
構造のカップリングが市販されているが，いずれも許容される心ズレ誤差が表示されているの
で，これに従った精度を保つ必要がある。

　方法は次のとおりである。

　　①　カップリングの外周にスケールを当てて，まず，ファンと電動機の心が合っているこ
　　　とを確認する。（両継ぎ手の外周の段差が 0.02 mm 以下であること）

　　②　カップリングの外周上の90°ずつ4カ所で隙間の寸法を測って均一であることを確認
　　　する。（両継ぎ手の隙間が2〜6 mm で，かつ，4カ所の隙間の寸法差が 0.03 mm 以下
　　　であること）

　なお，ここに挙げた数値はカップリングの構造によって多少異なるので，それぞれの取扱説
明書等で確認すること。

　カップリングの心が合っていない
と振動，軸受けの過熱，片減り，破
損，カップリングボルトの折損等の
原因となり危険なので，シム（薄い
鉄板）などを挟むようにして調整す

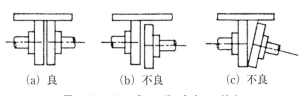

図2-10　カップリングの心合せの検査

る（図 2-10）。

（5）　ベルトの張力とたわみ量の検査

検　査　項　目	検　査　方　法	判　定　基　準
3. ファン及び電動機	(6)　ベルト等の状態	②　ベルトをテンションメータで押して，たわみ量（X）を調べる。	②　次の要件を具備すること。$0.01\ell < X < 0.02\ell$　この式においてX及びℓは，それぞれ次の図に示す長さを表すものとする。

【解説】

　Vベルトには，伝達できる動力の大きさによって，表2-2 のようにM型からD型の断面のもの（M型，A型は軽荷重用，B型C型は中荷重用，D型は重荷重用）があり，それぞれに適した張り具合がある。Vベルトの張りが著しく緩ければスリップによる摩擦熱で短時間にベルトが焼損し，火災のおそれがある。張り過ぎればVベルトの損傷，軸受けの片減りの原因となる。

　Vベルトの張り具合を定量的に検査するにはテンションメータ（テンションゲージ）を使用する。ベルトの接触間距離（ℓ）の中心点に垂直荷重をかけ，たわみ量$X = 0.016\ell$のときの荷重が表 2-3 の最小値と最大値の間にあればよく，Vベルトの場合，ベルトの接触間距離（ℓ）

表2-2　Vベルトの寸法（JIS K 6323（一般用Vベルト））

型	a (mm)	b (mm)	F (mm²)	θ
M	10.0	5.5	44.0	40°
A	12.5	9.0	83.0	〃
B	16.5	11.0	137.5	〃
C	22.0	14.0	236.7	〃
D	31.5	19.0	467.1	〃

表2-3　ベルト張り荷重（W）（Maxwedge 伝導カタログ。一部改変）

Vベルトの型式	最小値（kg）	最大値（kg）
A	1.0	1.3
B	1.8	2.5
C	4.0	5.5
D	8.0	10.0

写真 2-10 定性的なVベルトの張り加減検査

写真 2-11 電動機ベースの固定ねじと押しねじ

第2編

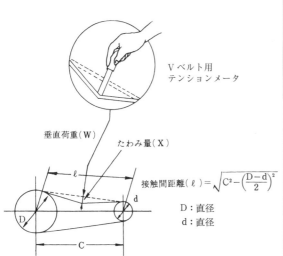

図 2-11 テンションメータ（テンションゲージ）に
よるたわみと荷重の測定

$$接触間距離（\ell）=\sqrt{C^2-\left(\frac{D-d}{2}\right)^2}$$

D：直径
d：直径

写真 2-12（上）および 2-13（下）
ベルトの張り荷重の測定。Vベルトの型式に応
じて、張り荷重が決まる。軸間距離からたわみ
量（X）を求めておき、テンションメータでベ
ルトを所定の張り荷重で保持したときのたわみ
量がXになるように調整する。

の中心を手で押したときのたわみ量 X が ℓ の 0.01〜0.02 倍であることが目安となる。

また、テンションメータが準備できない場合は定性的な検査になるが、Vベルトの接触間距離（ℓ）の中心を手で押したときのたわみ量 X が ℓ の 0.01〜0.02 倍であれば問題はない（写真2-10, 2-12, 2-13, 図2-11）。

　ベルトの張り加減が不適正な場合は電動機ベースの4本の固定ねじを緩め，押しねじを回転して電動機を前または後にずらせて調整する。調整した後再びたわみを検査して張り加減が適正であることを確認した上で電動機の固定ねじを締める（**写真2-11**）。この時，ベルトが電動機の軸を引っ張るので，ファンとの軸の平行が崩れることがあるので注意する。

　新しいベルトと交換した後はじめて運転する場合は，運転開始後半日位でベルトが伸びるので，もう一度張り直す必要がある。

（6）　ベルトの振れの検査

検　査　項　目		検　査　方　法	判　定　基　準
3. ファン及び電動機	（6）　ベルト等の状態	③　ファンを作動させ，ベルトの振れの有無を調べる。	③　ベルトの振れがないこと。

【解説】

　ベルト，プーリー等の検査を終えたら，最後に電動機の電源を断続的に入れて寸動運転をし，回転の向きが間違っていないこと，プーリーやカップリングに偏心がないこと，ベルトの振れ等のないことを確認し，安全カバーを取り付ける。

（7）　回転数および回転方向の検査

検　査　項　目		検　査　方　法	判　定　基　準
3. ファン及び電動機	（6）　ベルト等の状態	④　4の吸気及び排気の能力の検査を行った結果，判定基準に適合しない場合は，電動機の回転数からファンの回転数を調べるか，又は回転計を用いて実測する。	④　ファンの回転数が4の吸気及び排気の能力の検査に係る判定基準に適合するために必要な回転数を下回らないこと。

【解説】

　ファンの風量は回転数に比例し，静圧は回転数の二乗に比例して増減する。回転数の低下は直ちに局所排気装置の能力低下を来たすので，回転数の確認検査は重要である。

　一般に，局所排気装置で使用する電動機は三相交流の誘導電動機である。この電動機の回転数は電源周波数と電動機の極数で決まり，電圧に関係しない。負荷によって多少回転数は変わるものの数％程度である。これを電動機のスリップといい，電動機の銘板で調べることができる。一方，電源の周波数は非常に正確なので，変動はないと見て良い。従ってファンの回転数も変わらないと見なせる。なお，ベルト掛け駆動のファンで，ベルトの張りが緩く，スリップして回転数の落ちる場合が考えられるが，ベルトとプーリーとの間で激しい摩擦熱が発生し比較的短時間（数分間）で焼損・切断してしまう。

ファンの回転数は一度測定しておけば，検査ごとに測定する必要はないが，インバータを使用した局所排気装置，緩和運転が認められた局所排気装置，可変速電動機または極数変換電動機，直流電動機を使用した局所排気装置では，条件設定を間違えると回転数が変わってしまうので設定間違いの有無を確認するか，回転計を用いて回転数を測定する。

他の検査で異常がないのに4の「吸気および排気の能力の検査」(p.134)で所定の性能が得られない場合は，電動機の回転数からファンの回転数を算出する。または回転計を用いてもよい。

回転数の測定には無接触型（光電方式）の回転計を使用することが安全上望ましい。無接触型の回転計を使用して回転数を測定するには，安全カバーを外し，ファンプーリーの外周の1カ所に反射テープを貼るかチョークでマークを付け，ファンを運転状態にして回転計のレンズをファンプーリーのマークに向け10cm程離して測定する。測定中誤って回転中のプーリーやベルトに触れないよう注意する。

ファンの回転数の測定は所定の風量が出ない場合にファン能力を確認するため行うものなので，風量が十分出ている場合は必要はない。

局所排気装置には軸流式，斜流式，遠心軸流式，遠心式等の型式のファンが使われている。これらのうち軸流式ファンは回転方向が逆になると気流の向きも逆になり，フードから気流が吹き出してくるので1の(2)の「吸い込み気流の状態などの検査」(p.96)で確認できる。

斜流式，遠心軸流式，遠心式（シロッコ型，ラジアル型，ターボ型，エアホイル型等）のファンでは，回転が逆になっても性能が著しく低下するだけで気流の向きは変わらない。そのため，配線工事や修理時に電源配線の極性を間違えて接続し逆回転で使用することがある。従って4の「吸気および排気の能力の検査」で所定の性能を得られない場合は，ファンの回転方向を検査する必要がある。

ファンの回転方向は普通ケーシングの側面に矢印で表示されていることが多いが，矢印が失われている時は，ケーシングをかたつむりの殻に見たて，インペラの回転が，かたつむりが殻から頭を出す方向であればよい。説明書等での回転方向の表現は多くの場合，プーリー側（直結式の場合は電動機側）からみて「左回転」とか「右回転」となっている。

（8）軸受けの異音の検査

検 査 項 目		検 査 方 法	判 定 基 準
3. ファン及び電動機	(7) 軸受けの状態	① ファンを作動させた状態で，次のいずれかの方法により，軸受けの状態を調べる。 イ 軸受けに聴音器を当てて，異音の有無を調べる。	① 次の異常がないこと。 イ 回転音に異常がないこと。

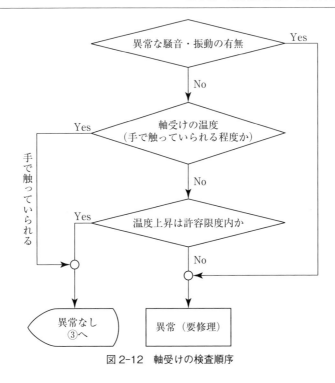

図 2-12　軸受けの検査順序

検 査 項 目		検 査 方 法	判 定 基 準
3.　ファン及び電動機	(7)　軸受けの状態	ロ　軸受けにベアリングチェッカーのピックアップを当てて，指示値を読み取る。	ロ　指示値が一定の範囲内にあること。

【解説】

　ファンの軸受けには普通ボールベアリングかローラーベアリングのような転がり軸受けが使われている。転がり軸受けの寿命は管理が良好なら 1 日 8 時間運転で 10 年以上もつと言われるが，潤滑油等の管理を怠ったり，ベルトの張り過ぎ，回転部の偏心等の異常があれば短くなる。

　転がり軸受けの転動面が傷むと，運転時に異音や振動を発したり異常な温度上昇を起こしたりする。軸受けの検査は，図 2-12 の順序に従い必要な項目について行う。

　軸受けが著しく損傷している場合は，ゴロゴロという異音とそれに伴う振動によって異常を感知できるが，周囲の雑音により容易に異音を聞き取れない場合もある。そのような場合に備え，異音の検査では聴音棒（長さ 30 cm 位の適当な棒でよい）の片端を軸受け箱（ベアリングブロック）の表面に軽く当て，もう一方の端を軽く耳付近に当てて聴き取るとよい。正常なら単調な連続音しか聞こえないが，軸受けに損傷があるとゴロゴロという異音や，連続音の間

に異質の音（多くの場合周期的に入る）が聞こえる。ただし，この検査は危険を伴うので特に注意されたい。なるべく聴音器を使用する。

　軸受けから発生する異音には超音波成分が含まれるので，それを検出して診断すれば正確，かつ早期に軸受けの異常を発見することができる。その測定器がベアリングチェッカーである。これは振動計の一種で，軸受けの劣化による振動の増加を測定して正常か否かを判定し，その結果を自動的に表示する。

　軸受けの劣化は徐々に進行した後急速に悪化する。したがって，定期的に測定し，急速な劣化の起こる前に対策を立てなければならない。ベアリングチェッカーを使用する場合は，軸受けが正常な状態の時のデータを記録し，その値との比較で評価する。一般的なファンなら6〜12カ月ごとに測定すればよい。

（9）　軸受けの過熱の検査

検　査　項　目		検　査　方　法	判　定　基　準
3. ファン及び電動機	（7）　軸受けの状態	②　ファンを1時間以上作動させた後停止し，軸受けの表面温度を調べる。	②　軸受けの表面の温度が70℃以下であり，かつ，軸受けの表面の温度と周囲の温度との差が40℃以下であること。

【解説】

　軸受けの過熱を検査するには，まずファンを1時間以上運転させた後停止し，軸受けの表面を手で触ってみる。手で触れる熱さなら過熱はないと判断してよい。軸受けの温度上昇は周囲温度＋40℃，最高70℃まで許され，その70℃とは指先で軽く触れて3秒位我慢できる温度といわれるが，夏季の場合は危険なこともあるから，温度計や温度で変色するサーモペイント（示温塗料），サーモテープ（示温テープ）等によって判定する方が安全である。

　手で触れられない程熱い場合，あるいはサーモペイント，サーモテープが50℃以上を呈している場合は，軸受けの表面の温度を温度計で測定して温度上昇が許容範囲内かどうか検査する。

　表面温度の測定は，電子式の表面温度計を用いると応答時間が短くて便利である。検査能率を考えるとサーミスター式で測定範囲50〜150℃位のものがよい。サーミスター式のセンサーの型はスプリング型（図2-13）が使いやすい。

　サーミスター式の表面温度計がない場合は，ガラス温度計をパテと粘着テープで貼りつけて測定する

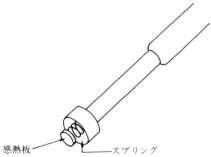

感熱板　　　　　　スプリング

図2-13　サーミスター温度計のスプリング型センサー

ことも可能だが，この方法では温度計が真の温度を指示するまでに30分以上かかることがある。

　転がり軸受けの過熱の原因としては，軸受けの軸への取付けが傾いている場合，軸受けと軸のはめ合いが正しくない場合，グリースの注入量が多過ぎた場合等がある。

　軸受けの軸への取付けの傾きを調べるにはダイヤルゲージを用いる。ダイヤルゲージを固定し，ゲージ先端を軸受けの外レースの側面に当て，軸を静かに180°回転させてダイヤルゲージの指示を見る。軸受けの傾きはダイヤルゲージの指示が±0.02 mm以内になるように調整する。ピローブロックなど自動調心型のベアリングを使用している軸受けではこのような調整は必要ない。

　軸受けと軸のはめ合いは，きつ過ぎれば内レースとボールの隙間が小さくなりボールが回らず，緩過ぎれば内レースと軸の間で滑りを生じて，何れも過熱の原因になる。

(10)　軸受けの潤滑状態の検査

検　査　項　目		検　査　方　法	判　定　基　準
3. ファン及び電動機	(7)　軸受けの状態	③　オイルカップ及びグリースカップの油量及び油の状態を調べる。	③　油が所定の量であり，油の汚れ又は水，粉じん，金属粉等の混入がないこと。 　また，同一規格の潤滑油が使用されていること。

【解説】

　最近のボールベアリングやローラーベアリングは密封型無給油式が多く，小型の電動機やファン等のように軽負荷で使用されているものは給油の必要がない。

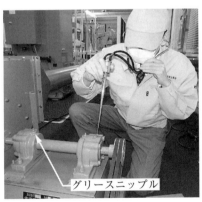
写真 2-14
ベアリングブロックの上部に小さく突き出ているものがグリースニップル。写真は聴音器を用いたベアリングの異常音の有無の検査状況。

　給油式の転がり軸受けは，年1回程度のグリースの補給が必要である。

〔給油する場合の注意事項〕

1　粉じんの粒子は非常に硬いものが多く，潤滑油に粉じんが混入すると著しくベアリングを摩耗させることになるので，あらかじめ，周囲を清浄に拭き取り，手もよく洗っておくこと。

2　屋外で作業する場合は風の強い，ほこりの舞うような日は避けること。

3　同一規格（銘柄）の潤滑油を用い，異種銘柄のものは使用しないこと。

〔給油の仕方〕

1　グリースニップルの場合（**写真 2-14**）

　　グリースニップルをきれいな布でよく拭いた後，ファンを運転しながら軸と軸受けの隙間からグリースがわずかに押し出されるまで，グリースガンを用いて注入する。

2　グリースカップの場合

　　グリースカップの蓋を外し，グリースが減っているときはカップと蓋と両方にグリースをすり込んで再び蓋をする。次にファンを運転しながら軸と軸受けの隙間からグリースがわずかに押し出されるまで，グリースカップの蓋をゆっくりねじ込む。

3　グリースニップルもカップも無い場合

　　軸受けのカバーを開き，まず軸受けの両側に残っている古いグリースをきれいな布で拭き取り，次に新しいグリースをボールが全部隠れるくらい塗り込む。またグリースの量が多過ぎると転がり軸受けの過熱，損傷の原因となるので注意が必要である。

　いずれの場合もグリースは必ず軸受けのメーカーによって指定された種類のもの，あるいはグリースの種類（銘柄）を統一して使用している現場では，その銘柄を使用する必要がある。グリースは化学的には石鹸で，異種グリースを混合すると化学反応を起こし潤滑性能を損なうことになるので，混用は絶対に避けなければならない。

(11)　電動機の絶縁抵抗の検査

検 査 項 目	検 査 方 法	判 定 基 準
3．ファン及び電動機	(8) 電動機の状態	① 絶縁抵抗計を用いて，巻線とケースとの間及び巻線と接地端子との間の絶縁抵抗を測定する。	① 絶縁抵抗が十分高いこと。

【解説】

　電動機の絶縁抵抗の検査は，低圧の場合500V絶縁抵抗計（メガー），高圧の場合1,000 Vメガーを使用して次のように行う。まず電動機の電源スイッチを切り，メガーの端子をリード線で電動機の通電部分（電源コードの何れでもよい）に，メガーのE端子（アース端子）をリード線で電動機の接地線の取

写真 2-15　電動機ターミナルにおけるメガーを用いた絶縁抵抗の測定

表2-4　電気回路の絶縁抵抗値

電路の使用電圧の区分		絶縁抵抗値（MΩ）
300 V 以下	対地電圧 150 V 以下（100 V）	0.1
	対地電圧 150 V 以上（200 V）	0.2
300 V 超過		0.4

付け箇所に接続し，メガーのテスト用スイッチを押して（旧式の場合はハンドルを回して）示針を読む（**写真 2-15**）。

　電気回路の絶縁抵抗値は**表2-4**のように定められているので，この値を基準に良否を判定する。しかし実際は装置の新設時点で電気回路の絶縁抵抗値は 10〜∞MΩ（メグオーム）を示す場合が多いので，1MΩ程度以下になったらその原因を調べて対策を検討する必要がある。

　絶縁抵抗の検査は，電動機の端子箱の所か，電源スイッチの所で行う。また半導体を用いた制御回路（インバータ，シーケンサ等）や漏電遮断器にメガーの試験電圧を掛けると破損の恐れがあるので，切り離してから検査を行う。

（12）　電動機の温度上昇の検査

検 査 項 目		検 査 方 法	判 定 基 準
3. ファン及び電動機	(8)　電動機の状態	②　ファンを1時間以上作動させた後，電動機の表面の温度を測定する。この場合において，電動機の表面の温度は，表面温度計，ガラス温度計等により測定する。	②　表面温度が，下表に掲げられた電気絶縁の耐熱クラスに対応して示された温度以下であること。

表　耐熱クラス及び温度

耐熱クラス	温度 ℃
Y	90
A	105
E	120
B	130
F	155
H	180
200	200
220	220
250	250

　250℃ を超える温度は，25℃間隔で増し，耐熱クラスも，それに対応する温度の数値で呼称する。

備考　電動機の電気絶縁の耐熱クラスは，日本工業規格 C 4003-1998（電気絶縁の耐熱クラス及び耐熱性評価）

検　査　項　目		検　査　方　法	判　定　基　準
		③　テスターを用いて電圧及び電流値を測定する。	による。 ③　電圧及び電流値が設計値どおりであること。

【解説】

電動機に流れる電流は負荷に応じて変動するので，ファンのように運転状態によって負荷が変動するものでは，電動機に定格電流以上の電流が流れる場合がある。これを過負荷状態と言い，この状態が長く続くと電動機の温度が上昇し，絶縁物は熱のために劣化し，最悪の場合は電動機が焼損してしまう。絶縁は電動機の寿命を左右する重要な要素なので，絶縁の種類によって定められた最高許容温度を超えないよう注意する必要がある。

電動機各部の温度を測定するには，巻線の抵抗の増加を測定して温度上昇を計算する抵抗法，電動機製作の過程で予め温度計を内部に埋め込んでおく埋込温度計法もあるが，ここでは電動機の表面で，温度が最高と思われる部分に温度計を取り付けて測定する温度計法を解説する。

温度計法で電動機の温度上昇を測定するには，棒状温度計（水銀温度計は磁場の影響を受けるのでアルコール温度計を使用する），ダイヤル温度計，抵抗温度計，熱電対温度計等の適当な温度計の感温部を外枠に密着させ適当な方法で固定し，ファンを1時間以上作動させて定常状態になったときの電動機の表面温度を測定する。電子式の表面温度計を用いる場合は，ファンを1時間以上作動させた後，温度計のセンサーを電動機の外枠表面に押し当て，示針が安定した時の温度を読み取る。棒状温度計やダイヤル温度計の場合は，感温部をパテと粘着テープで電動機の外枠表面に貼り付けてファンを1時間以上作動させて温度を読み取る。電動機の温度上昇の検査では，上記の方法で電動機の表面温度を測定し，絶縁の種類に応じた表面温度または温度上昇が表（耐熱クラスおよび温度）の値を超えなければよい。

電動機が過熱する原因としては，過負荷，電源電圧の変動，巻線の相間短絡，スリップリングの短絡装置の接触不良，回転子短絡環のろう付不良などが考えられ，それらの際には電動機の交換または修理が必要である。

(13)　制御盤の状態の検査

検　査　項　目		検　査　方　法	判　定　基　準
3.　ファン及び電動機	(9)　制御盤，配線及び接地線の状態	（制御盤） ①　制御盤の表示灯，充電部カバー及び銘板の破損，欠落等の有無を調べる。 ②　制御盤の計器類の作動不良等の有無を調べる。	（制御盤） ①　表示灯の球切れ，破損，欠落等がないこと。 ②　作動不良等がないこと。

検　査　項　目	検　査　方　法	判　定　基　準
	③　制御盤内の粉じん等のたい積の有無を調べる。 ④　制御盤の端子の緩み，変色等の有無を調べる。 ⑤　電源を入れ指定された操作（ボタン操作等）を行う。	③　粉じん等のたい積がないこと。 ④　制御盤の端子の緩み，変色等がないこと。 ⑤　機器が正常に作動すること。
	（配線） ①　目視により充電部の損傷の有無を調べる。 ②　目視により配線の被覆の摩耗，腐食，焼損その他損傷の有無を調べる。	（配線） ①　充電部にカバーが取り付けられていること。 ②　配線の被覆に摩耗，腐食，焼損その他損傷のないこと。
	（接地線） 　接地端子の締付け状態を調べる。	（接地線） 　接地端子の緩み又は外れのないこと。

【解説】

　まず制御盤の外観について，破損，錆び，腐食，塗装の剝れ，汚れ，表示灯や銘板の破損，欠落がないか目視検査する。汚れは拭き取り，塗装の剝れている箇所は補修し，盤面に破損，錆び，腐食等のある場合はテープ補修，パテ付けを行った後再塗装をする。表示灯のレンズや銘板の破損・欠落，表示灯の電球の断線しているものは新品と交換する。

　次に制御盤を開いて内部に粉じん等のたい積がないか検査し，もしあれば掃除する。この際，電源スイッチを切っても1次側の端子は充電されているので，接触しないように注意する。盤内のたい積粉じんは接点不良や絶縁不良の原因になるので注意する。掃除には塩ビ製のパイプを使った真空掃除機を用いる。充電部や配線の被覆の状態を調べ，異常があれば部品の交換や補修を行う。特に端子が緩んでいないことを確認し，緩んでいるねじは増し締めをする。電力回路の端子のねじが緩んで接触不良になると発熱して変色することがある。続いて遮断器，電磁開閉器，時限リレー，電流計等について外観の異常，取付けの緩み，作動（通電）時のうなり，電流計の示針の動き等を検査する。電動機の起動後，定常状態になった時の電流計の指示が電動機の定格電流を超えないことを確認する。電流計の示針が異常に振れたり脈動する場合は，電動機の故障，あるいはファンのインペラに異物が付着して振動を起こしていること等が考えられる。

(14)　インバータの検査

検　査　項　目		検　査　方　法	判　定　基　準
3．ファン及び電動機	(10)　インバータ	①　マニュアル設定のインバータの場合は，電源を入れ周波	①　電源の周波数が円滑に変化すること。

検 査 項 目		検 査 方 法	判 定 基 準
		数を変化させるボタン又はつまみを操作する。 ② 自動設定のインバータの場合は，インバータの電源を入れ自動運転をする。	② 円滑に，かつ，自動的に周波数が変化し，設定した周波数で定常運転に入ること。

【解説】

インバータは三相交流の周波数を制御する装置である。周波数を変化させることにより，電動機（三相交流電動機）の回転数が変化し，ファンの排風量が調整できる。

通常，局所排気装置にインバータを使用する場合，制御風速に合わせて調整した周波数の設定を頻繁に変更することはない。したがって，設定した周波数で安定した運転ができることを確認すればよい。その方法は次のとおりである。

① マニュアル設定のインバータの場合

電源を入れ，インバータの表示窓の運転周波数を読みながら，周波数変更つまみ，または矢印ボタンでゼロを表示させる。次に運転ボタンを押して電動機を起動させる。この状態では周波数がゼロであるから回転しない。周波数を徐々に上げ，円滑に回転数も上がれば，このインバータは正常である。

手動で周波数を変える場合，あまり急速に変化させるとファンの慣性のため回転が追随できず，内蔵の安全装置が作動して停止することがある。この場合はインバータをリセットしないと再起動できない。リセットの仕方はインバータによって異なるので，それぞれの取扱説明書によること。

局所排気装置でインバータを使用する場合はなるべく自動設定にすることが望ましい。

② 自動設定のインバータの場合

電源を入れ，インバータの運転ボタンを押す。電動機が徐々に回転を始め，数秒ないし数十秒で設定されている周波数で安定運転にはいる。この間，円滑に電動機の回転が上がっていけば，このインバータは正常である。

安定運転に至るまでの時間はファンの大きさ（インペラの慣性能率）等の設計条件に依存するので，局所排気装置の検査段階で変更することは望ましくない。

③ その他のインバータの検査・点検

インバータを検査する場合は電源スイッチを切り，チャージランプ等の消えていることを確認し，さらに，10分間程度待ってから作業を始める。インバータはコンデンサーを使用しているため，スイッチ OFF でもしばらくは電圧がかかっているからである。なお，この種の電気機器は専門家による検査が必要であるから，下記の目視検査およびメーカー

の発行した取扱説明書に記載されている事項に留めること。

1　配線端子ねじ止め箇所の緩み（ドライバーによる増し締め）

2　配線端子のカシメ部の不良，過熱痕の有無（目視検査）

3　配線ケーブルの損傷の有無（目視検査）

4　ごみ，ほこりの掃除，特に通風口，プリント基板（真空掃除機による清掃）

5　主回路直流部に平滑コンデンサーが使用されている。これは消耗品で，5年程度で交換が必要になることがあるので，定期的に専門家による点検が必要である。（目視検査としてはインバータ内部を開いてコンデンサーの液漏れ，膨らみのないことを確認する）

6　入力電圧を測定する場合は可動鉄片型電圧計を使用し，出力電圧は整流型電圧計を用いる。

　なお，通常6は行わず，制御盤の電圧計，電流計の読みを記録するだけで十分である。

(15)　ファンの性能の検査

検　査　項　目		検　査　方　法	判　定　基　準
3. ファン及び電動機	(11)　ファンの排風量	4の吸気及び排気の能力の検査を行った結果，判定基準に適合しない場合は，ファン入口側又は出口側に設けられている測定孔において，ピトー管及びマノメータを用いて，ダクト内の平均風速を求めて排風量を計算する。	4の吸気及び排気の能力の検査に係る判定基準に適合するために必要な排風量以上であること。

【解説】

　フード，ダクトの検査で異常がなく，ファンの回転数，回転方向も正常であるのに4の「吸気および排気の能力の検査」（p. 134）で所定の性能が得られない場合は，ファンの性能低下が疑われる。ファンの試験方法はJIS B 8330（送風機の試験及び検査方法）に定められているが，この方法はメーカーが出荷時のファンを試験するためのもので，既に使用されている局所排気装置のファンの検査には適用しにくい。設置されているファンを取り外さずに検査するには，ダンパを操作するかフード開口面をビニールシート等で覆ってダクト系の圧損を変化させ，ファンの入口側もしくは出口側で測定した風量と，ファン前後で測定した静圧差の関係を表計算ソフトでグラフ化して設計時のファン特性と比較する。（方眼紙にプロットして計画時のファン特性と比較してもよい。）なお，「ファン前後の静圧差」は「ファンの全圧」にほぼ等しい。

　また，ファンの外観の損傷，および内部のインペラに異物が絡まっている等の外観上の異常がないのに異常振動を起こすことがある。このような現象が現れたときはサージングを疑って

みる。サージングとは，ファンの特性曲線
上の右上がりの領域で使用すると空気の流
れが脈動して激しい振動と騒音を発生し不
安定な運転状態になる現象である。サージ
ングを起こすとファンが破壊し，大きな事
故になるおそれがあるので注意しなければ
ならない。

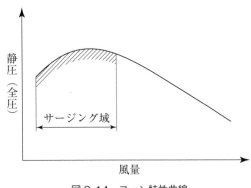

図2-14　ファン特性曲線

　サージングはファンの吐出側（排気側）
のダンパを絞って抵抗を大きくして風量を
下げていくときに起こりやすい。しかしファンによっては吸引側のダンパを絞っても同様のこ
とが起こる場合もある。また，ダンパに限らず風量が減る方向に局所排気装置等の特性が変化
すればサージング領域に入ってしまうので，除じん装置の目詰まり，ダンパの誤作動等でもサ
ージングを起こすことがある。

　サージング防止対策はファンの特性曲線の右上がりの領域（**図2-14**）を使用しないことで
あり，次のような対策を講じる。

　イ　一部の空気を外部へ放出する

　　　風量を絞る必要のあるときダンパを絞らずに一部の空気を逃がしてファンの風量を増大
　　して運転する。

　ロ　バイパスを設ける

　　　吐出側の空気の一部を吸引側へ戻す。前イ項と同じことだが，大気へ放出することので
　　きないガスや液体を扱うポンプではこの方法が用いられる。

　ハ　回転数を変える

　　　回転数を変えてファンの特性曲線を変化させてサージング域を逃れる方法である。

　ニ　ファンの構造を変える

　　　羽根の角度を変えたり吸込ベーンの角度を変えるなどの方法があるが，これはファン・
　　メーカー側の対策である。むしろ使用者側としてはサージングを起こさない特性を持った
　　ファンを選定すべきである。

〈ダクト内風速の測定方法〉

　排風量を測定するには，ファンの入口側または出口側のダクトの直線部分に設けた測定孔か
らダクト内にピトー管または風速計のセンサーを挿入してダクト断面の風速分布を測定して，
平均風速とダクト断面積から排風量を求める。なお，測定孔がない場合には応急的に，電動ド

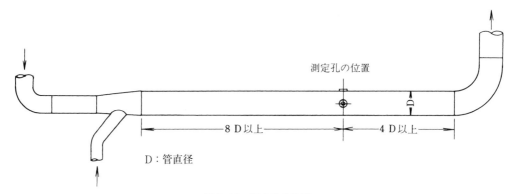

図 2-15　測定孔の位置

表 2-5　円形ダクトの風速測定点位置 （JIS Z 8808 より）

適用ダクト直径 2R（m）	半径区分数（Z）	測定点の数（n）	測定点のダクト中心からの距離（m）				
			r_1	r_2	r_3	r_4	r_5
1 以下	1	4	0.707R	—	—	—	—
1 を超え 2 以下	2	8	0.500R	0.866R	—	—	—
2 を超え 4 以下	3	12	0.408R	0.707R	0.913R	—	—
4 を超え 4.5 以下	4	16	0.354R	0.612R	0.791R	0.935R	—
4.5 を超えた場合	5	20	0.316R	0.548R	0.707R	0.837R	0.949R

リルで孔をあけ，検査終了後にはガムテープ等で塞いでおき，後日，本格的な測定孔を設ける
等の臨機応変の対策を講じる。

　理想的な風速分布の測定孔の位置は，図 2-15 に示すとおり，上流側に向かってダクトの直
径 D の 8 倍以上，下流側に向かって D の 4 倍以上であるが，現場的にはこのような位置の確
保が困難な場合が多いので，ベンドやブランチからできるだけ離れた直管部分を選ぶ。

　ダクト断面上の測定点のとり方は次のようにする。

（イ）　円形ダクトの場合は，直交する 2 直径上で，同心円によって断面積を等分してできた
　　　　環状帯の各中心点を測定点とする。ダクト直径，半径区分数，測定点の数は図 2-16
　　　　を参照して表 2-5 のとおりである。

この測定点位置は次式を用いても求めることができる。

$$R_i = R \cdot \sqrt{\frac{2i-1}{2Z}} \quad i = 1 \sim 5$$

なお，ベンド近傍等でダクト内の風速分布の幅が大きい場合はこのような測定をする必要が
あるが，測定精度がラフでよい場合や風速の分布幅が小さいと判断される場合は適宜測定点を
減らしても差し支えない。

　ダクト内の風速の測定に直読式風速計（熱線式風速計など）を使用するときは，センサーの

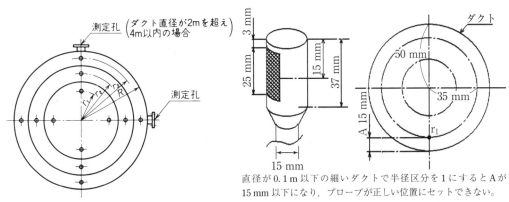

図 2-16　円形ダクトの測定点の例

図 2-17　熱線式風速計のプローブ寸法例

直径が 0.1 m 以下の細いダクトで半径区分を 1 にすると A が 15 mm 以下になり，プローブが正しい位置にセットできない。

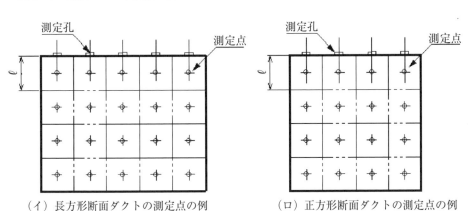

（イ）長方形断面ダクトの測定点の例　　　　　（ロ）正方形断面ダクトの測定点の例

図 2-18　角形ダクトの風速分布の測定点の例

表 2-6　角形ダクトの区分寸法 (JIS Z 8808 より)

適用ダクト断面積 A（m²）	区分された一辺の長さ l（m）
1 以下	$l \leq 0.5$
1 を超え　4 以下	$l \leq 0.667$
4 を超え 20 以下	$l \leq 1$

測風点が正しく測定点にくるように，かつセンサーの風上マークが正しく上流を向くようにして測定する。ただし，ダクト内の気流の温度，圧力および粉じんやガス・水分等の組成が風速計の指示に影響する場合は，ピトー管による測定値を用いて補正する必要がある。また，測定に熱線式風速計（図 2-17）を用いる場合は，ダクト径が 0.1 m 以下ではセンサーが r_1 の位置に届かないことがあるので注意する。

　（ロ）　角形ダクトの場合は，断面積に応じて一辺の長さ ℓ が 0.5〜1.0 m 以下になるように，断面を 4〜20 の等面積の正方形または長方形に分割し，各面積の中心を測定点とする（図 2-18，表 2-6 参照）。

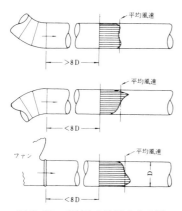

図 2-19　非対称の流速分布の例

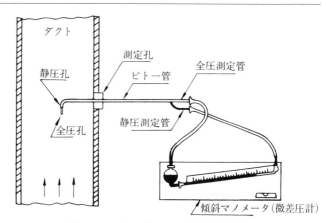

図 2-20　ピトー管による速度圧の測定方法

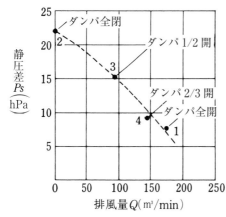

図 2-21　ファンの特性検査結果の例

局排等のダクト内風速はガス状物質で 10 m/s 程度，粒子状物質（粉じん）では 12 m/s～20 m/s 程度であるから，水柱マノメータの読みの値は 6.1 mm～24.5 mm になる。したがって，傾斜マノメータ（微差圧計）では計測範囲を超える場合があるので，普通のマノメータも準備しておくこと。むしろ，傾斜マノメータは吸引側ダクト（静圧が負の値）の全圧測定に威力を発揮する。

ダンパ開度	静圧差 Ps（hPa）	排風量 Q（m³/min）
1（全開）	7.5	171
0（全閉）	21.7	0
1/2	15.1	95
2/3	9.3	144

　なお，各測定点における速度圧の算術平均を求めてから，風速に換算しても差し支えないが，ダクト内の風速分布幅が著しく広い場合は誤差が極端に大きくなるので注意を要する。このときは，各測定点における速度圧をそれぞれ風速に換算した後，その風速の平均値を求める。風速は速度圧の平方根に比例するからである。

　（ハ）　ベンドやブランチから測定孔までの距離が十分にとれず測定断面における流速分布が非対称となる場合（図 2-19）は，測定点の個数を多くとる必要がある。ダクト内風速をピトー管で測定するには，ピトー管の全圧孔を測定点において正しく流れに直面させ，マノメータなどの差圧計を接続して気流の速度圧 P_v を測定する（図 2-20）。各測定点における風速 V は次式で計算する。

$$風速 V(m/s) = 12.91 \cdot \sqrt{速度圧 P_v(hPa)} \qquad \cdots\cdots（1）$$

次にファン前後の静圧差 Ps は，ダクトのファン入口および出口に近い適当な場所に設けた

測定孔において2の「ダクトの検査」の（4）（p. 105）で述べた方法で，それぞれの静圧 *Ps* を測定してその差を求める。

ファン前後の静圧差 *Ps*(hPa)=

ファン出口の静圧 *Pso*(hPa)− ファン入口の静圧 *Psi*(hPa) ……（2）

ダクト系に風量調整用ダンパが付いている場合はそれを調節し，付いていない場合はフードの開口面をビニールシート等で覆ってダクト系の圧力損失を変化させるとファン前後の静圧差が変わり，排風量も変化する。ファンの特性を検査するには先ずダンパを全て全開にし，フードの開口面前の流入気流の障害物を全て片付けた状態にして，前述の方法でファン前後の静圧差 *Ps* と排風量 *Q* を測定する。次にダンパを全て全閉とし，またはフードを全てシートなどで覆い空気の流入を防いで静圧差 *Ps* と排風量 *Q* を測定する。次にダンパの開度を調節するかフード開口の覆いを加減して静圧差 *Ps* を変えて排風量 *Q* を測定する。こうして得られた結果を図2-21のように *Ps* を縦軸，*Q* を横軸にとって方眼紙にプロットしたものがファンの特性曲

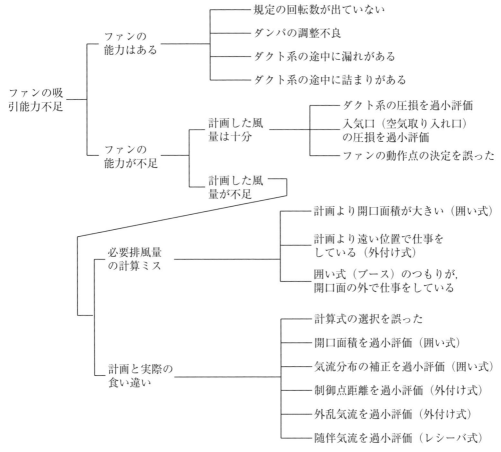

図2-22　フードの吸引能力不足の主な原因

線である（図2-21）。

　このようにして求めたファンの特性曲線を局所排気装置計画時のファンの特性曲線（設置届に添付されている）と比較し，変化がなければファンの性能低下はないが，もし計画時の特性曲線より左下に移動しているならファンの性能は低下している。

　ファンの性能が低下している場合，ベルト駆動のものはプーリーとベルト（減速比）を替え回転数を上げることで性能を上げることが可能である。インバータを使用したもので，周波数設定の誤りで性能低下を起こした場合は，設定を変えるだけで対処できる。その際は，電動機のオーバーロードに注意すること。ファンの性能が低下していないにも関わらず所定の吸気ないし排気能力が得られない場合，ダンパを全開にしたときの静圧 P_sf が計画時より大きく排風量 Q が計画時より小さいならば圧損計算の誤り，静圧 P_sf と排風量 Q がともに計画時と変わらないのに吸気ないし排気の能力が十分に得られないならば必要排風量の計算誤りが考えられる（図2-22）。

　ファンの性能検査は手間がかかり，また設置場所によっては危険を伴う作業なので，必要のある場合にのみ行えばよい。

4.　吸気および排気の能力の検査

（1）　囲い式フードまたはレシーバ式フード（キャノピー型を除く）の制御風速の検査

検　査　項　目	検　査　方　法	判　定　基　準
4.　吸気及び排気の能力	（1）　制御風速 　局所排気装置を作動させ，熱線風速計等を用いて，次に定める位置における吸い込み気流の速度を測定する。ただし，（2）の抑制濃度の検査を行った局所排気装置については，この限りでない。 イ　囲い式フードの局所排気装置にあっては，次の図に示す位置	制御風速に係る局所排気装置（有機則第5条又は第6条の規定により設ける局所排気装置，特化則第29条第1号の局所排気装置のうち特定化学物質障害予防規則の規定に基づく厚生労働大臣が定める性能（昭和50年労働省告示第75号。以下「特化則告示」という。）第2号の局所排気装置及び粉じん則第4条又は第27条第1項ただし書の規定により設ける局所排気装置をいう。以下同じ。）にあっては，その制御風速が有機則第16条，特化則告示第2号又は昭和54年労働省告示第67号（粉じん障害防止規則第11条第1項第5号の規定に基づき厚生労働大臣が定める要件を定める

検　査　項　目	検　査　方　法	判　定　基　準

(イ)　　　　　(ロ)

備考
1　・印は，フードの開口面をそれぞれの面積が等しく，かつ，一辺が 0.5 メートル以下となるように，16 以上（フードの開口面が著しく小さい場合にあっては，2 以上）の部分に分割した各部分の中心であって，吸い込み気流の速度を測定する位置を表す。

2　図（イ）及び（ロ）に示す型式以外の型式のフードの局所排気装置に係る位置については，これらの図に準ずるものとする。

件）本則に定める値以上であること。

　また，抑制濃度に係る局所排気装置（鉛則第 5 条から第 20 条までの規定により設ける局所排気装置，特化則告示第 1 号の局所排気装置及び石綿則第 21 条第 1 号の局所排気装置のうち石綿障害予防規則第 16 条第 1 項第 4 号の厚生労働大臣が定める性能（平成 17 年厚生労働省告示第 129 号。以下「石綿則告示」という。）の局所排気装置をいう。以下同じ。）で，過去に行った（2）の抑制濃度の検査の際，（2）の判定基準に適合している場合の中欄に定める位置における制御風速を測定しているものにあっては，その制御風速が過去に測定した制御風速以上であること。

　なお，抑制濃度とは，発生源付近における有害物質の濃度をその値以下に抑えることによって，作業者のばく露濃度を安全水準に保つよう意図して定めた濃度である。

　有機則第 18 条の 3 第 1 項の規定により，所轄労働基準監督署長から当該局所排気装置を当該制御風速（特例制御風速）で稼働させることができる許可を受けた場合にあっては，申請時の特例制御風速を充足していること。

写真 2-16
大きい囲い式フードは開口面に交点が測定点となるように糸を張って測定する

【解説】

　囲い式フードと，グラインダ，高速カッター等の
回転体を有する機械に係る粉じん発生源に設けるレ
シーバ式フードの制御風速は，「開口面における最
小風速」と定義されている。

　実際には開口面上のどの点で風速が最小となるか
は容易に予測できないので，開口面を一辺 0.5 m
以下となる 16 個以上の等面積四角形に分割し，各
四角形の中心でフードの中に向かう気流の速度を指

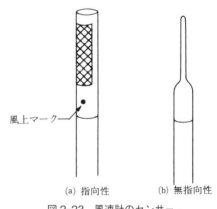

(a) 指向性　　　(b) 無指向性
図 2-23　風速計のセンサー

風上マーク

向性センサー付き風速計で測定し，得られた測定値のうち最も小さい値を制御風速と比較する
（写真 2-16）。

　風速計はセンサーの構造によって指向性のものと無指向性のものがあるが（図 2-23），局
所排気装置の検査・点検には指向性のものを用いる。またセンサーの構造によって応答速度に
差はあるが，あまり遅いものは使いにくい。熱線素子で白金ワイヤが露出しているものは有機
溶剤などの濃度が高い気流中で使用すると引火源になる危険がある。

　測定の際は，風速計のセンサーの風上マークがフード開口面の外側へ向くように持ち，乱れ
気流の速度を測定しないように注意する。またグラインダ等に設けたレシーバ式フードの場合
は，安全のため回転を停止した状態で測定する。

（2）　外付け式フードの制御風速の検査

検 査 項 目		検 査 方 法	判 定 基 準
4. 吸気及び排気の能力	（1）　制御風速	ロ　外付け式フードの局所排気装置にあっては，次の図に示す位置	

（イ）	（ロ）	（ハ）	（ニ）
スロット型	ルーバー型	グリッド型	円形型

備考
　1　・印は，フードの開口面から最も離れた作業位置であって，吸い込み気流の速度を測定する位置を表す。
　2　図（イ）から（ニ）までに示す型式以外の型式のフードの局所排気装置に係る位置については，これらの図に準ずるものとする。

【解説】

　外付け式フードの制御風速は，「当該フードによって有害物質を吸引しようとする範囲内における当該フードの開口面から最も離れた作業位置の風速」と定義されている。従ってこの型式のフードの制御風速を検査する際は，風速の測定に先立って作業者に通常の作業を行わせ，どこが開口面から最も離れた作業位置であるかを見極め，その位置で指向性センサー付き風速計により測定する。この場合の作業位置とは作業者の位置ではなく有害物の発生（発散）する位置のことであり，作業位置が一定しない場合や最も離れた作業位置が特定できない場合は，いくつかの点で測定して（**図 2-24**），最も小さい値を制御風速と比較する。

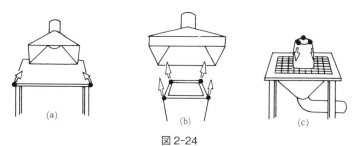

図 2-24
外付け式フードの制御風速は，開口面から最も離れた作業位置で測定する

表2-7　有機溶剤に対する制御風速

フ ー ド の 型 式		制御風速（m/s）
囲い式フード		0.4
外付け式フード	側方吸引型	0.5
	下方吸引型	0.5
	上方吸引型	1.0

表2-8　いわゆる抑制濃度の定められていない特化物に対する制御風速

物 の 状 態	制御風速（m/s）
ガ ス 状	0.5
粒 子 状	1.0

表2-9　特定以外の粉じん発生源に対する制御風速

フ ー ド の 型 式		制御風速（m/s）
囲い式フード		0.7
外付け式フード	側方吸引型	1.0
	下方吸引型	1.0
	上方吸引型	1.2

表2-10　回転体を有する機械に係る粉じん発生源に対する制御風速

フード設置の方法	制御風速（m/s）
回転体を有する機械全体を囲う方法	0.5
回転体の回転により生ずる粉じんの飛散方向をフードの開口面で覆う方法	5.0
回転体のみを囲う方法	5.0

表2-11　特定粉じん発生源に対する制御風速

特定粉じん発生源	制 御 風 速（m/s）			
	囲い式フードの場合	外付け式フードの場合		
		側方吸引型	下方吸引型	上方吸引型
1. 屋内において，手持式または可搬式を除く動力工具により，岩石または鉱物を裁断する箇所	0.7	1.0	1.0	－
2. 屋内において，手持式または可搬式を除く動力工具により，岩石または鉱物を彫り，または仕上げする箇所	0.7	1.0	1.0	1.2
3. 屋内において，研磨材の吹き付けにより研磨し，または岩石，もしくは鉱物を彫る箇所	1.0	－	－	－
4. 屋内において，研磨材を用いて，手持式または可搬式を除く動力工具により，岩石，鉱物若しくは金属を研磨し，もしくはばり取りし，または金属を裁断する箇所	0.7	1.0	1.0	1.2
5. 屋内において，手持式を除く動力工具により，鉱物など，炭素原料またはアルミニウムはくを破砕し，または粉砕する箇所	0.7	1.0	－	1.2
6. 屋内において，手持式を除く動力工具により，鉱物など，炭素原料またはアルミニウムはくをふるい分ける箇所	0.7	－	－	－
7. 屋内のセメント，フライアッシュまたは粉状の鉱石，炭素原料，炭素製品，アルミニウムもしくは酸化チタンを袋詰めする箇所	0.7	1.0	1.0	1.2

特定粉じん発生源	制　御　風　速（m/s）			
	囲い式フードの場合	外付け式フードの場合		
		側方吸引型	下方吸引型	上方吸引型
8.　粉状の鉱石または炭素原料を原料または材料として使用する物を製造し，または加工する工程において，屋内の，粉状の鉱石，また炭素原料またはこれらを含む物を混合し，混入しまたは散布する箇所	0.7	1.0	1.0	1.2
9.　ガラス，ほうろう，陶磁器，耐火物，けい藻土製品，研磨材，または炭素製品を製造する工程において，屋内の，原料を混合する箇所	0.7	1.0	1.0	1.2
10.　耐火れんがまたはタイルを製造する工程において，屋内の，湿潤でない原料を動力により成形する箇所	0.7	1.0	1.0	1.2
11.　陶磁器，耐火物，けい藻土製品，研磨材，または炭素製品を製造する工程において，屋内の，手持式を除く動力工具により製品または半製品を仕上げする箇所で，圧縮空気を用いてちりを払う箇所	0.7	1.0	1.0	－
12.　陶磁器，耐火物，けい藻土製品，研磨材，または炭素製品を製造する工程において，屋内の，手持式を除く動力工具により製品または半製品を仕上げする箇所で，圧縮空気を用いてちりを払う箇所以外の箇所	0.7	1.0	1.0	1.2
13.　砂型を用いて鋳物を製造する工程において，屋内の，型ばらし装置を用いて砂型を壊し，または砂落しする箇所	0.7	1.3	1.3	－
14.　砂型を用いて鋳物を製造する工程において，屋内の，手持式工具を除く動力により砂を再生する箇所	0.7	－	－	－
15.　砂型を用いて鋳物を製造する工程において，屋内の，手持式工具を除く動力により砂を混練する箇所	0.7	1.0	1.0	1.2
16.　屋内において，手持式を除く溶射機を用いて金属を溶射する箇所	0.7	1.0	1.0	1.2

（3）　制御風速の値

　有機則，特化則，粉じん則で規定された制御風速は以下の**表 2-7～表 2-11** に示すとおりである。

　また，吸気および排気の能力がいわゆる抑制濃度で規定されている一部の特定化学物質，石綿および鉛作業に係る局所排気装置については，当該設備を初めて使用する際の点検時には（4）で述べる「抑制濃度の検査」（p. 140）を行わなければならないが，その後，定期自主検査のたびに濃度測定を行うのは大変なので，抑制濃度が満されている状態で吸引風速を測定し，この値を制御風速として記録して，以降の検査時は風速のみを測定して，前記の制御風速を下回らない確認をすることで局所排気装置の性能検査としてよいことが規定されている。

　もちろん，この場合の制御風速は，表 2-8 に示した制御風速とは関係ない。

（4）　抑制濃度の検査

検　査　項　目		検　査　方　法	判　定　基　準
4. 吸気及び排気 の能力	（2）　抑制濃度	抑制濃度に係る局所排気装置について，局所排気装置を作動させ，次に定めるところにより，空気中の有害物質の濃度を測定する。	空気中の有害物質の濃度が，鉛則第30条，特化則告示第1号の表又は石綿則告示に定める値を超えないこと。

　イ　測定点は，次に定める位置とすること。
　（イ）　囲い式フードの局所排気装置にあっては，次の図に示す位置

　　　　a　カバー型

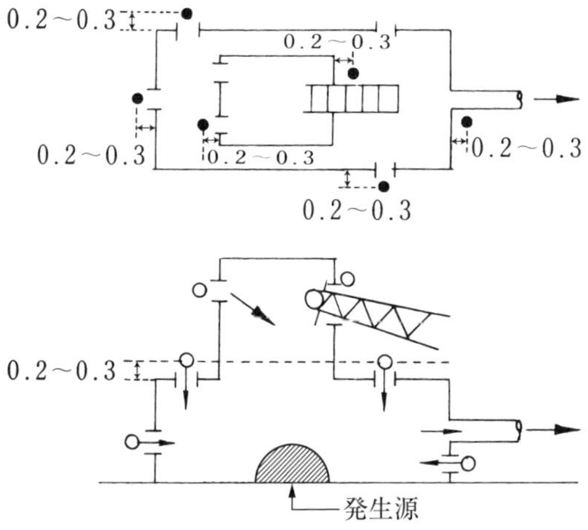

　　　　b　グローブボックス型

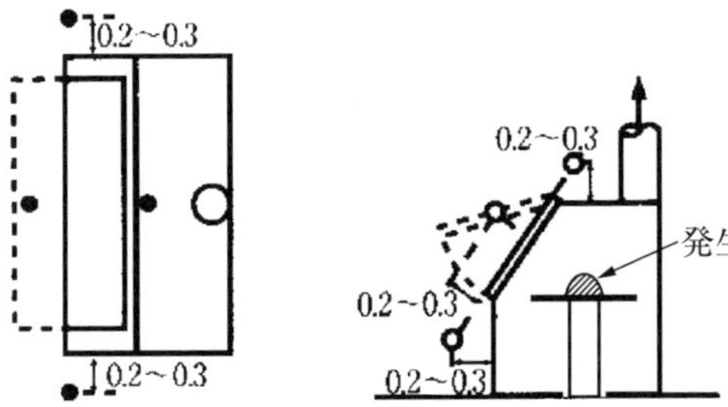

検 査 項 目	検 査 方 法	判 定 基 準

c　一側面開放の建築ブース型

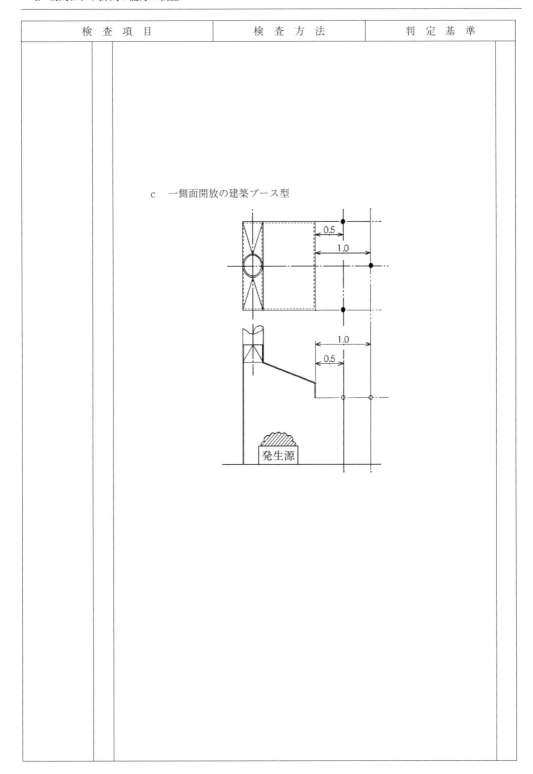

検　査　項　目	検　査　方　法	判　定　基　準

d　二側面開放の建築ブース型

備考
1　寸法の単位は，メートルとする。
2　○印及び●印は，測定点を表す。
3　図aのカバー型の囲い式フードの局所排気装置については，すべてのすき間を測定点とすること。ただし，対向するすき間又は並列するすき間で排気ダクトからの距離が等しいものについては，そのうちの1つを測定点として差し支えない。
4　図a及びbに示す型式以外の型式のフードの局所排気装置に係る測定点の位置については，これらの図に準ずるものとする。

検　査　項　目	検　査　方　法	判　定　基　準

（ロ）　外付け式フードの局所排気装置にあっては，次の図に示す位置

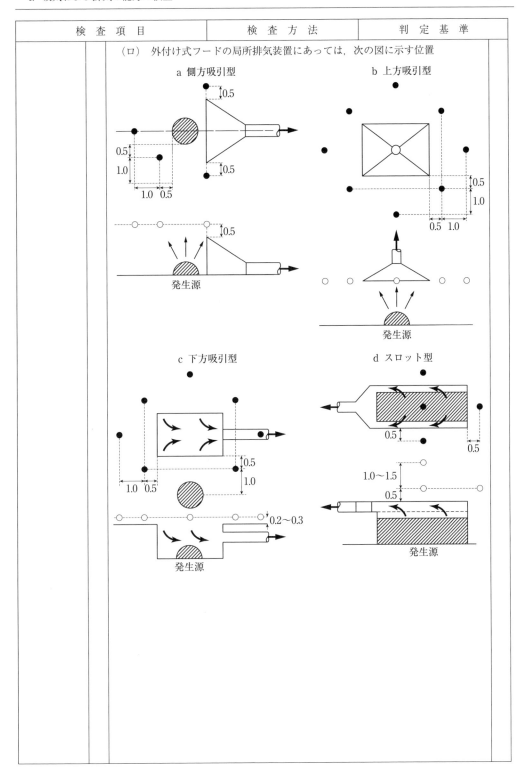

a　側方吸引型

b　上方吸引型

発生源

発生源

c　下方吸引型

d　スロット型

発生源

発生源

検　査　項　目	検　査　方　法	判　定　基　準

e　その他（フードの開口面が小さく，かつ，作業位置が一定の机上作業等について設けるもの）

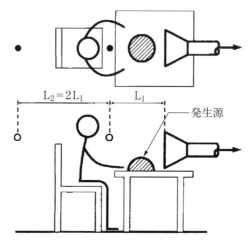

備考

1　寸法の単位は，メートルとする。

2　○印及び●印は，測定点を表す。

3　図bの上方吸引型の外付け式フードのうち，フードが円形のものにあっては，測定点を同心円上にとること。

4　図eのL_1は，フードの開口面から作業者の呼吸位置までの距離（その距離が0.5メートル以上であるときは，0.5メートル）を表す。

5　図aからeまでに示す型式以外の型式のフードの局所排気装置に係る測定点の位置については，これらの図に準ずるものとする。

（ハ）　レシーバ式フードの局所排気装置にあっては，次の図に示す位置

グラインダ型

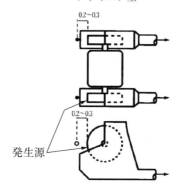

備考

1　寸法の単位は，メートルとする。

2　○印及び●印は，測定点を表す。

3　この図に示す型式以外の型式のフードの局所排気装置に係る測定点の位置については，同図又は他の方式の同形のものに準ずるものとする。

検 査 項 目	検 査 方 法	判 定 基 準
	ロ 測定は，1日についてイの測定点ごとに1回以上行うこと。 ハ 測定は，作業が定常的に行われている時間（作業開始後1時間を経過しない間を除く。）に行うこと。 ニ 一の測定点における試料空気の採取時間は，10分間以上の継続した時間とすること。ただし，直接捕集方法又は検知管方式による測定機器を用いる方法による測定については，この限りでない。 ホ 測定方法については，作業環境測定基準（昭和51年労働省告示第46号）第10条第1項若しくは第2項又は第11条第1項に定めるところによること。 ヘ 空気中の有害物質の濃度（Mg）は，次の式により計算を行って得た値とすること。 $$Mg = \sqrt[n]{A_1 \cdot A_2 \cdot \dots \cdot A_n}$$ （この式において，$A_1, A_2 \dots A_n$ は，各測定点における測定値を表すものとする。）	

【解説】

　石綿，鉛とその化合物および一部の特定化学物質については，局所排気装置の性能が制御風速ではなく，「○則○条の厚生労働大臣が定める要件」などとして「フード外側における有害物の濃度」で規制されている。これを，いわゆる抑制濃度と称して用いている。抑制濃度というのは，発散源に対応する局所排気装置フード等の外周部有害物質の濃度をある値（抑制濃度）以下に抑えることによって，間接的に作業者の呼吸域の濃度を安全な範囲に留めようという考え方である（図2-25）。

　抑制濃度と比較するための気中濃度の測定は，1作業日のうちに，休憩時，装置の稼働休止時を除き，正常な作業が行われる時間帯（始業後1時間以内は避ける）を選んで，指針に例示された測定点ごとに1回以上行い，幾何平均値を計算する。

　測定のための試料の採取と分析の方法については作業環境測定基準によって表2-12のように定められているが，これらのうちアクリロニトリル，エチレンオキシド，塩化ビニル（モノマー），塩素，シアン化水素，弗化水素，ベンゼン，硫化水素の8物質については，正確な測定を妨げるような共存物質がない場合に限って検知管法による測定も認められている。また表2-12の試料採取方法と分析方法の詳細は，「作業環境測定ガイドブック（1），（3），（4）」（日本作業環境測定協会発行）に記載されているので参照されたい。

　幾何平均濃度を計算する方法には，得られた n 個の測定値を全部掛け算してその答の n 乗根（$1/n$ 乗）を求める方法と，測定値を対数に直して平均しその答の真数を求める方法がある。

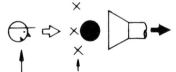

ここの濃度が抑制濃度以下なら
ここの濃度はもっと低く，健康に有害な濃度になることはない。

図2-25　いわゆる抑制濃度の定義

表 2-12　特定化学物質，鉛および石綿の抑制濃度の測定方法

物 の 種 類	試料採取方法	分 析 方 法
塩素化ビフェニル（別名 PCB）	液体捕集方法または固体捕集方法	ガスクロマトグラフ分析方法
ベリリウムおよびその化合物	ろ過捕集方法	吸光光度分析方法，原子吸光分析方法または蛍光光度分析方法
ベンゾトリクロリド	固体捕集方法または直接捕集方法	ガスクロマトグラフ分析方法
アクリルアミド	固体捕集方法およびろ過捕集方法	ガスクロマトグラフ分析方法
アクリロニトリル	液体捕集方法，固体捕集方法または直接捕集方法	1　液体捕集方法にあっては，吸光光度分析方法 2　固体捕集方法または直接捕集方法にあっては，ガスクロマトグラフ分析方法
アルキル水銀化合物（アルキル基がメチル基またはエチル基である物に限る）	液体捕集方法	吸光光度分析方法，ガスクロマトグラフ分析方法または原子吸光分析方法
エチレンイミン	液体捕集方法	吸光光度分析方法または高速液体クロマトグラフ分析方法
エチレンオキシド	固体捕集方法	ガスクロマトグラフ分析方法
塩化ビニル	直接捕集方法	ガスクロマトグラフ分析方法
塩素	液体捕集方法	吸光光度分析方法
オルト-トルイジン	固体捕集方法	ガスクロマトグラフ分析方法
オルト-フタロジニトリル	固体捕集方法およびろ過捕集方法	ガスクロマトグラフ分析方法
カドミウムおよびその化合物	ろ過捕集方法	吸光光度分析方法または原子吸光分析方法
クロム酸およびその塩	液体捕集方法またはろ過捕集方法	吸光光度分析方法または原子吸光分析方法
五酸化バナジウム	ろ過捕集方法	吸光光度分析方法または原子吸光分析方法
コバルトおよびその無機化合物	ろ過捕集方法	原子吸光分析方法
コールタール	ろ過捕集方法	重量分析方法
酸化プロピレン	固体捕集方法	ガスクロマトグラフ分析方法
三酸化二アンチモン	ろ過捕集方法	原子吸光分析方法
シアン化カリウム	液体捕集方法	吸光光度分析方法
シアン化水素	液体捕集方法	吸光光度分析方法
シアン化ナトリウム	液体捕集方法	吸光光度分析方法
3・3'-ジクロロ-4・4'-ジアミノジフェニルメタン	ろ過捕集方法	吸光光度分析方法，ガスクロマトグラフ分析方法または高速液体クロマトグラフ分析方法
ジメチル-2・2-ジクロロビニルホスフェイト(別名 DDVP)	固体捕集方法	ガスクロマトグラフ分析方法
1・1-ジメチルヒドラジン	固体捕集方法	高速液体クロマトグラフ分析方法
臭化メチル	液体捕集方法，固体捕集方法または直接捕集方法	1　液体捕集方法にあっては，吸光光度分析方法 2　固体捕集方法または直接捕集方法にあっては，ガスクロマトグラフ分析方法
重クロム酸およびその塩	液体捕集方法またはろ過捕集方法	吸光光度分析方法または原子吸光分析方法

物　の　種　類	試料採取方法	分　析　方　法
水銀およびその無機化合物（硫化水銀を除く）	液体捕集方法または固体捕集方法	1　液体捕集方法にあっては，吸光光度分析方法または原子吸光分析方法 2　固体捕集方法にあっては，原子吸光分析方法
トリレンジイソシアネート	液体捕集方法または固体捕集方法	1　液体捕集方法にあっては，吸光光度分析方法 2　固体捕集方法にあっては，高速液体クロマトグラフ分析方法
ナフタレン	固体捕集方法	ガスクロマトグラフ分析方法
ニッケル化合物（ニッケルカルボニルを除き，粉状の物に限る）	ろ過捕集方法	原子吸光分析方法
ニッケルカルボニル	液体捕集方法または固体捕集方法	1　液体捕集方法にあっては，吸光光度分析方法または原子吸光分析方法 2　固体捕集方法にあっては，原子吸光分析方法
ニトログリコール	液体捕集方法	吸光光度分析方法
パラーニトロクロルベンゼン	液体捕集方法または固体捕集方法	1　液体捕集方法にあっては，吸光光度分析方法またはガスクロマトグラフ分析方法 2　固体捕集方法にあっては，ガスクロマトグラフ分析方法
砒素およびその化合物（アルシンおよび砒化ガリウムを除く）	ろ過捕集方法	吸光光度分析方法または原子吸光分析方法
弗化水素	液体捕集方法	吸光光度分析方法または高速液体クロマトグラフ分析方法
ベーター－プロピオラクトン	直接捕集方法または固体捕集方法	ガスクロマトグラフ分析方法
ベンゼン	液体捕集方法，固体捕集方法または直接捕集方法	1　液体捕集方法にあっては，吸光光度分析方法 2　固体捕集方法または直接捕集方法にあっては，ガスクロマトグラフ分析方法
ペンタクロルフェノール（別名 PCP）およびそのナトリウム塩	液体捕集方法	吸光光度分析方法
ホルムアルデヒド	固体捕集方法	ガスクロマトグラフ分析方法または高速液体クロマトグラフ分析方法
マゼンタ	ろ過捕集方法	吸光光度分析方法
マンガンおよびその化合物	作業環境測定基準第2条第2項の規定による要件に該当する分粒装置を用いるろ過捕集方法	吸光光度分析方法または原子吸光分析方法
沃化メチル	直接捕集方法	ガスクロマトグラフ分析方法
リフラクトリーセラミックファイバー	ろ過捕集方法	計数方法
硫化水素	液体捕集方法または直接捕集方法	1　液体捕集方法にあっては，吸光光度分析方法 2　直接捕集方法にあっては，ガスクロマトグラフ分析方法
硫酸ジメチル	液体捕集方法または固体捕集方法	1　液体捕集方法にあっては，吸光光度分析方法 2　固体捕集方法にあっては，ガスクロマトグラフ分析方法
鉛	ろ過捕集方法	吸光光度分析方法または原子吸光分析方法
石綿	ろ過捕集方法	計数方法

令和 4 年 9 月現在

第 2 編

（5）　抑制濃度の値

特定化学物質，石綿および鉛等の抑制濃度は**表 2-13** のとおりである。

表 2-13　特定化学物質，鉛および石綿の抑制濃度

物 の 種 類	値	物 の 種 類	値
塩素化ビフェニル（別名 PCB）	0.01 mg/m³	1・4-ジクロロ-2-ブテン	0.005 cm³/m³
ベリリウムおよびその化合物	ベリリウムとして 0.001 mg/m³	ジメチル-2・2-ジクロロビニルホスフェイト（別名 DDVP）	0.1 mg/m³
ベンゾトリクロリド	0.05 cm³/m³	1・1-ジメチルヒドラジン	0.01 cm³/m³
アクリルアミド	0.1 mg/m³	臭化メチル	1 cm³/m³
アクリロニトリル	2 cm³/m³	重クロム酸およびその塩	クロムとして 0.05 mg/m³
アルキル水銀化合物（アルキル基がメチル基またはエチル基である物に限る。）	水銀として 0.01 mg/m³	水銀およびその無機化合物（硫化水銀を除く。）	水銀として 0.025 mg/m³
エチレンイミン	0.05 cm³/m³	トリレンジイソシアネート	0.005 cm³/m³
エチレンオキシド	1.8 mg/m³ または 1 cm³/m³	ナフタレン	10 cm³/m³
塩化ビニル	2 cm³/m³	ニッケル化合物（ニッケルカルボニルを除き，粉状の物に限る。）	ニッケルとして 0.1 mg/m³
塩素	0.5 cm³/m³		
オルト-トルイジン	1 cm³/m³	ニッケルカルボニル	0.007 mg/m³ または 0.001 cm³/m³
オルト-フタロジニトリル	0.01 mg/m³		
カドミウムおよびその化合物	カドミウムとして 0.05 mg/m³	ニトログリコール	0.05 cm³/m³
クロム酸およびその塩	クロムとして 0.05 mg/m³	パラ-ニトロクロルベンゼン	0.6 mg/m³
五酸化バナジウム	バナジウムとして 0.03 mg/m³	砒素およびその化合物（アルシンおよび砒化ガリウムを除く。）	砒素として 0.003 mg/m³
コバルトおよびその無機化合物	コバルトとして 0.02mg/m³		
コールタール	ベンゼン可溶性成分として 0.2 mg/m³	弗化水素	0.5 cm³/m³
		ベーター-プロピオラクトン	0.5 cm³/m³
酸化プロピレン	2 cm³/m³	ベンゼン	1 cm³/m³
三酸化二アンチモン	アンチモンとして 0.1 mg/m³	ペンタクロルフェノール（別名 PCP）およびそのナトリウム塩	ペンタクロルフェノールとして 0.5 mg/m³
シアン化カリウム	シアンとして 3 mg/m³	ホルムアルデヒド	0.1 cm³/m³
シアン化水素	3 cm³/m³	マンガンおよびその化合物	マンガンとして 0.05 mg/m³
シアン化ナトリウム	シアンとして 3 mg/m³		
3・3'-ジクロロ-4・4'-ジアミノジフェニルメタン	0.005 mg/m³	沃化メチル	2 cm³/m³

物　の　種　類	値	物　の　種　類	値
リフラクトリーセラミックファイバー	0.3 本/cm^3（5 μm 以上の繊維の数）	鉛および鉛化合物	0.05 mg/m^3（鉛として）
硫化水素	1 cm^3/m^3	石綿	0.15 本/cm^3（5 μm 以上の繊維の数）
硫酸ジメチル	0.1 cm^3/m^3		
備考　　この表の値は，温度 25℃，1 気圧の状態での濃度を示す。			

令和 4 年 9 月現在

出典：昭和 50 年労働省告示第 75 号（最新改正：令和 2 年厚生労働省告示第 192 号）
　　　平成 15 年厚生労働省告示第 376 号（最新改正：平成 21 年厚生労働省告示第 196 号）
　　　平成 17 年厚生労働省告示第 129 号（最新改正：平成 21 年厚生労働省告示第 198 号）
　　　平成 17 年厚生労働省告示第 131 号（最新改正：平成 21 年厚生労働省告示第 199 号）

第 2 編

5. 留意事項

　局所排気装置の定期自主検査を行う際における労働災害の発生を防止するため，次の点に留意すること。

　1　局所排気装置のダクトの内部等における検査を行うに当たっては，有害物質による中毒等を防止するため，有機則，鉛則，特化則，粉じん則及び石綿則の規定により必要な措置を講ずること。なお，これらの規定が適用されない場合であっても，有害物質による中毒等にかかるおそれがあるときは，これらの規定による措置に準じた措置を講ずること。

　　また，酸素欠乏症等にかかるおそれがあるときは，酸素欠乏症等防止規則（昭和 47 年労働省令第 42 号）の規定による措置に準じた措置を講ずること。

　2　電動機等に係る項目の検査を行うに当たっては，機械による危険を防止するため，労働安全衛生規則（昭和 47 年労働省令第 32 号。以下「安衛則」という。）第 2 編第 1 章の規定により必要な措置を講ずること。

　3　電気設備に係る項目の検査を行うに当たっては，電気による危険を防止するため，安衛則第 1 編第 4 章及び第 2 編第 5 章の規定により必要な措置を講ずること。

　4　検査用の通路，足場等において検査を行うに当たっては，墜落等による危険を防止するため，安衛則第 2 編第 9 章から第 11 章までの規定により必要な措置を講ずること。

　（その他定期自主検査を行う際の留意事項については，第 1 編 p. 75 参照のこと。）

第３編　プッシュプル型換気装置の
定期自主検査指針の解説

　プッシュプル型換気装置定期自主検査指針における検査項目，検査方法および判定基準については以下の表による。

1.　フードの検査

（1）　フードの外観検査

検　査　項　目		検　査　方　法	判　定　基　準
1. フード（吹き出し側フード及び吸い込み側フード）	（1）　フードの構造及び摩耗，腐食，くぼみ等の状態	①　スケールを用いてフードの寸法及び組立て状態を調べる。 ②　フード表面の状態を調べる。 ③　フード内部の状態を調べる。	①　寸法及び付属品が届出の状態に保たれていること。 ②　次の異常がないこと。 　イ　吹き出し及び吸い込みの機能を低下させるような摩耗，腐食，くぼみその他損傷 　ロ　腐食の原因となるような塗装等の損傷 ③　次の異常がないこと。 　イ　粉じんやミスト等のたい積物がないこと。 　ロ　吸込口に粉じんやミスト等による閉塞がないこと。

【解説】

　密閉式，開放式ともにフードの検査は，吹き出し側フード及び吸い込み側フードにおいて，まず設置位置，開口面の向き，フランジ，バッフル板等が所定の状態に保たれているかどうかを設置図と照合して確認する。フランジ等が外されたまま放置されている場合は元の位置に固定する。作業性等の理由で変更が行われているものについては，その状態で検査を進め，4 の「捕捉面における風速の検査」（p. 193）で規定の性能が得られれば図面の方を変更する。規定の性能が得られない場合はフードの形，設置位置，作業の方法等を再検討する必要がある。

　また，「密閉式　送風機なし」の場合は作業者および対象物がブース内に入る場合が多いので，囲いの高さ等が所期の設定どおりであること，安全のため内部を観察する窓や遮へいカーテン，製品や作業者の出入口部の開閉状態などに異常がないかを調べ，大きな空気漏れがないことを確認する。この形式のものは一般に，一定風量を床面等から均等に排気することで一様流を形成するので，床面等の吸い込み口の状態が所期の位置か調べる。

　次に，摩耗，腐食，くぼみ，変形，破損，塗装の傷等の異常について外観検査を行う。外観検査の目的はプッシュプル型換気装置の機能を低下させるような損傷を未然に防ぐことなので，

向こう１年間十分使用に耐える状態であれば，小さな損傷は粘着テープによる補強，塗装のタッチアップ等の補修を行い，大きい損傷や腐食があるような時は当て板をする等の方法で補修する。取付け部分やダクトとの接続部分のねじが緩んでいる場合は増し締めを行う。

　フード内部の検査では，吹き出し側フードおよび吸い込み側フードにおいて捕捉面における一様流の形成を妨げるような粉じん，ミスト等のたい積物がないか確認する。吸い込み側フードにおける吸い込みの均一性を妨げるような吸い込み口の閉塞がないか確認する。

　いずれも，たい積物等がある場合は清掃を行う。ただし，一様流を成すための構造が複雑で清掃により機能を低下させる恐れがある場合はメーカー等に依頼する。

（2）　一様流の状態の検査

検　査　項　目		検　査　方　法	判　定　基　準
1. フード（吹き出し側フード及び吸い込み側フード）	(2)　一様流の状態及びそれを妨げる物の有無	①　ブース及び換気区域内に，一様流を妨げるような柱，壁等の構造物がないかどうかを調べる。	①　気流を妨げるような柱，壁等の構造物がないこと。
		②　ブース及び換気区域内に，作業中の器具，工具，被加工物，材料等がないことを調べる。ただし，固定構造物を設置した状態で届出がなされた場合は，この限りでない。	②　器具，工具，被加工物，材料等がないこと。
		③　プッシュプル型換気装置を停止させ，各フードからの吹き出し及び吸い込み気流のないことを確認し，スモークテスターを用いて捕捉面における気流の状態を調べる。	③　妨害気流がないこと。
		④　プッシュプル型換気装置を作動させ，スモークテスターを用いて，捕捉面における煙の流れ方を調べる。	④　煙が吸い込み側フード外に流れず，又は滞留せずフード内に吸い込まれること。

【解説】

①　②　検査時に，密閉式プッシュプル型換気装置のブース内，および開放式プッシュプル型換気装置の換気区域内に，作業対象物が存在しない状態であること。換気区域内に物が置かれプッシュプル気流が妨害されているケースもよくある。作業に不要な物ならば片付け，作業の都合上片付けられない物については，4の「捕捉面における風速の検査」（p. 193）で規定する性能が得られ，かつブース内および換気区域内からの漏れがなければ，そのまま設置してさしつかえない。ただし，物を置くことで規定の性能が得られなかったり換気区域内から漏れた場合は，フードの形や設置位置が不適当なので設計を見直す必要

がある。

③-1　次にプッシュプル型換気装置を停止させ，各フードからの吹き出し気流及び吸い込み気流のないことを確認し，スモークテスター（スモークテスターの使用方法に関しては，第2編　局所排気装置の定期自主検査指針の解説「1.フードの検査（2）吸い込み気流の状態などの検査」（p.96）を参照）等を用いてブース内および換気区域内の捕捉面付近における気流を観察する（写真3-1）。

写真 3-1
プッシュプル型換気装置を停止させ，スモークテスターを用い妨害気流がないことを観察する（開放式プッシュプル型換気装置　斜降流）

③-2　装置未稼働時にブースおよび換気区域内の煙が滞留するなら問題ないが，外乱気流により煙が流れる場合は，吹き出し側フードからの気流が吸い込み側フードで完全に吸引されず漏れ出すおそれがある。それらの外乱気流が設計時に予測されたものであるか否かを確認し，予測されていない場合はその原因を取り除く。一様流を妨げるものとしては，窓や出入口からの風，冷暖房や扇風機等による気流，熱源の存在による上昇

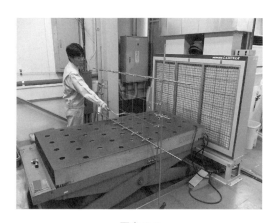

写真 3-2
プッシュプル型換気装置を稼働させ，スモークテスターを用い捕捉面における気流を観察する（開放式プッシュプル型換気装置　斜降流）

気流等がある。窓や出入口から風が吹き込む場合は，それらを閉めて使用すべきである。冷暖房や扇風機等による気流がある場合は，換気区域に影響を及ぼさないよう吹き出しの向きを変える等の工夫をする。熱上昇気流がある場合，この勢いを防ぐ遮へい物などを設けることにより上昇力を低下させ換気区域外への漏れを防ぐこともできる。

　　以上のように外乱気流が設計値以下であることを確認した上でプッシュプル型換気装置を稼働させる。

④　スモークテスターによる捕捉面（気流方向に対し垂直な平面）での性能確認の場合，ス

第3編

写真 3-3
写真 3-2 の検査と同様煙が大量に出るスモークテスターを用い行っている（開放式プッシュプル型換気装置　斜降流）

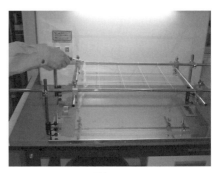

写真 3-4
スモークテスターによる検査（開放式プッシュプル型換気装置　下降流）

モークテスターの発煙方向を気流が流れる方向（吸込み側フード方向）に向けないこと。気流に逆行する方向か気流に垂直方向に発煙させるとプッシュプル気流の方向がわかりやすい。捕捉面を規定に従って等分した区画の各中心を流れるように発煙させ気流を観察する（写真 3-2, 3-3, 3-4）。その煙が捕捉面に対して垂直に流れ，吸い込み側フードに吸引されることを確認する。煙が吸い込み側フードに吸引されず散ってしまう場合は，送風量ないし排風量の不足または送風量と排風量のアンバランスが原因であることが多い。フィルタ等が設置してある場合は，所定の圧力損失以下であることをマノメータ等によって確認し，目詰まり等があればフィルタの清掃ないし交換を行う。また，吸い込み側フードと同一ダクト系にある他のフードの過度の吸引による排風量不足および排気系に設置された空気清浄装置（特にろ過式除じん装置等）の排風量低下が原因になる場合は，一様流の再調整を行い所定の検査結果が得られてから次の検査に進む。

　なお，気流を観察して検査を行う際に，局所排気装置で説明（p.97）したスモークテスターの煙では良否の判定が難しい場合は，より大量の煙を発生することができるスモークテスターを用いるとよい。その場合は消防訓練などで使用する装置を推奨する（写真 3-6）。

（3）　開放式プッシュプル型換気装置における換気区域の境界面の吸い込み状態の検査

検 査 項 目		検 査 方 法	判 定 基 準
1. フード（吹き出し側フード及び吸い込み側フード）	（3）　換気区域（開放型）の境界面における吸い込み状態	プッシュプル型換気装置を作動させ，スモークテスターを用いて，煙の流れ方を調べる。	境界面における煙が吸い込み側フード内に吸い込まれること。

写真 3-5
大量の煙を発生できるスモークテスターによる境界面における吸い込み状態の検査(開放式プッシュプル型換気装置　水平流)

写真 3-6
大量の煙を発生することができるスモークテスター

【解説】

　開放式プッシュプル型換気装置を稼働させ,スモークテスターを使って換気区域の捕捉面を通過した気流が吸い込み側フードに漏れなく吸引されるかを調べる。特に,換気区域とそれ以外の区域との境界面における気流が吸い込み側フードに吸引され漏れ出ないことを確認する。比較的小さなプッシュプル型換気装置の場合はスモークテスターで確認できるが,大きな装置の場合は捕捉面から吸い込み側フードまでの距離が長く途中で煙が観察できなくなることもあるため,より大量の煙を発生できるスモークテスターを使うことが望ましい(**写真 3-5, 3-6**)。

　スモークテスターの煙が吸い込み側フードに吸引されず漏れ出す場合は前項(2)の「一様流の状態の検査」(p. 154)で記した事例と同様の原因による場合が多いので,送風機と排風量のバランスを再調整してから次の検査に進む。

　イ　換気区域(**図 3-1**)の場合　有機則,粉じん則,特化則,鉛則,石綿則に適用

　　吹き出し側フードの開口部の任意の点と吸い込み側フードの開口部の任意の点を結ぶ線分が通ることのある区域。

　　この換気区域の場合は,吹き出し側フードの気流が換気区域を決定する要素となるため,

イ　換気区域図3-1の場合

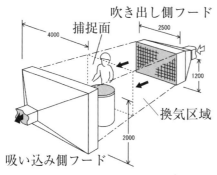

図3-1-ⓐ　換気区域の例（水平流）

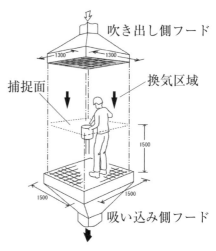

図3-1-ⓒ　換気区域の例（下降流）

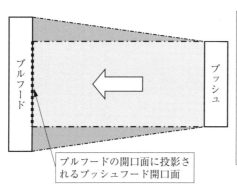

中央の四角い領域，「吹き出し側フードの開口部の任意の点と，その開口部に投影される吸い込み側フードの開口部の任意の点を結ぶ線分が通ることのある区域」を換気区域とする。
指針に示されているイラストでは四角い領域の外側に位置する三角の領域の部分も含まれてしまうが，その部分を削って換気区域としたほうが漏れのない設計となり，安全側になる。

図3-1-ⓑ　換気区域の説明

ロ　換気区域図3-2の場合

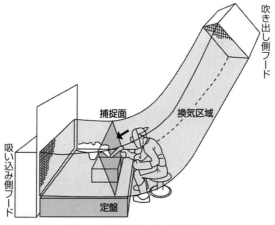

図3-2　換気区域の例（斜降流）

吹き出し側フードの開口部の任意の点と，その開口部に投影される吸い込み側フードの開口部の任意の点を結ぶ線分が通ることのある区域を換気区域とすることが望ましい（図3-1-ⓐ，ⓒ）。

ロ　換気区域（**図3-2**）の場合　有機則を除く各規則に適用

吹き出し側フードの開口部から吸い込み側フードの開口部に向かう気流が発生する区域。

なお，作業者自身が気流の風上側に位置する場合は，気流の乱れを誘い顔面付近で渦を巻くおそれがある。その渦の影響を受けないよう作業者が発散源から離れた位置で作業する必要があり，影響を受けない方法については**図3-3**を参照のこと。

（4）　排気用フィルタ等の状態の検査

検 査 項 目		検 査 方 法	判 定 基 準
1. フード（吹き出し側フード及び吸い込み側フード）	（4）　排気用フィルタ等の状態	① 乾式で，吸い込み側フードにフィルタが使用されているものについては，その汚染，目詰まり，破損等の状態をピトー管及びマノメータにより調べる。	① フィルタに，フードの吸い込みの機能を低下させるような汚染，目詰まり等がないこと。　また，フィルタに，捕集能力を低下させるような破損等がないこと。
		② 湿式で，フードにミストセパレーター又はエリミネーターが使用されているものについては，その汚染，目詰まり，破損等の状態を調べる。	② フィルタに排気の機能を低下させるような汚染，目詰まり，破損，落下，変形，欠損等がないこと。
		③ 湿式の塗装用ブースで，洗浄水を循環させるためにポンプを使用しないものについては，洗浄室内の水量を調べる。	③ 停止状態での水面の高さが設計値の範囲内であり，かつ，作動時には一様なシャワーが形成されること。

【解説】

図3-3のような塗装用ブースが，囲い式フードに相当するか，密閉式プッシュプル型換気装置に相当するかは判断に迷う所だが，塗装作業者の前を通るブースの断面，いわゆる捕捉面における風速がプッシュプル型換気装置の性能要件を満たしていればプッシュプル型換気装置と考えるべきである。

なお，図3-3のような場合，作業者自身が気流の乱れを誘い顔面付近で渦を巻く。作業者が同図（A）のようにワークから離れた位置で作業すればあまり問題にならないが，（B）のように前屈みになると，顔とワークとの距離が近づき，有害物を吸い込むおそれがある。この種の作業では，作業者の個人差によって有害物のばく露のされ方が変わり，姿勢を変えれば効果が上がる。従って，ワークに十分な照度を確保し，視認性を良くして，不自然な作業姿勢になら

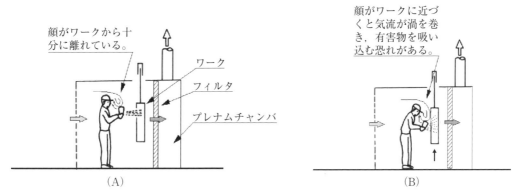

図3-3　塗装ブース

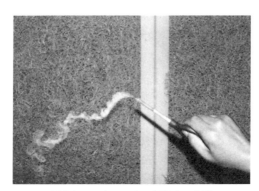

写真3-7　フィルタの目詰まり点検

ないように注意しなければならない。当然，検査には照明器具の汚損，破損等の不具合の有無
も含まれる。なお，照度だけではなく，作業者の視力も問題になることも心得ておく必要があ
る。

　この型式の塗装ブースの場合，フィルタの表面に塗料が付着して目詰まりすることがある。
吸引不良の場合はフィルタの直前の気流をスモークテスターで調べ，流れが悪い場合，または
マノメータ等を用いてフィルタの圧力損失を調べ所定の値を超えている場合など目詰まりが認
められたら，フィルタを清掃または交換する（写真3-7）。

　新品のフィルタは使用初期に多少塗料ミストが通過し，そのミストがある程度付着してから
保証された効果を発揮する。塗料ミストが付着するほどフィルタのろ過効率は上がる。しかし，
目詰まりが進み，圧力損失が高くなるとフィルタ枠の隙間を塗料ミストが通過したり，フィル
タ自体が塗料ミストの重量に耐えきれず枠の中でずり落ちたりすることもある。

　プッシュプル型換気装置のフィルタはマノメータ等にて圧力損失を確認し，目詰まりがない
か管理する。

（5）　給気用フィルタ等の状態の検査

検 査 項 目		検 査 方 法	判 定 基 準
1. フード（吹き出し側フード及び吸い込み側フード）	（5）　給気用フィルタ等の状態	吹き出し側フードにフィルタが使用されているものについては，その汚染，目詰まり，破損等の状態をピトー管及びマノメータにより調べる。	フィルタに吹き出しの機能を低下させるような汚染，目詰まり，破損，落下，変形，欠損等がないこと。

【解説】

　通常，吹き出し側送風機にはシロッコファンや軸流ファンが使用されている。これらの送風機は，フィルタの目詰まりによる圧力損失増加によって風量が著しく減少する。送風機の必要風量に対する静圧点を十分に把握し，マノメータ等で監視して，設計値の圧力範囲内で使用することが必要である。また，吹き出し気流が低下している場合は吹き出し面直前の気流をスモークテスターで調べ，フィルタの目詰まりが認められる場合はフィルタを清掃するか交換する。

　また，送風機に接続している送風ダクトにマノメータとピトー管を用いて測定し，所定の風量が確保されていることが確認できればフィルタ等の圧力損失は測らず破損，汚れの目視検査のみでよい。

2.　ダクトの検査

（1）　ダクトの外観検査

検 査 項 目		検 査 方 法	判 定 基 準
2.　ダクト	（1）　外面の摩耗，腐食，くぼみ等の状態	キサゲ等を用いてダクト系の外面の状態を調べる。この場合において，吸い込みダクトの枝ダクトにあってはフード接続部からダクト合流部に向かって，主ダクトにあっては上流から下流に向かって調べるものとする。	次の異常がないこと。 イ　空気漏れの原因となるような摩耗，腐食，くぼみその他損傷 ロ　腐食の原因となるような塗装等の損傷 ハ　通気抵抗の増加又は粉じん等のたい積の原因となるような変形

【解説】

　ダクト系の外観検査は，見落しが無いようできるだけ設計図の系統線図番地にそって順序だてて検査していく。内面からの摩耗は粉じんを吸引するダクトの曲がり部分に生じやすい。腐食，錆，塗装の傷等の兆候を発見したら，その部分と周辺を手で押してみるか，厚肉ダクトの場合はテストハンマーで軽く叩いてみる。フードの場合と同様，小さな穴等は粘着テープを巻

いて補修し，大きい損傷や一面が腐食しているようなときはビニールシート等を巻いて一時的に補修した上で検査を行い，後でその部分を取り替える。フランジ接続部分が緩んでいる場合はボルト等の増し締めを行う。ダクトの支持部分がねじ止めされている場合は，増し締めする。

　フレキシブルダクトは破損しやすく，一度破れたものはテーピング等の補修を行っても動かせば再び損じることが多いので，外観検査で破損が発見された場合は新品と交換すべきである。

（2）　ダクト内面の状態の検査

検　査　項　目		検　査　方　法	判　定　基　準
2.　ダクト	（2）　内面の摩耗，腐食等及び粉じん等のたい積の状態	①　点検口が設けられているものにあっては点検口を開いて，点検口が設けられてないものにあってはダクトの接続部を外して，内面の状態を調べる。	①　次の異常がないこと。 　イ　空気漏れの原因となるような摩耗又は腐食 　ロ　腐食の原因となるような塗装等の損傷 　ハ　粉じん等のたい積

【解説】

　ダクトに掃除口，点検口が設けられている場合は，これらを開いて内部の摩耗，腐食，粉じん等のたい積の状態を調べ，必要があれば内部を掃除する。

　ダクトに点検口がない場合に内部の検査を行う際は，接続部を外すか新たに点検口を設けな

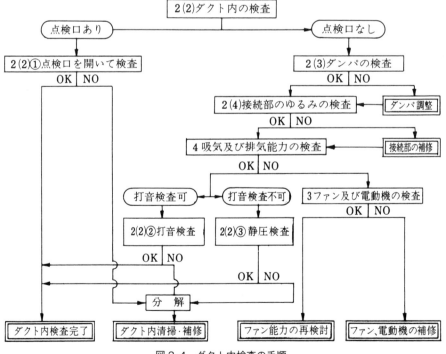

図3-4　ダクト内検査の手順

けれなければならないが，先に捕捉面の風速の測定等の性能検査を行い，その結果をみてフローチャートに従い次の検査を進める方が合理的である（図3-4）。

またフレキシブルダクトについては，両端の接続部を外して検査し，必要があれば内部を掃除するが，破損している場合は新しいものと交換する。

（3）　打音によるダクトの詰まりなどの検査

検 査 項 目	検 査 方 法	判 定 基 準
2.　ダクト　　　(2)　内面の摩耗，腐食等及び粉じん等のたい積の状態	②　①によることができないものについては，ダクトの立ち上がり部の前等粉じん等のたい積しやすい箇所等において，鋼板製厚肉ダクトの場合にあってはテストハンマー，鋼板製薄肉ダクト又は樹脂製ダクトの場合にあっては木ハンマーを用いてダクトの外面を軽く打ち，打音を調べる。	②　粉じん等のたい積等による異音がないこと。

【解説】

ダクト内面の粉じん等のたい積状態を調べるとき目視検査ができない場合が多いので，ダクトの外側から軽く叩いて，その打音でたい積物の有無を判断することができる。

鈍い音がしなければ粉じんのたい積はないと考えてよい。この打音の変化を言葉で表すのは難しいが，空バケツを叩いたような響き音の場合はたい積なし，水の入ったバケツを叩いたような鈍く余韻のない音の場合は内面に相当量のたい積物や付着物があると考えてよい。

ただし，この打音による検査方法は力の入れ方に注意しないとダクトを破損させてしまうことになる。鋼板製の厚肉ダクトではテストハンマーを用い，樹脂製（塩ビなど）のダクトや鋼板製の薄肉ダクトでは木製のハンマーを使用する。なお，鋼板の厚肉ダクトと薄肉ダクトの区別は明確ではないが，一般に，局排等のダクトでは 1.5 mm 以上を厚肉ダクト，それより薄いものを薄肉ダクトと呼んでいる。

（4）　静圧の測定によるダクトの検査

検 査 項 目	検 査 方 法	判 定 基 準
2.　ダクト　　　(2)　内面の摩耗，腐食等及び粉じん等のたい積の状態	③　①又は②によることができないものについては，ダクトの立ち上がり部の前等の粉じん等のたい積しやすい箇所等の前後に設けられている測定孔において，微差圧計等を用	③　ダクト内の静圧値が，その設計値と著しい差がないこと。

検　査　項　目	検　査　方　法	判　定　基　準
	いて，ダクト内の静圧を測定する。	

【解説】

　点検口の設けられていないダクトの詰まり，漏れを検査する簡便な方法は，ダクト内の静圧の変化を調べることである。

　熱線式風速計の中には特殊なアタッチメントが付属していて，これを用いて静圧を測定することができるものがある。まず静圧プローブ（**図 3-5**）の締付ナットを少し緩めて風速計センサーの先端が止まるまで差し込み，静圧プローブの合わせマークをセンサーの風上マークと合わせ，締付ナットを十分締める。測定の際は内側のオリフィスがダクトの測定孔に入るように静圧キャップを押し付ける（**写真 3-8**）。この場合，ダクト内静圧に合った方の静圧キャップを使う。ダクト内の静圧は，測定孔でスモークテスターの煙が吹き飛ばされれば正圧，吸い込まれれば負圧であることがわかる。ダクト内静圧の測定に水柱マノメータを用いてもよい。静圧差の大きい所は U 字管マノメータでも測定できるが（**図 3-6-①(a)**），ファン前後または除じん装置の前後以外の箇所では静圧の絶対値は大きくないので傾斜マノメータが必要になる場合がある（**図 3-6-①(b)**）。マノメータの一端（**図 3-6-②**の右側）には適当な長さ（検査しようとするダクトの測定孔に届く長さ）のゴム管を接続し，その先端に軟らかいゴム栓か厚肉ゴム管を接続して，測定孔に密着できるようにしておく。静圧の測定値を設計値または前回の検査結果と比較することにより，ダクト内の状況を推定することができる（**図 3-7，表 3-1**）。

　上記の検査の結果，ダクト内に粉じんのたい積などの異常が認められる場合はダクトを分解して清掃，補修を行う。

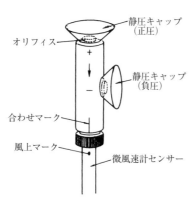

図 3-5　静圧測定プローブの取付け方法

写真 3-8　静圧プローブ付風速計による
ダクト内静圧の測定

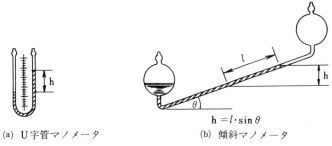

(a) U字管マノメータ　　　　　　(b) 傾斜マノメータ

図3-6-①　U字管マノメータと傾斜マノメータ

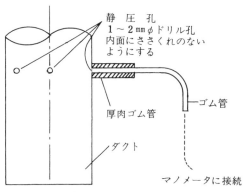

図3-6-②　マノメータによる静圧測定

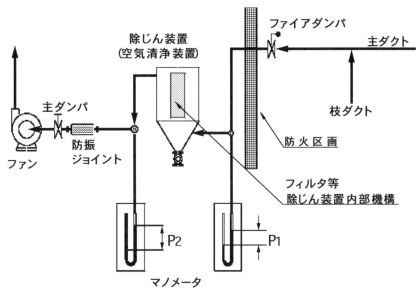

図3-7　静圧測定によるダクト，除じん装置等の検査

表 3-1　２点間の静圧測定による異常の有無の検査

	マノメータの読み		予想される主な現象
1	P1	読み低下	除じん装置のフィルタ等の目詰まり
	P2	読み増大	従って，風量低下
	P1-P2	差圧増大	
2	P1	読み増大	主ダクトまたは枝ダクトの閉塞
	P2	読み増大	ファイアダンパの誤作動
	P1-P2	差圧激減	
3	P1	読み低下	ファンの能力低下（逆回転，インバータの設定不良）ファンの主ダンパの誤作動
	P2	読み低下	ファンの点検扉が開いている
	P1-P2	差圧減少	防振ジョイントの破損またはダクトの外れ，破れ
4	P1	読み多少増大	フィルタの破れ，外れ等除じん装置の内部異常
	P2	読み多少増大	従って，主ダクトの風量多少増大
	P1-P2	差圧激減	

（注）　前ページ図 3-7 において除じん装置の代わりに枝ダクト等に着目している２点間の静圧を測定することにより，異常の有無を診断することができる。

（5）　ダンパの検査

検　査　項　目		検　査　方　法	判　定　基　準
2．ダクト	(3)　ダンパの状態	①　流量調整用ダンパについて開度及び固定状態を調べる。 ②　流路切替え用ダンパが設けられている場合，各フードの流路を開放状態及び閉め切り状態にした後，プッシュプル型換気装置を作動させ，スモークテスターを用いて，煙がフードに吸い込まれるかどうかを調べる。	①　ダンパがプッシュプル型換気装置の性能を保持するように調整されたときの開度で固定されていること。 ②　ダンパが軽い力で作動し，かつ，流路が開放状態のときにあっては煙がフードに吸い込まれるものであり，流路が閉め切り状態のときにあっては煙がフードに吸い込まれないものであること。

【解説】

　プッシュプル型換気装置は適切なメンテナンスが行われても，使用に伴い次第に吸気ないし排気の能力が低下するものである。ダクト系の途中に流量調整用ダンパ（ボリュームダンパ）を設ける主な目的は，枝ダクトの通気抵抗を調整して合流部の静圧のバランスをとり，各枝ダクトに連結されたフードの排風量のバランスをとることだが，同時に吸気ないし排気の能力が少し低下した場合にダンパの開度を上げて通気抵抗を下げることにより能力を回復させる目的もある。従って流量調整用ダンパの開度の検査は，必ずフードの吸気能力の検査と一緒に行うべきである。

　定期自主検査で比較的小さな排風量のアンバランスが発見された場合は，各フードの吸引風速を測定しながら，まず風量が過剰な枝ダクトのダンパを少し閉じて所定の風量にし，次に風量不足だったフードの吸引風速を測定し直し，まだ不足していたら少しダンパを開いてバランスをとる。ダンパが開き過ぎ（風量の多過ぎ）の箇所を放置して風量不足箇所のダンパを開いてバランスをとろうとしても，全体の風量が不足して調整不能になる。

　調整を終えた流量調整用ダンパはむやみに動かされないよう固定し，調整後の開度を記録しておく。この値が次回の検査の際の基準となる。

　またバランスが大きく崩れて容易に調整できない場合は，一度すべての枝ダクトの流量調整用ダンパを全開にしてから，下流側（ファンに近い方）のフードから順に，所定の風速に見合う風量となるように枝ダクトのダンパ開度を調整し，仮の固定をする。各フードの風量が順次調整されるに従って既に調整を終えた枝ダクトの風量は増加するので，調整途中でダンパが全開でも必要な風量の得られない枝ダクトが現れた場合は，再度下流方に戻って再調整する。

　最上流の枝ダクトまで調整を終えたら，再度，逆の順に，上流から下流に向って再調整を行いながら各ダンパを固定し開度を記録しておく。同時に各フードのテーク・オフ（フードとダクトの接続）部の静圧を測定して記録しておくと，後の定期自主検査の際に便利である。

　ダンパ調整によって必要な風量が得られない場合はファンの能力不足の疑いがあるので，3の（15）の「ファンの性能の検査」（p. 186）を行う。

　流路切替え用及び締切り用ダンパについては，プッシュプル型換気装置を作動させた状態でフード開口面で煙を発生し，ダンパが軽く動くこと，開放状態で煙がフードに吸い込まれること，締切り状態で煙が吸い込まれないこと等によって機能を検査する。

　また空圧，油圧等の動力によって駆動されるダンパについては駆動機構，連動ダンパについては連動機構の検査が必要だが，これらについては一律に検査方法等を定められないので，それぞれの装置の取扱説明書またはメーカーの指示に基づいて実施すること。

（6）　ダクト接続部の検査

検　査　項　目		検　査　方　法	判　定　基　準
2．ダクト	（4）　接続部の緩みの有無	①　フランジの締付けボルト，ナット，ガスケット等の破損，欠落及び片締めの有無をスパナ等を用いて調べる。	①　フランジの締付けボルト，ナット，ガスケット等の破損，欠落又は片締めがないこと。

【解説】

　ダクト接続部の緩みの検査は2の（1）の「ダクトの外観検査」（p. 161）と一緒に行うべきである。フランジ接手については，まず全体を目視してガスケットが切れたりはみ出したりし

ていないこと，ボルト，ナット，ワッシャーの欠落がないことを検査する。破損したガスケットは新品と交換し，ボルト，ナット，ワッシャーの欠落した所は補充する。フランジに片締めがあればボルト，ナットを増し締めして修正する。最後にボルト，ナット全部について緩みのないことを確認する。

（7）　ダクト接続部の緩みの検査

検　査　項　目	検　査　方　法	判　定　基　準
2．ダクト　　（4）　接続部の緩みの有無	②　プッシュプル型換気装置を作動させ，スモークテスターを用いて，ダクトの接続部における空気の流入又は漏出の有無を調べる。 ③　②によることができない場合については，ダクトの接続部における空気の流入又は漏出による音を聴く。 ④　②又は③によることができない場合については，ダクト系に設けられている測定孔において，微差圧計等を用いて，ダクト内の静圧を測定する。	②　スモークテスターの煙が，吸い込みダクトにあっては接続部から吸い込まれず，排気ダクトにあっては接続部から吹き飛ばされないこと。 ③　空気の流入又は漏出による音がないこと。 ④　ダクト内の静圧値が，その設計値と著しい差がないこと。

【解説】

　ダクト系の外観検査とフランジの緩み等の検査を終えたら，ファンを運転して接続部，接合部の漏れを検査する。

　漏気が激しい場合は，静かな場所で注意して聴けばシューシューという音で判ることもあるが，一般には接続部，接合部に沿ってスモークテスターを発煙させ，煙の動きで漏出または流入のないことを検査する。

　高所に設置されたダクト等で，接続部に近づいて音や煙による漏気検査ができない場合は，2の（4）の「静圧の測定によるダクトの検査」（p. 163）と同じ方法でダクト内静圧を測定し，その変化によって漏気を検査できる。

　接続部付近に誘引または漏えいによる風紋様のほこり等の付着がないことを調べる。

（8）　点検口の検査

検　査　項　目	検　査　方　法	判　定　基　準
2．ダクト　　（5）　点検口の状態	①　点検口の構成部品の破損，錆び付き，欠落等を調べる。 ②　点検口の開閉の状態を調べる。 ③　スモークテスターを用いて，	①　破損，錆び付き，欠落等がないこと。 ②　開閉が円滑にでき，かつ，密閉が確実にできること。 ③　煙が吸い込まれたり，吹き

検 査 項 目		検 査 方 法	判 定 基 準
		ガスケット部等からの空気の流入又は漏出の有無を調べる。	飛ばされたりしないこと。

【解説】

　ダクトに点検口が設けられている場合は，これを開いて内部の点検および必要ならば清掃を行う。内部点検，清掃を終えた点検口を再び閉じる際にはガスケット，ボルト，ナット，ワッシャー等の欠落がないよう注意し，閉じた後2の（7）の「ダクト接続部の緩みの検査」（p. 168）と同じ方法で漏気がないことを検査する。

　内部点検，清掃等のために開かれなかった点検口については，スライドドア，ねじ等に注油して次の検査の際に円滑に開放できるようにするとともに，漏気の検査を行って密閉を確認する。

3.　送風機，排風機および電動機の検査

（1）　安全カバー等の検査

検 査 項 目		検 査 方 法	判 定 基 準
3. 送風機，排風機及び電動機	（1）　安全カバー及びその取付部の状態	送風機，排風機及び電動機を連結するベルト等の安全カバー及びその取付部の状態を調べる。	摩耗，腐食，破損，変形等がなく，かつ，取付部の緩み等がないこと。

【解説】

　安全カバーの状態を検査し，緩みのないよう確実に取り付ける。カバーが破損，変形している場合は修理し，錆びや塗装の傷んでいる場合は塗装し直し，取付部のねじ類には次の検査時に外しやすいようにグリースを塗って錆び止めもしておく。

（2）　送風機および排風機のケーシングの外観検査

検 査 項 目		検 査 方 法	判 定 基 準
3. 送風機，排風機及び電動機	（2）　ケーシングの表面の状態	送風機及び排風機を停止して，ケーシングの表面の状態を調べる。	次の異常がないこと。 イ　送風機及び排風機の機能を低下させるような摩耗，腐食，くぼみその他損傷又は粉じん等のたい積 ロ　腐食の原因となるような塗装等の損傷

第3編

【解説】

　送風機および排風機のケーシングについても，フード，ダクトと同様摩耗，腐食，くぼみ，塗装の損傷等の異常がないか外観検査を行う。フード，ダクトの場合と同様，向こう1年間十分使用に耐える状態であれば，小さな損傷には粘着テープによる補強，塗装のタッチアップ等の補修を行い，取付け部分やダクトとの接続部分のボルト・ナット類が緩んでいる場合は増し締めを行う。

　送風機ないし排風機は屋外に設置されケーシングに腐食を生じる場合がある。広範囲に錆びが発生している場合は塗装をし直す必要がある。また除じん装置を備えていないプッシュプル型換気装置では，粉じんによるケーシングの摩耗が避け難いので，除じん装置を設置し，摩耗による穴あきが生じた場合はケーシングを交換する。

（3）　送風機および排風機のケーシング内部の検査

検　査　項　目		検　査　方　法	判　定　基　準
3.　送風機，排風機及び電動機	(3)　ケーシングの内面，インペラ及びガイドベーンの状態	4の捕捉面における風速の検査を行った結果，判定基準に適合しない場合は，次によりケーシングの内面，インペラ及びガイドベーンの状態を調べる。 ① 点検口が設けられているものにあっては点検口から，点検口が設けられていないものにあってはダクトの接続部を外して，ケーシングの内面，インペラ及びガイドベーンの状態を調べる。 ② インペラのブレード及びガイドベーンの表面を目視検査し，粉じん等の付着の状態を調べる。	① 次の異常がないこと。 イ 送風機及び排風機の機能を低下させるような摩耗，腐食，くぼみその他損傷又は粉じん等の付着 ロ 腐食の原因となるような塗装等の損傷 ② 送風機及び排風機の機能を低下させるような粉じん等の付着がないこと。

【解説】

　送風機および排風機のファンのケーシングの内側，インペラ（羽根車），ガイドベーン（案内羽根）等の摩耗，腐食，粉じんや塗料かす等の付着，たい積は，送風機ないし排風機の性能の著しい低下の原因となり，時には振動，騒音の原因にもなる。

　2の「ダクトの検査」（p.161）で空気漏れ，粉じん等のたい積等の異常がなく，送風機ないし排風機のファンの回転数，回転方向ともに正常であるのに，4の「捕捉面における風速の検査」（p.193）で必要な能力が得られない場合は，3の（15）の「ファンの性能の検査」（p.186）のファン前後の静圧差の測定を行い，ファン性能が低下している場合はファン内部の検

査を行う。またファンを運転したときにケーシング内で擦れ音などの異音を発する場合や振動する場合にもファン内部の検査を行う必要がある。

　ファンの内部を検査する際は，電動機の電源を切って配電盤を施錠するか点検口にインターロックをするなど，回転中に点検口が開いたり，検査中に起動したりしないための安全確保が特に重要である。

　また，ファンに点検口が設けられている場合は毎回行った方がよいが，点検口が設けられていない場合は，接続するダクトを外さなければ内部の検査はできない。ファンの検査を行う目的は給気ないし排気能力の低下を予防することであるから，点検口が設けられていない場合はフードの給気ないし排気の能力を先に検査し，ファンの能力が十分であることが確認され，かつ設置場所等の条件からファンの摩耗，腐食，粉じんの付着等の恐れが少ないと考えられる場合は，内部の検査を省略してよい。

　ケーシングに点検口が設けられている場合は，点検口を開けば内部の検査もある程度可能だが，完全な検査をするには接続するダクトを外し，ガイドベーン，インペラも取り外してファンを分解しなければならない。インペラに摩耗，腐食が認められるとき，または多量の粉じんが付着している場合などは専門家による診断，修理を依頼するべきである。特に，インペラに付着した多量の粉じんをキサゲでこそげ取る等の不完全な清掃はインペラのバランスを崩し，振動を大きくしてしまうおそれがある。

　インペラは摩耗，腐食，異物の吸い込みによって変形するが，それを放置すると振動，軸受けの片減り，インペラや軸の破損，飛散による大事故につながる恐れがある。したがって大型のもの，高速回転するものについては，安全確保のため回転部の補修はメーカーに依頼し，補修後バランシングマシンによる動的バランス試験を行ってから組立てるべきである。小型（遠心式ファンの #4 程度まで）で低速（2,500/min（rpm）位まで）回転のものについては，ベルト駆動の場合はベルトを外し，直結の場合はそのままで，インペラの1カ所にマークを付けて手で軽く回転させ，手を離して静止した時のマーク位置を観察する方法（静的バランス試験）で代用してもよい。この静的バランス試験を10回程度くり返し，もしインペラが毎回同じ位置で静止するようなら静的バランスが不良である。

　ファンの分解，補修，再組立てには回転機械に関する高度な知識と技能を必要とし，また架台上や屋上等など高所に設置されているファンの検査や分解，補修を安全に行うには機械の知識のみならず高所作業や重量物取扱いの技術も必要なので，これらについて十分訓練された者が行うべきである。

（4）　ベルトおよびプーリーの検査

検　査　項　目		検　査　方　法	判　定　基　準
3.　送風機, 排風機及び電動機	（4）　ベルト等の状態	①　ベルトの損傷及び不ぞろい, プーリーの損傷, 偏心及び取付位置のずれ, キー及びキー溝の緩み等の有無を調べる。	①　次の異常がないこと。 　イ　ベルトの損傷 　ロ　ベルトとプーリーの溝の型の不一致 　ハ　多本掛けのベルトの型又は張り方の不ぞろい 　ニ　プーリーの損傷, 偏心又は取付位置のずれ 　ホ　キー及びキー溝の緩み

【解説】

　イ　ベルト掛け駆動の場合

　電動機直結式でないファンの駆動にはVベルトが使用されることが多い。ファンと電動機のVプーリーが一直線上になかったり, VベルトとVプーリーの溝の型が合っていなかったり, 多本掛けのベルトの型や張り方に不揃いがあるとベルト損傷の原因になる。

　Vベルトおよびプーリーの点検は, 電動機を停止し電源スイッチ（配電盤）に施錠するか表示を行って, 点検中の連絡不足による通電を防止した上で安全カバーを外し, まず両方のプーリーの側面に道糸を張るか, 直スケールを当ててプーリーのとおりを調べる（図3-8）。

　次に, 手でプーリーを回し, ケーシング内で回転部が擦れる音や, 軸受けやプーリーにガタやゴロゴロという異音がなく, 軽くスムーズに回転すること, ベルトに損傷のないこと, 油やグリースが付いていないことなどを確認する。損傷のあるベルトを使用すると高速回転中に切断し飛んだりして危険である。また古くて伸びたベルトと新しいベルトを一緒に使うと新しいベルトだけに張力がかかるので, 多本掛けのベルト交換の場合はなるべく全部一緒に交換する。

　Vプーリーの山が欠けたまま使用している例を見かけるが, これは高速回転時にブレの原因となり, 破損事故の原因となり得るので交換する。プーリーのセットスクリュー, キーなどは検査の際に増し締めをしておく。

　また, プーリーは長年使用していると溝が摩耗する。正常な状態では溝は「V字型」であるが, 摩耗してくると「U字型」になってくる。このような状態になるとVベルトの傷みが早まるので, プーリーを交換する必要があるが溝を指で触れてみればV字かU字かが判る。24時間連続でおよそ3〜5年を目途にプーリー交換の計画をたてる。

　ロ　カップリング直結の場合

　カップリング直結とは, 駆動軸（電動機軸）と被駆動軸（ファンの軸）をカップリングによって直結する方法で, 両軸の中心線が一直線上になるように設置する。しかし, その誤差を完

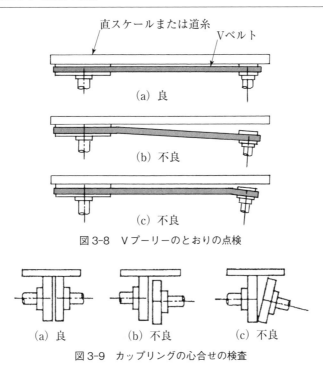

図3-8　Vプーリーのとおりの点検

図3-9　カップリングの心合せの検査

全になくすことは不可能なので，多少の心ズレが生じても大丈夫な構造となっている。種々の構造のカップリングが市販されているが，いずれも許容される心ズレ誤差が表示されているので，これに従った精度を保つ必要がある。

　方法は次のとおりである（**図3-9**）。

　　①　カップリングの外周にスケールを当てて，まず，ファンと電動機の心が合っていることを確認する。（両継ぎ手の外周の段差が 0.02 mm 以下であること）

　　②　カップリングの外周上の 90° ずつ 4 カ所で隙間の寸法を測って均一であることを確認する。（両継ぎ手の隙間が 2〜6 mm で，かつ，4 カ所の隙間の寸法差が 0.03 mm 以下であること）

　なお，ここに挙げた数値はカップリングの構造によって多少異なるので，それぞれの取扱説明書等で確認すること。

　カップリングの心が合っていないと振動，軸受けの過熱，片減り，破損，カップリングボルトの折損等の原因となり危険なので，シム（薄い鉄板）などを挟むようにして調整する。

（5）　ベルトの張力とたわみ量の検査

検　査　項　目	検　査　方　法	判　定　基　準
3.　送風機，排風機及び電動機	（4）　ベルト等の状態	②　ベルトをテンションメータ等で押して，たわみ量（X）を調べる。	②　次の要件を具備すること。 $0.01\ell < X < 0.02\ell$ 　この式においてX及びℓは，それぞれ次の図に示す長さを表すものとする。

【解説】

　Vベルトには，伝達できる動力の大きさによって，**表3-2**のようにM型からD型の断面のもの（M型，A型は軽荷重用，B型C型は中荷重用，D型は重荷重用）があり，それぞれに適した張り具合がある。Vベルトの張りがあまりに緩ければ，スリップによる摩擦熱で短時間にベルトが焼損し，火災のおそれがある。張り過ぎればVベルトの損傷，軸受けの片減りの原因となる。

　Vベルトの張り具合を定量的に検査するにはテンションメータ（テンションゲージ）を使用する。ベルトの接触間距離（ℓ）の中心点に垂直荷重をかけ，たわみ量X＝0.016ℓのときの荷重が**表3-3**の最小値と最大値の間にあればよく，Vベルトの場合，ベルトの接触間距離（ℓ）の中心を手で押したときのたわみ量Xがℓの0.01〜0.02倍であることも目安となる（**写真3-9，3-11，3-12，図3-10**）。

　ベルトの張り加減が不適正な場合は電動機ベースの4本の固定ねじを緩め，押しねじを回転して電動機を前または後にずらせて調整する（**写真3-10**）。調整した後再びたわみを検査して張り加減が適正であることを確認した上で電動機の固定ねじを締める。この時，ベルトが電動機の軸を引っ張り，ファンとの軸の平行が崩れることがあるので注意する。

　新しいベルトと交換した後初めて運転する場合は，運転開始後半日位でベルトが伸びるので，もう一度張り直す必要がある。

表 3-2　V ベルトの寸法（JIS K 6323（一般用 V ベルト））

型	a (mm)	b (mm)	F (mm²)	θ
M	10.0	5.5	44.0	40°
A	12.5	9.0	83.0	〃
B	16.5	11.0	137.5	〃
C	22.0	14.0	236.7	〃
D	31.5	19.0	467.1	〃

表 3-3　ベルト張り荷重（W）
（Maxwedge 伝導カタログ。一部改変）

V ベルトの型式	最小値 (kg)	最大値 (kg)
A	1.0	1.3
B	1.8	2.5
C	4.0	5.5
D	8.0	10.0

第3編

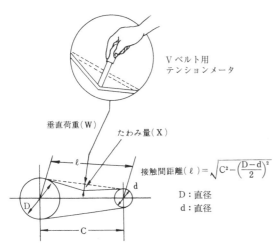

写真 3-9　定性的な V ベルトの張り加減検査

写真 3-10　電動機ベースの固定ねじと押しねじ

図 3-10　テンションメータ（テンションゲージ）によるたわみと荷重の測定

接触間距離 $(\ell) = \sqrt{C^2 - \left(\dfrac{D-d}{2}\right)^2}$

D：直径
d：直径

垂直荷重（W）
たわみ量（X）
V ベルト用テンションメータ

写真 3-11（上）および 3-12（下）
ベルトの張り荷重の測定。V ベルトの型式に応じて，張り荷重が決まる。軸間距離からたわみ量（X）を求めておき，テンションメータでベルトを所定の張り荷重で保持したときのたわみ量が X になるように調整する。

（6）　ベルトの振れの検査

検 査 項 目	検 査 方 法	判 定 基 準
3. 送風機，排風機及び電動機	（4）　ベルト等の状態	③　送風機及び排風機を作動させ，ベルトの振れの有無を調べる。	③　ベルトの振れがないこと。

【解説】

　ベルト，プーリーなどの検査を終えたら，最後に電動機の電源を断続的に入れて寸動運転をし，回転の向きが間違っていないこと，プーリーやカップリングに偏心がないこと，ベルトの振れなどのないことを確認し，安全カバーを取り付ける。

（7）　回転数および回転方向の検査

検 査 項 目	検 査 方 法	判 定 基 準
3. 送風機，排風機及び電動機	（4）　ベルト等の状態	④　4の捕捉面における風速の検査を行った結果，判定基準に適合しない場合は，送風機及び排風機を作動させ，回転計を用いて，送風機及び排風機の回転数を測定する。	④　送風機及び排風機の回転数が4の捕捉面における風速の検査に係る判定基準に適合するために必要な回転数を下回らないこと。
	（5）　送風機及び排風機の回転方向	4の捕捉面における風速の検査を行った結果，判定基準に適合しない場合は，送風機及び排風機の回転方向を調べる。	所定の回転方向であること。

【解説】

　ファンの風量は回転数に比例し，静圧は回転数の二乗に比例して増減する。回転数の低下は直ちにプッシュプル型換気装置の能力低下を来たすので，回転数の確認検査は重要である。

　一般に，プッシュプル型換気装置で使用する電動機は三相交流の誘導電動機である。この電動機の回転数は電源周波数と電動機の極数で決まり，電圧に関係しない。負荷によって多少回転数は変わるものの数％程度である。これを電動機のスリップといい，電動機の銘板で調べることができる。一方，電源の周波数は非常に正確なので，変動はないと見て良い。従ってファンの回転数も変わらないと見なせる。なお，ベルト掛け駆動のファンで，ベルトの張りが緩く，スリップして回転数の落ちる場合が考えられるが，ベルトとプーリーとの間で激しい摩擦熱が発生し比較的短時間（数分間）で焼損・切断してしまう。

　ファンの回転数は一度測定しておけば，検査ごとに測定する必要はないが，インバータ，可変速電動機，極数変換電動機，または直流電動機を使用したプッシュプル型換気装置では，条件設定を間違えると回転数が変わってしまうので設定間違いの有無を確認するか，回転計を用

いて回転数を測定する。

　他の検査で異常がないのに4の「捕捉面における風速の検査」（p. 193）で所定の性能が得られない場合は，電動機の回転数からファンの回転数を算出する。または回転計を用いてもよい。

　回転数の測定には無接触型（光電方式）の回転計を使用することが安全上望ましい。無接触型の回転計を使用して回転数を測定するには，安全カバーを外し，ファンプーリーの外周の1カ所に反射テープを貼るかチョークでマークを付け，ファンを運転状態にして回転計のレンズをファンプーリーのマークに向け10 cm程離して測定する。測定中誤って回転中のプーリーやベルトに触れないよう注意する。

　ファンの回転数の測定は，所定の風量が出ない場合にファン能力を確認するために行うものなので，風量が十分出ている場合は必要はない。

　プッシュプル型換気装置には軸流式，斜流式，遠心軸流式，遠心式等の型式のファンが使われている。これらのうち軸流式ファンは回転方向が逆になると気流の向きも逆になり，フードから気流が吹き出してくるので1の（2）の「一様流の状態の検査」（p. 154）で確認できる。

　斜流式，遠心軸流式，遠心式（シロッコ型，ラジアル型，ターボ型，エアホイル型等）のファンでは，回転が逆になっても性能が著しく低下するだけで気流の向きは変わらない。そのため，配線工事や修理時に電源配線の極性を間違えて接続し逆回転で使用することがある。従って4の「捕捉面における風速の検査」で所定の性能を得られない場合は，ファンの回転方向を検査する必要がある。

　ファンの回転方向は普通ケーシングの側面に矢印で表示されていることが多いが，矢印が失われている時は，ケーシングをかたつむりの殻に見たて，インペラの回転が，かたつむりが殻から頭を出す方向であればよい。説明書等での回転方向の表現は多くの場合，プーリー側（直結式の場合は電動機側）からみて「左回転」とか「右回転」となっている。

第3編

（8）　軸受けの異音の検査

検　査　項　目	検　査　方　法	判　定　基　準
3.　送風機，排風機及び電動機	(6)　軸受けの状態	①　送風機及び排風機を作動させた状態で，次のいずれかの方法により，軸受けの状態を調べる。 イ　軸受けに聴音器を当てて，異音の有無を調べる。 ロ　軸受けにベアリングチェッカーのピックアップを当てて，指示値を読み取る。	①　次の異常がないこと。 イ　回転音に異常がないこと。 ロ　指示値が一定の範囲内にあること。

【解説】

　ファンの軸受けには普通ボールベアリングかローラーベアリングのような転がり軸受けが使われている。転がり軸受けの寿命は管理が良好なら1日8時間運転で10年以上もつと言われるが，潤滑油等の管理を怠ったり，ベルトの張り過ぎ，回転部の偏心等の異常があれば短くなる。

　転がり軸受けの転動面が傷むと，運転時に異音や振動を発したり異常な温度上昇を起こしたりする。軸受けの検査は，図3-11の順序に従い必要な項目について行う。

　軸受けが著しく損傷している場合は，ゴロゴロという異音とそれに伴う振動によって異常を感知できるが，周囲の雑音により容易に異音を聞き取れない場合もある。そのような場合に備え，異音の検査では聴音棒（長さ30 cm位の適当な棒でよい）の片端を軸受け箱（ベアリングブロック）の表面に軽く当て，もう一方の端を軽く耳付近に当てて聴き取ると良い。正常なら単調な連続音しか聞こえないが，軸受けに損傷があるとゴロゴロという異音や，連続音の間に異質の音（多くの場合周期的に入る）が聞こえる。ただし，この検査は危険を伴うので特に注意されたい。なるべく聴音器を使用する。

　軸受けから発生する異音には超音波成分が含まれるので，それを検出して診断すれば正確，かつ早期に軸受けの異常を発見することができる。その測定器がベアリングチェッカーである。これは振動計の一種で，軸受けの劣化による振動の増加を測定して正常か否かを判定し，その結果を自動的に表示する。

　軸受けの劣化は徐々に進行した後急速に悪化する。したがって，定期的に測定し，急速な劣化の起こる前に対策を立てなければならない。ベアリングチェッカーを使用する場合は，軸受けが正常な状態の時のデータを記録し，その値との比較で評価する。一般的なファンなら6〜12カ月ごとに測定すればよい。

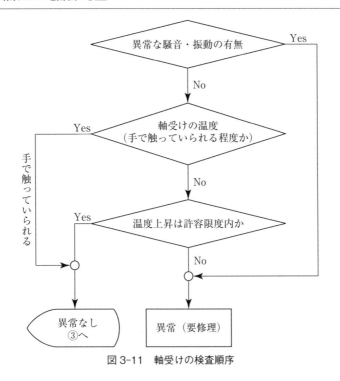

図 3-11　軸受けの検査順序

（9）　軸受けの過熱の検査

検　査　項　目	検　査　方　法	判　定　基　準
3．送風機，排風機及び電動機	（6）　軸受けの状態	② 送風機及び排風機を1時間以上作動させた後停止し，軸受けの表面の温度を調べる。	② 軸受けの表面の温度が70℃以下であり，かつ，軸受けの表面の温度と周囲の温度との差が40℃以下であること。

【解説】

　軸受けの過熱を検査するには，まず送風機ないし排風機のファンを1時間以上運転させた後停止し，軸受けの表面を手で触ってみる。手で触れる熱さなら過熱はないと判断してよい。軸受けの温度上昇は周囲温度＋40℃，最高70℃まで許され，その70℃とは指先で軽く触れて3秒位我慢できる温度といわれるが，夏季の場合は危険なこともあるから，温度計や温度で変色するサーモペイント（示温塗料），サーモテープ（示温テープ）等によって判定する方が安全である。

　手で触れない程熱い場合，あるいはサーモペイント，サーモテープが50℃以上を呈している場合は，軸受けの表面の温度を温度計で測定して温度上昇が許容範囲内かどうか検査する。

　表面温度の測定は，電子式の表面温度計を用いると応答時間が短くて便利である。検査能率

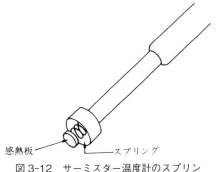

感熱板　　　　　　　　スプリング

図3-12　サーミスター温度計のスプリン
　　　　グ型センサー

を考えるとサーミスター式で測定範囲50〜150℃位
のものがよい。サーミスター式のセンサーの型はス
プリング型（**図3-12**）が使いやすい。

　サーミスター式の表面温度計がない場合は，ガラ
ス温度計をパテと粘着テープで貼りつけて測定する
ことも可能だが，この方法では温度計が真の温度を
指示するまでに30分以上かかることがある。

　転がり軸受けの過熱の原因としては，軸受けの軸
への取付けが傾いている場合，軸受けと軸のはめ合
いが正しくない場合，グリースの注入量が多過ぎた場合などがある。

　軸受けの軸への取付けの傾きを調べるにはダイヤルゲージを用いる。ダイヤルゲージを固定
し，ゲージ先端を軸受けの外レースの側面に当て，軸を静かに180°回転させてダイヤルゲー
ジの指示を見る。軸受けの傾きはダイヤルゲージの指示が±0.02 mm以内になるように調整
する。ピローブロックなど自動調心型のベアリングを使用している軸受けではこのような調整
は必要ない。

　軸受けと軸のはめ合いは，きつ過ぎれば内レースとボールの隙間が小さくなりボールが回ら
ず，緩過ぎれば内レースと軸の間で滑りを生じて，何れも過熱の原因になる。

(10)　軸受けの潤滑状態の検査

検　査　項　目		検　査　方　法	判　定　基　準
3.　送風機，排風機及び電動機	(6)　軸受けの状態	③　オイルカップ及びグリースカップの油量及び油の状態を調べる。	③　油が所定の量であり，汚れ又は水，粉じん，金属粉等の混入がないこと。 　また，同一規格の潤滑油が使用されていること。

【解説】

　最近のボールベアリングやローラーベアリングは密封型無給油式が多く，小型の電動機やフ
ァン等のように軽負荷で使用されているものは給油の必要がない。

　給油式の転がり軸受けは，年1回程度のグリースの補給が必要である。

〔給油する場合の注意事項〕

1　粉じんの粒子は非常に硬いものが多く，潤滑油に粉じんが混入すると著しくベアリング
　を摩耗させることになるので，あらかじめ，周囲を清浄に拭き取り，手もよく洗っておく
　こと。

2　屋外で作業する場合は風の強い，ほこりの舞うような日は避けること。

3　同一規格（銘柄）の潤滑油を用い，異種銘柄の
ものは使用しないこと。

〔給油の仕方〕

1　グリースニップルの場合（写真 3-13）

　　グリースニップルをきれいな布でよく拭いた後，
ファンを運転しながら軸と軸受けの隙間からグリ
ースがわずかに押し出されるまで，グリースガン
を用いて注入する。

2　グリースカップの場合

　　グリースカップの蓋を外し，グリースが減って
いるときはカップと蓋と両方にグリースをすり込
んで再び蓋をする。次にファンを運転しながら軸

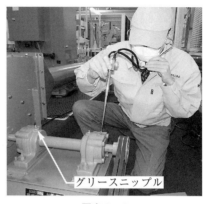

グリースニップル

写真 3-13
ベアリングブロックの上部に小さく突き出
ているものがグリースニップル。写真は聴
音器を用いたベアリングの異常音の有無の
検査状況。

と軸受けの隙間からグリースがわずかに押し出されるまで，グリースカップの蓋をゆっく
りねじ込む。

3　グリースニップルもカップも無い場合

　　軸受けのカバーを開き，まず軸受けの両側に残っている古いグリースをきれいな布で拭
き取り，次に新しいグリースをボールが全部隠れるくらい塗り込む。またグリースの量が
多過ぎると転がり軸受けの過熱，損傷の原因となるので注意が必要である。

　いずれの場合もグリースは必ず軸受けのメーカーによって指定された種類のもの，あるいは
グリースの種類（銘柄）を統一して使用している現場では，その銘柄を使用する必要がある。
グリースは化学的には石鹸で，異種グリースを混合すると化学反応を起こし潤滑性能を損なう
ことになるので，混用は絶対に避けなければならない。

(11)　電動機の絶縁抵抗の検査

検 査 項 目		検 査 方 法	判 定 基 準
3. 送風機，排風機及び電動機	(7)　電動機の状態	①　絶縁抵抗計を用いて，巻線とケースとの間及び巻線と接地端子との間の絶縁抵抗を測定する。	①　絶縁抵抗が十分高いこと。

【解説】

　電動機の絶縁抵抗の検査は，低圧の場合 500 V 絶縁抵抗計（メガー），高圧の場合 1,000 V
メガーを使用して次のように行う。まず電動機の電源スイッチを切り，メガーの端子をリード
線で電動機の通電部分（電源コードの何れでもよい）に，メガーの E 端子（アース端子）を

第 3 編

写真 3-14　電動機ターミナルにおけるメガーを用いた絶縁抵抗の
測定

表 3-4　電気回路の絶縁抵抗値

電路の使用電圧の区分		絶縁抵抗値（MΩ）
300 V 以下	対地電圧 150 V 以下（100 V）	0.1
	対地電圧 150 V 以上（200 V）	0.2
300 V 超過		0.4

リード線で電動機の接地線の取付け箇所に接続し，メガーのテスト用スイッチを押して（旧式
の場合にはハンドルを回して）示針を読む（写真 3-14）。

　電気回路の絶縁抵抗値は表 3-4 のように定められているので，この値を基準に良否を判定
する。しかし実際は装置の新設時点で電気回路の絶縁抵抗値は 10〜∞ MΩ（メグオーム）を
示す場合が多いので，1 MΩ 程度以下になったらその原因を調べて対策を検討する必要がある。

　絶縁抵抗の検査は，電動機の端子箱の所か，電源スイッチの所で行う。また半導体を用いた
制御回路（インバータ，シーケンサ等）や漏電遮断器にメガーの試験電圧を掛けると破損のお
それがあるので，切り離してから検査を行う。

(12)　電動機の温度上昇の検査

検 査 項 目		検 査 方 法	判 定 基 準
3. 送風機，排風機及び電動機	(7)　電動機の状態	②　送風機及び排風機を 1 時間以上作動させた後，電動機の表面の温度を測定する。この場合において，電動機の表面の温度は，表面温度計，ガラス温度計等により測定する。	②　表面温度が，下表に掲げられた電気絶縁の耐熱クラスに対応して示された温度以下であること。

検 査 項 目	検 査 方 法	判 定 基 準
		表　耐熱クラス及び温度

<table>
<tr><th colspan="2">耐熱クラス及び温度（表内）</th></tr>
</table>

耐熱クラス	温度 ℃
Y	90
A	105
E	120
B	130
F	155
H	180
200	200
220	220
250	250

250℃ を超える温度は，25℃間隔で増し，耐熱クラスも，それに対応する温度の数値で呼称する。

備考　電動機の電気絶縁の耐熱クラスは，日本工業規格 C 4003-1998（電気絶縁の耐熱クラス及び耐熱性評価）による。

| | ③　テスターを用いて電圧及び電流値を測定する。 | ③　電圧及び電流値が設計値どおりであること。 |

【解説】

電動機に流れる電流は負荷に応じて変動するので，ファンのように運転状態によって負荷が変動するものでは，電動機に定格電流以上の電流が流れる場合がある。これを過負荷状態と言い，この状態が長く続くと電動機の温度が上昇し，絶縁物は熱のために劣化し，最悪の場合には電動機が焼損してしまう。絶縁は電動機の寿命を左右する重要な要素なので，絶縁の種類によって定められた最高許容温度を超えないよう注意する必要がある。

電動機各部の温度を測定するには，巻線の抵抗の増加を測定して温度上昇を計算する抵抗法，電動機製作の過程で予め温度計を内部に埋め込んでおく埋込温度計法もあるが，ここでは電動機の表面で，温度が最高と思われる部分に温度計を取付けて測定する温度計法を解説する。

温度計法で電動機の温度上昇を測定するには，棒状温度計（水銀温度計は磁場の影響を受けるのでアルコール温度計を使用する），ダイヤル温度計，抵抗温度計，熱電対温度計等の適当な温度計の感温部を外枠に密着させ適当な方法で固定し，送風機ないし排風機のファンを1時間以上作動させて定常状態になったときの電動機の表面温度を測定する。電子式の表面温度計を用いる場合は，ファンを1時間以上作動させた後，温度計のセンサーを電動機の外枠表面に押し当て，示針が安定した時の温度を読み取る。棒状温度計やダイヤル温度計の場合は，感温

部をパテと粘着テープで電動機の外枠表面に貼り付けてファンを1時間以上作動させて温度を読み取る。電動機の温度上昇の検査では，上記の方法で電動機の表面温度を測定し，絶縁の種類に応じた表面温度または温度上昇が表（耐熱クラス及び温度）の値を超えなければよい。

　電動機が過熱する原因としては，過負荷，電源電圧の変動，巻線の相間短絡，スリップリングの短絡装置の接触不良，回転子短絡環のろう付不良などが考えられ，それらの際には電動機の交換または修理が必要である。

(13)　制御盤の状態の検査

検　査　項　目		検　査　方　法	判　定　基　準
3. 送風機，排風機及び電動機	(8)　制御盤，配線及び接地線の状態	（制御盤） ① 制御盤の表示灯，充電部カバー及び銘板の破損，欠落等の有無を調べる。 ② 制御盤の計器類の作動不良等の有無を調べる。 ③ 制御盤内の粉じん等のたい積の有無を調べる。 ④ 制御盤の端子の緩み，変色等の有無を調べる。 ⑤ 電源を入れ，指定された操作（ボタン操作等）を行う。	（制御盤） ① 表示灯の球切れ，破損，欠落等がないこと。 ② 作動不良等がないこと。 ③ 粉じん等のたい積がないこと。 ④ 制御盤の端子の緩み，変色等がないこと。 ⑤ 機器が正常に作動すること。
		（配線） ① 目視により充電部の損傷の有無を調べる。 ② 目視により配線の被覆の摩耗，腐食，焼損その他損傷の有無を調べる。	（配線） ① 充電部にカバーが取り付けられていること。 ② 配線の被覆に摩耗，腐食，焼損その他損傷のないこと。
		（接地線） 接地端子の締付け状態を調べる。	（接地線） 接地端子の緩み又は外れのないこと。

【解説】

　まず制御盤の外観について，破損，錆び，腐食，塗装の剥れ，汚れ，表示灯や銘板の破損，欠落がないか目視検査する。汚れは拭き取り，塗装の剥れている箇所は補修し，盤面に破損，錆び，腐食等のある場合はテープ補修，パテ付けを行った後再塗装をする。表示灯のレンズや銘板の破損・欠落，表示灯の電球の断線しているものは新品と交換する。

　次に制御盤を開いて内部に粉じん等のたい積がないか検査し，もしあれば掃除する。この際，電源スイッチを切っても1次側の端子は充電されているので，接触しないように注意する。盤内のたい積粉じんは接点不良や絶縁不良の原因になるので注意する。掃除には塩ビ製のパイプを使った真空掃除機を用いる。充電部や配線の被覆の状態を調べ，異常があれば部品の交換や

補修を行う。特に端子が緩んでいないことを確認し，緩んでいるねじは増し締めをする。電力回路の端子のねじが緩んで接触不良になると発熱して変色することがある。続いて遮断器，電磁開閉器，時限リレー，電流計等について外観の異常，取付けの緩み，作動（通電）時のうなり，電流計の示針の動き等を検査する。電動機の起動後，定常状態になった時の電流計の指示が電動機の定格電流を超えないことを確認する。電流計の示針が異常に振れたり脈動する場合は，電動機の故障，あるいはファンのインペラに異物が付着して振動を起こしていること等が考えられる。

（14）　インバータの検査

検　査　項　目		検　査　方　法	判　定　基　準
3. 送風機，排風機及び電動機	（9）　インバータ	①　マニュアル設定のインバータの場合は電源を入れ，周波数を変化させるボタン又はつまみを操作する。 ②　自動設定のインバータの場合はインバータの電源を入れ，自動運転をする。	①　電源の周波数が円滑に変化すること。 ②　円滑にかつ，自動的に周波数が変化し，設定した周波数で定常運転に入ること。

【解説】

　インバータは三相交流の周波数を制御する装置である。周波数を変化させることにより，電動機（三相交流電動機）の回転数が変化し，ファンの風量が調整できる。

　通常，プッシュプル型換気装置にインバータを使用する場合，所定の捕捉面風速に合わせて調整した周波数の設定を頻繁に変更することはない。したがって，設定した周波数で安定した運転ができることを確認すればよい。その方法は次のとおりである。

①　マニュアル設定のインバータの場合

　　電源を入れ，インバータの表示窓の運転周波数を読みながら，周波数変更つまみ，または矢印ボタンでゼロを表示させる。次に運転ボタンを押して電動機を起動させる。この状態では周波数がゼロであるから回転しない。周波数を徐々に上げ，円滑に回転数も上がれば，このインバータは正常である。

　　手動で周波数を変える場合，あまり急速に変化させるとファンの慣性のため回転が追随できず，内蔵の安全装置が作動して停止する事がある。この場合はインバータをリセットしないと再起動できない。リセットの仕方はインバータによって異なるので，それぞれの取扱説明書によること。

　　プッシュプル型換気装置でインバータを使用する場合はなるべく自動設定にすることが望ましい。

② 自動設定のインバータの場合

　電源を入れ，インバータの運転ボタンを押す。電動機が徐々に回転を始め，数秒ないし数十秒で設定されている周波数で安定運転にはいる。この間，円滑に電動機の回転が上がっていけば，このインバータは正常である。

　安定運転に至るまでの時間はファンの大きさ（インペラの慣性能率）等の設計条件に依存するので，プッシュプル型換気装置の検査段階で変更することは望ましくない。

③ その他のインバータの検査・点検

　インバータを検査する場合は電源スイッチを切り，チャージランプ等の消えていることを確認し，さらに，10分間程度待ってから作業を始める。インバータはコンデンサーを使用しているため，スイッチOFFでもしばらくは電圧がかかっているからである。なお，この種の電気機器は専門家による検査が必要であるから，下記の目視検査およびメーカーの発行した取扱説明書に記載されている事項に留めること。

1　配線端子ねじ止め箇所の緩み（ドライバーによる増し締め）

2　配線端子のカシメ部の不良，過熱痕の有無（目視検査）

3　配線ケーブルの損傷の有無（目視検査）

4　ごみ，ほこりの掃除，特に通風口，プリント基板（真空掃除機による清掃）

5　主回路直流部に平滑コンデンサーが使用されている。これは消耗品で，5年程度で交換が必要になることがあるので，定期的に専門家による点検が必要である。（目視検査としてはインバータ内部を開いてコンデンサーの液漏れ，膨らみのないことを確認する）

6　入力電圧を測定する場合は可動鉄片型電圧計を使用し，出力電圧は整流型電圧計を用いる。

　なお，通常6は行わず，制御盤の電圧計，電流計の読みを記録するだけで十分である。

(15)　ファンの性能の検査

検査項目		検査方法	判定基準
3. 送風機，排風機及び電動機	(10) ファンの風量（送風機の送風量及び排風機の排風量）	4の捕捉面における風速の検査を行った結果，判定基準に適合しない場合は，ファン入口側又は出口側に設けられている測定孔において，ピトー管及びマノメータを取付けた微差圧計等を用いてダクト内の平均風速を求めて，送風量及び排風量を計算する。ただし，ダクト内の平	4の捕捉面における風速の検査に係る判定基準に適合するために必要な送風量及び排風量以上であること。

検　査　項　目		検　査　方　法	判　定　基　準
		均風速が測定できない構造のファンである場合は，開口面の平均風速と開口面積の積から風量を求めても良い。	

【解説】

　フード，ダクトの検査で異常がなく，ファンの回転数，回転方向も正常であるのに4の「捕捉面における風速の検査」（p.193）で所定の性能が得られない場合は，ファンの性能低下が疑われる。

　ファンの試験方法は JIS B 8330（送風機の試験及び検査方法）に定められているが，この方法はメーカーが出荷時のファンを試験するためのもので，既に使用されているプッシュプル型換気装置のファンの検査には適用しにくい。設置されているファンを取り外さずに検査するには，ダンパを操作するかフード開口面をビニールシートなどで覆ってダクト系の圧損を変化させ，ファンの入口側もしくは出口側で測定した風量と，ファン前後で測定した静圧差の関係を表計算ソフトでグラフ化して設計時のファン特性と比較する。（方眼紙にプロットして計画時のファン特性と比較してもよい。）なお，「ファン前後の静圧差」は「ファンの全圧」にほぼ等しい。

　また，ファンの外観の損傷，および内部のインペラに異物が絡まっている等の外観上の異常がないのに異常振動を起こすことがある。このような現象が現れたときはサージングを疑ってみる。サージングとは，ファンの特性曲線上の右上がりの領域で使用すると空気の流れが脈動して激しい振動と騒音を発生し不安定な運転状態になる現象である。サージングを起こすとファンが破壊し，大きな事故になるおそれがあるので注意しなければならない。

　サージングはファンの吐出側（排気側）のダンパを絞って抵抗を大きくして風量を下げてゆくときに起こりやすい。しかしファンによっては吸引側のダンパを絞っても同様のことが起こる場合もある。また，ダンパに限らず風量が減る方向に特性が変化すればサージング領域に入ってしまうので除じん装置の目詰まり，ダンパの誤作動などでもサージングを起こすことがある。

　サージング防止対策はファンの特性曲線の右上がりの領域（図3-13）を使用しな

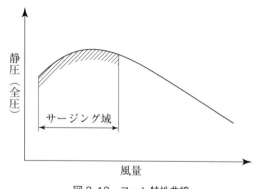

図3-13　ファン特性曲線

いことであり，次のような対策を講じる。

　イ　一部の空気を外部へ放出する

　　風量を絞る必要のあるときダンパを絞らずに一部の空気を逃がしてファンの風量を増大して運転する。

　ロ　バイパスを設ける

　　吐出側の空気の一部を吸引側へ戻す。前イ項と同じことであるが，大気へ放出することのできないガスや液体を扱うポンプではこの方法が用いられる。

　ハ　回転数を変える

　　回転数を変えてファンの特性曲線を変化させてサージング域を逃れる方法である。

　ニ　ファンの構造を変える

　　羽根の角度を変えたり吸込ベーンの角度を変えるなどの方法があるが，これはファン・メーカー側の対策である。むしろ使用者側としてはサージングを起こさない特性を持ったファンを選定すべきである。

〈ダクト内風速の測定方法〉

　排風量を測定するには，ファンの入口側または出口側のダクトの直線部分に設けた測定孔からダクト内にピトー管または風速計のセンサーを挿入してダクト断面の風速分布を測定して，平均風速とダクト断面積から排風量を求める。なお，測定孔がない場合には応急的に，電動ドリルで孔をあけ，検査終了後にはガムテープ等で塞いでおき，後日，本格的な測定孔を設けるなどの臨機応変の対策を講じる。

　理想的な風速分布の測定孔の位置は，図3-14に示すとおり，上流側に向かってダクトの直径Dの8倍以上，下流側に向かってDの4倍以上であるが，現場的にはこのような位置の確保が困難な場合が多いので，ベンドやブランチからできるだけ離れた直管部分を選ぶ。

　ダクト断面上の測定点のとり方は次のようにする。

　（イ）　円形ダクトの場合は，直交する2直径上で，同心円によって断面積を等分してできた
　　　　環状帯の各中心点を測定点とする。ダクト直径，半径区分数，測定点の数は図3-15
　　　　を参照して表3-5のとおりである。

　この測定点位置は次式を用いても求めることができる。

$$R_i = R \cdot \sqrt{\frac{2i-1}{2Z}} \quad i = 1 \sim 5$$

　なお，ベンド近傍等でダクト内の風速分布の幅が大きい場合はこのような測定をする必要があるが，測定精度がラフでよい場合や風速分布が小さいと判断される場合は適宜測定点を減らしても差し支えない。

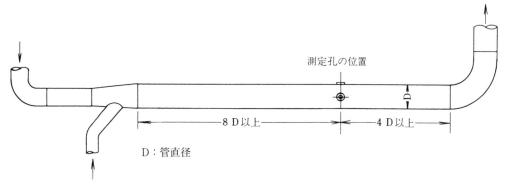

D：管直径

図3-14　測定孔の位置

表3-5　円形ダクトの風速測定点位置 (JIS Z 8808 より)

適用ダクト直径 2R（m）	半径区分数（Z）	測定点の数（n）	測定点のダクト中心からの距離（m）				
			r_1	r_2	r_3	r_4	r_5
1 以下	1	4	0.707R	—	—	—	—
1 を超え 2 以下	2	8	0.500R	0.866R	—	—	—
2 を超え 4 以下	3	12	0.408R	0.707R	0.913R	—	—
4 を超え 4.5 以下	4	16	0.354R	0.612R	0.791R	0.935R	—
4.5 を超えた場合	5	20	0.316R	0.548R	0.707R	0.837R	0.949R

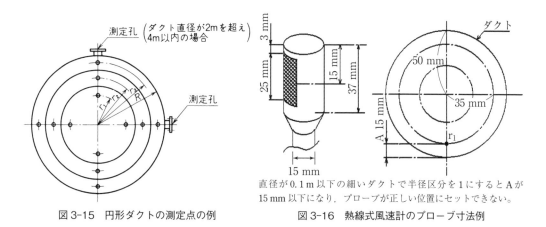

図3-15　円形ダクトの測定点の例

直径が 0.1 m 以下の細いダクトで半径区分を 1 にすると A が 15 mm 以下になり，プローブが正しい位置にセットできない。

図3-16　熱線式風速計のプローブ寸法例

　ダクト内の風速の測定に直読式風速計（熱線式風速計など）を使用するときは，センサーの測風点が正しく測定点にくるように，かつセンサーの風上マークが正しく上流を向くようにして測定する。ただし，ダクト内の気流の温度，圧力および粉じんやガス・水分等の組成が風速計の指示に影響する場合は，ピトー管による測定値を用いて補正する必要がある。また，測定に熱線式風速計（**図3-16**）を用いる場合は，ダクト径が 0.1 m 以下ではセンサー部分が r_1 の

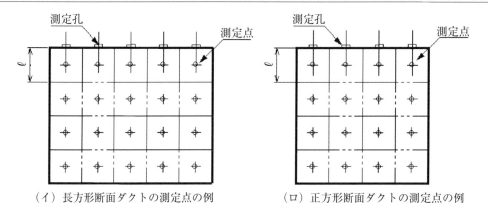

（イ）長方形断面ダクトの測定点の例　　　　（ロ）正方形断面ダクトの測定点の例

図3-17　角形ダクトの風速分布の測定点の例

表3-6　角形ダクトの区分寸法（JIS Z 8808 より）

適用ダクト断面積 A（m²）	区分された一辺の長さ l（m）
1 以下	$l \leqq 0.5$
1 を超え　4 以下	$l \leqq 0.667$
4 を超え 20 以下	$l \leqq 1$

位置に届かないことがあるので注意する。

　（ロ）　角形ダクトの場合は，断面積に応じて一辺の長さ ℓ が 0.5〜1.0 m 以下になるように，断面を 4〜20 の等面積の正方形または長方形に分割し，各面積の中心を測定点とする（図3-17，表3-6 参照）。

　なお，各測定点における速度圧の算術平均を求めてから，風速に換算しても差し支えないが，ダクト内の風速分布幅が著しく広い場合は誤差が極端に大きくなるので注意を要する。このときは，各測定点における速度圧をそれぞれ風速に換算した後，その風速の平均値を求める。風速は速度圧の平方根に比例するからである。

　（ハ）　ベンドやブランチから測定孔までの距離が十分にとれず測定断面における流速分布が非対称となる場合（図3-18）は，測定点の個数を多くとる必要がある。ダクト内風速をピトー管で測定するには，ピトー管の全圧孔を測定点において正しく流れに直面させ，マノメータを接続して気流の速度圧 Pv を測定する（図3-19）。各測定点における風速 V は次式で計算する。

$$風速V（m/s）=12.91 \cdot \sqrt{速度圧 P_v（hPa）} \qquad \cdots\cdots （1）$$

　次にファン前後の静圧差 Ps は，ダクトのファン入口および出口に近い適当な場所に設けた測定孔において 2 の（4）「静圧の測定によるダクトの検査」（p.163）で述べた方法で，それぞれの静圧 Ps を測定してその差を求める。

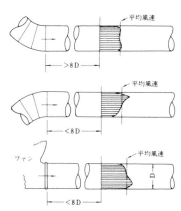

図3-18　非対称の流速分布の例

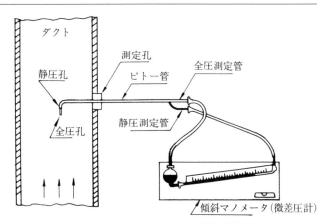

図3-19　ピトー管による速度圧の測定方法

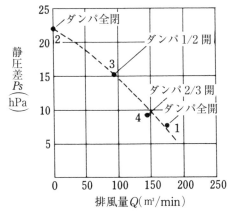

図3-20　ファンの特性検査結果の例

局排等のダクト内風速はガス状物質で 10 m/s 程度，粒子状物質（粉じん）では 12 m/s〜20 m/s 程度であるから，水柱マノメータの読みの値は 6.1 mm〜24.5 mm になる。したがって，傾斜マノメータ（微差圧計）では計測範囲を超える場合があるので，普通のマノメータも準備しておくこと。むしろ，傾斜マノメータは吸引側ダクト（静圧が負の値）の全圧測定に威力を発揮する。

ダンパ開度	静圧差 Ps（hPa）	排風量 Q（m³/min）
1（全開）	7.5	171
0（全閉）	21.7	0
1/2	15.1	95
2/3	9.3	144

　　　ファン前後の静圧差 Ps(hPa)=

　　　　　ファン出口の静圧 Pso(hPa)−ファン入口の静圧 Psi(hPa)　　……（2）

　ダクト系に風量調整用ダンパが付いている場合はそれを調節し，付いていない場合はフードの開口面をビニールシート等で覆ってダクト系の圧力損失を変化させるとファン前後の静圧差が変わり，排風量も変化する。ファンの特性を検査するには先ずダンパを全て全開にし，フードの開口面前の流入気流の障害物を全て片付けた状態にして，前述の方法でファン前後の静圧差 Ps と排風量 Q を測定する。次にダンパを全て全閉とし，またはフードを全てシート等で覆い空気の流入を防いで静圧差 Ps と排風量 Q を測定する。次にダンパの開度を調節するかフード開口の覆いを加減して静圧差 Ps を変えて排風量 Q を測定する。こうして得られた結果を図3-20 のように Ps を縦軸，Q を横軸にとって方眼紙にプロットしたものがファンの特性曲線である。

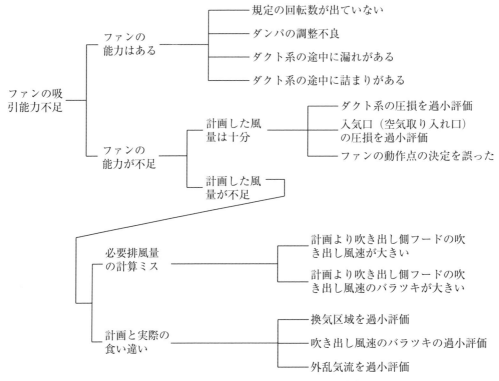

図3-21　フード（吸い込み側）の吸引能力不足の主な原因

　このようにして求めたファンの特性曲線をプッシュプル型換気装置計画時のファンの特性曲線（設置届に添付されている）と比較し，変化がなければファンの性能低下はないが，もし計画時の特性曲線より左下に移動しているならファンの性能は低下している。

　ファンの性能が低下している場合，ベルト駆動のものはプーリーとベルトを替え回転数を上げることで性能を上げることが可能である。インバータを使用したもので，周波数設定の誤りで性能低下を起こした場合は，設定を変えるだけで対処できる。その際は，電動機のオーバーロードに注意すること。ファンの性能が低下していないにも関わらず所定の吸気ないし排気能力が得られない場合，ダンパを全開にしたときの静圧 $P_s f$ が計画時より大きく排風量 Q が計画時より小さいならば圧損計算の誤り，静圧 $P_s f$ と排風量 Q がともに計画時と変わらないのに吸気ないし排気の能力が十分に得られないならば必要排風量の計算誤りが考えられる（図3-21）。

　ファンの性能検査は手間がかかり，また設置場所によっては危険を伴う作業なので，必要のある場合にのみ行う。

4. 捕捉面における風速の検査

検 査 項 目	検 査 方 法	判 定 基 準
4. 捕捉面における風速	プッシュプル型換気装置を作動させ，熱線風速計等を用いて，次に定める捕捉面における気流の速度を測定する。 イ 開放式プッシュプル型換気装置にあっては，次の図に示す位置	プッシュプル型換気装置の「捕捉面における風速」判定基準は下記（※）による。

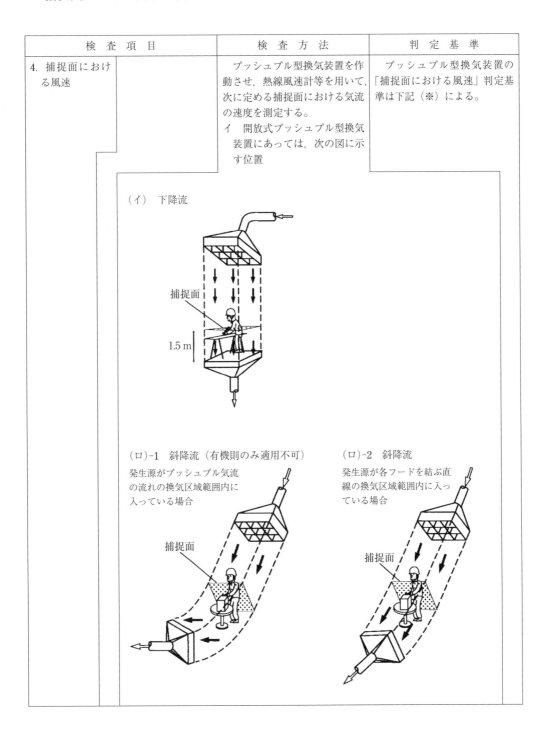

（イ） 下降流

捕捉面

1.5 m

（ロ)-1 斜降流（有機則のみ適用不可）
発生源がプッシュプル気流の流れの換気区域範囲内に入っている場合

捕捉面

（ロ)-2 斜降流
発生源が各フードを結ぶ直線の換気区域範囲内に入っている場合

捕捉面

第3編

検　査　項　目	検　査　方　法	判　定　基　準

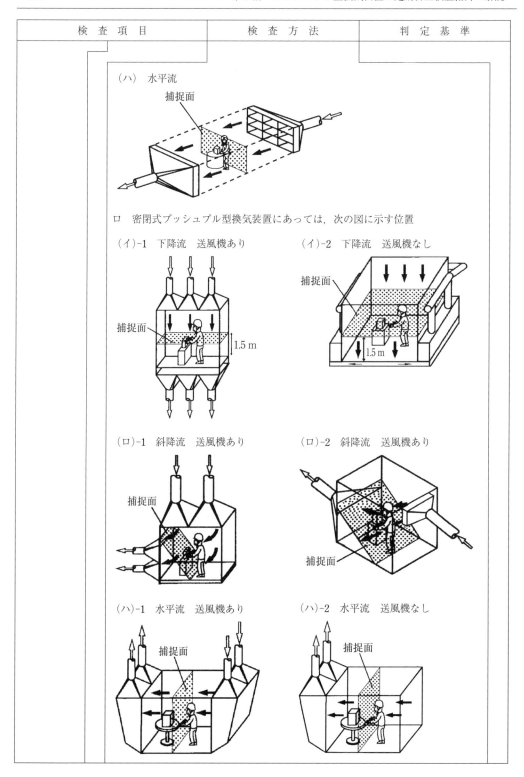

（ハ）　水平流

捕捉面

ロ　密閉式プッシュプル型換気装置にあっては，次の図に示す位置

（イ)-1　下降流　送風機あり

捕捉面　1.5 m

（イ)-2　下降流　送風機なし

捕捉面　1.5 m

（ロ)-1　斜降流　送風機あり

捕捉面

（ロ)-2　斜降流　送風機あり

捕捉面

（ハ)-1　水平流　送風機あり

捕捉面

（ハ)-2　水平流　送風機なし

捕捉面

検 査 項 目	検 査 方 法	判 定 基 準
	(ニ) 作業者がブース内に立ち入らない場合	

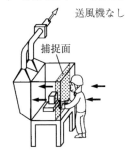

送風機なし

捕捉面

備考
1 「捕捉面」とは，吸い込み側フードから最も離れた位置の有害物の発生源を通り，かつ，気流の方向に垂直な平面（注）をいう。
(注)
① ブース内に発生させる気流が下降気流であって，ブース内に有害業務に従事する労働者が立ち入る構造の密閉式プッシュプル型換気装置にあっては，ブースの床上 1.5 メートルの高さの水平な平面
② 換気区域内に発生させる気流が下降気流であって，換気区域内に有害業務に従事する労働者が立ち入る構造の開放式プッシュプル型換気装置にあっては，換気区域の床上 1.5 メートルの高さの水平な平面

2 「捕捉面における風速」の測定点は，捕捉面を 16 以上の等面積の四辺形（一辺の長さが 2 メートル以下であるものに限る。）に分けた場合における当該四辺形の中央とする。ただし，当該四辺形の面積が 0.25 平方メートル以下の場合は，捕捉面を 6 以上の等面積の四辺形に分けた場合における当該四辺形の中央とする。捕捉面における風速の測定時には，作業の対象物及び作業設備（固定台等）が存在しない状態での，各々の四辺形の測定点における捕捉面に垂直な方向の風速（単位：メートル/秒）を測定する。
3 図イ及びロに示す型式以外の型式のフードのプッシュプル型換気装置に係る測定点の位置については，これらの図に準ずるものとする。

(※)
① 有機則の規定により設けるプッシュプル型換気装置については，平成 9 年労働省告示第 21 号（有機溶剤中毒予防規則第 16 条の 2 の規定に基づく厚生労働大臣が定める構造及び性能）による。
② 粉じん則の規定により設けるプッシュプル型換気装置については，平成 10 年労働省告示第 30 号（粉じん障害防止規則第 11 条第 2 項第 4 号の規定に基づく厚生労働大臣が定める要件）による。
③ 鉛則の規定により設けるプッシュプル型換気装置については，鉛中毒予防規則第 30 条の 2 の厚生労働大臣が定める構造及び性能（平成 15 年厚生労働省告示第 375 号）による。
④ 特化則の規定により設けるプッシュプル型換気装置については，特定化学物質障害予防規則第 7 条第 2 項第 4 号及び第 50 条第 1 項第 8 号ホの厚生労働大臣が

第 3 編

検 査 項 目	検 査 方 法	判 定 基 準

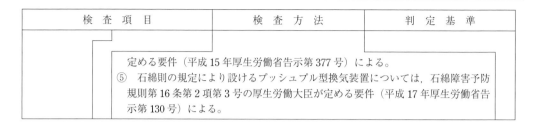

定める要件（平成15年厚生労働省告示第377号）による。
⑤　石綿則の規定により設けるプッシュプル型換気装置については，石綿障害予防規則第16条第2項第3号の厚生労働大臣が定める要件（平成17年厚生労働省告示第130号）による。

【解説】

　開放式の斜降流及び水平流の場合は，捕捉面に張り糸等をして風速測定点の座標を明確に定めたうえで，風速計で測定する。下降流の場合は，張り糸の他に平面上の測定位置をチョーク等で床面にマーキングして，そのマーキング点から所定の高さの点に風速センサー部が位置するようにスタンド等で固定して測定する（**写真3-16，3-17，3-18**）。

　同様に，密閉式についても張り糸やチョーク等で床面にマーキングして測定点を決める。測定上の注意点としては，プッシュプル型換気装置の場合，風速計の測定下限値に近い風速で使用されることが多いので，測定者の体の動きが起こすわずかな気流の乱れが測定値に影響を及ぼさないように，風速センサー部に延長棒あるいは延長コード等を接続し，測定位置から1m以上離れて測定を行う（**図3-22，写真3-15**）。

　開放式プッシュプル型換気装置の「捕捉面」とは，指針の備考（p.195）にも記載してあるように吸い込み側フードから最も離れた位置の有害物発生源（発散源）をとおり，かつ，気流の方向に垂直な面をいう。その捕捉面において風速を測定し，その結果が規定された要件を満足しているかの確認を行う。

　なお，プッシュプル型換気装置の捕捉面における風速分布の測定においては，前述したよう

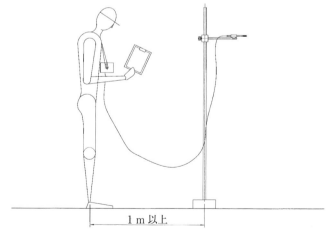

図3-22　微風速の測定方法の例

1m以上

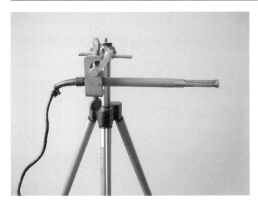

写真 3-15

写真 3-16　捕捉面における風速検査（捕捉面を
等分に区分して測定）（開放式プッシュプル型換
気装置　斜降流）

写真 3-17　捕捉面における風速検査（捕捉面を
等分に区分して測定）（開放式プッシュプル型換
気装置　水平流）

写真 3-18　捕捉面における風速検査（捕捉面を
等分に区分して測定）（開放式プッシュプル型換
気装置　下降流）

に微小風速を測定するために，風速センサーの手ブレや測定者周辺に渦流が生じること等による誤差が生じる場合は，三脚等に捕捉面の高さに風速センサーを固定して測定することを勧める。

5.　留意事項

　プッシュプル型換気装置の定期自主検査を行う際における労働災害の発生を防止するため，次の点に留意すること。

　1　プッシュプル型換気装置のダクトの内部等における検査を行うに当たっては，有害物質による中毒等を防止するため，有機則，粉じん則，鉛則，特化則及び石綿則の規定により

第 3 編

必要な措置を講ずること。なお，これらの規定が適用されない場合であっても，有害物質による中毒等にかかるおそれがあるときは，これらの規定による措置に準じた措置を講ずること。

　また，酸素欠乏症等にかかるおそれがあるときは，酸素欠乏症等防止規則（昭和 47 年労働省令第 42 号）の規定による措置に準じた措置を講ずること。

2　電動機等に係る項目の検査を行うに当たっては，機械による危険を防止するため，労働安全衛生規則（昭和 47 年労働省令第 32 号。以下「安衛則」という。）第 2 編第 1 章の規定により必要な措置を講ずること。

3　電気設備に係る項目の検査を行うに当たっては，電気による危険を防止するため，安衛則第 1 編第 4 章及び第 2 編第 5 章の規定により必要な措置を講ずること。

4　検査用の通路，足場等において検査を行うに当たっては，墜落等による危険を防止するため，安衛則第 2 編第 9 章から第 11 章までの規定により必要な措置を講ずること。

（その他定期自主検査を行う際の留意事項については，第 1 編 p. 75 参照のこと。）

第４編　除じん装置の定期自主検査
　　　　指針の解説

　除じん装置の定期自主検査指針における検査項目，検査方法および判定基準については，以下の表によること。

Ⅰ　除じん装置の装置本体

1. 装置本体の検査

（1）　ハウジングの摩耗，腐食，くぼみおよび破損ならびに粉じん等のたい積の状態

検　査　項　目	検　査　方　法	判　定　基　準
1.　装置本体	（1）　ハウジング（接続ダクトを含む。）の摩耗，腐食，くぼみ及び破損並びに粉じん等のたい積の状態	①　キサゲ等を用いてハウジングの外面の状態を調べる。	①　次の異常がないこと。 　イ　粉じん等の漏出の原因となるような摩耗，腐食，くぼみその他損傷又は破損 　ロ　腐食の原因となるような塗装等の損傷 　ハ　除じん装置の機能を低下させるような粉じん等のたい積 　ニ　支持部等の緩み等
		②　点検口が設けられているものにあっては点検口を開いて，点検口が設けられていないものにあってはダクト接続部を外して，内部の状態を調べる。	②　次の異常がないこと。 　イ　空気又は洗浄液の流入又は漏出の原因となるような摩耗，腐食又は破損 　ロ　腐食の原因となるような塗装等の損傷 　ハ　除じん装置の機能を低下させるような粉じん等のたい積 　ニ　内部に結露及び水漏れ（雨水の漏れ込み）等
		③　②によることができないものについては，ダクトの立ち上がり部の前等粉じん等のたい積しやすい箇所等において，鋼板製の厚肉ダクトの場合にあってはテストハンマー，鋼板製の薄肉ダクト又は樹脂製ダクトの場合にあっては木ハンマーを用いてダクトの外面を軽く打ち，打音を調べる。	③　粉じん等のたい積等による異音がないこと。
		④　②又は③によることができないものについては，ハウジ	④　ハウジング内の静圧値が，その設計値と著しい差がない

検 査 項 目		検 査 方 法	判 定 基 準
		ングの上流部及び下流部に設けられている測定孔において，ピトー管及びマノメータを用いて，ハウジング内の静圧を測定する。	こと。

【解説】

　除じん装置は正常に作動している場合，常に粉じんやスラッジを集め，濃縮し，清浄空気を排出している。従って装置内部に粉じんやスラッジがたい積したり付着しているのは当然である。しかし異常に付着して排出不能になったり，空気の流れが阻害されるような状態は不都合である。設計性能を保持するために，適切な検査・点検が必要である。

　イ　摩耗

　気密性が要求されるハウジング，気流の向きを変える整流板およびルーバー，高速で運動する粉じんが衝突あるいは接触するダクトのベンド部，バグフィルタ入口の衝突板，サイクロンのネック部等は摩耗の激しい部分なので，点検口を開いて目視により検査する。点検口がない場合，衝突板やサイクロンのネック部等，摩耗による損傷の影響が大きい部分については，テストハンマー等を用いて打診し，その打音によって素材に異常があるかどうかを確かめる。なお，この方法は経験を必要とするため，あらかじめ経験者から訓練を受けておく必要がある。素材の板厚が1.5mm以上であれば超音波厚さ計を用いることもできる。

　衝突板およびサイクロンのネック部の板厚は，設計板厚または前回測定板厚から今回の測定板厚を差し引けば耐久期間を推測できる。耐久期間が次回検査予定日より早い場合は，あらかじめ交換または補修するなどの手当をする。

　ロ　腐食

　摩耗調査と同様に，点検口より目視検査を行う。特に腐食が進行しやすい箇所は気液接触部，流れがよどむ部分，隙間，異種金属が接触する部分，液の濃淡差が生じやすい部分，応力がかかっている部分などである。点検口がない場合は，前項と同様にテストハンマーで打診して，その打音で腐食の程度を判断する。特に，ハウジング部の腐食および摩耗による板厚減少は強度を低下させ機器の損壊を招くおそれがあるので，速やかに専門家による再検査と対策を行う必要がある。

　ハ　粉じん，スラッジの付着，たい積

　除じん装置では粉じん等を分離，捕集するため，粉じんやスラッジがある程度付着またはたい積することは避けられない。空気および洗浄塔の水流を阻害するような付着またはたい積（衝突板への粉じんの付着，サイクロンのネック部の粉じんによる詰まり等）の有無を点検口

より調べる。点検口がない場合は，テストハンマーの打音で判断する。ただし防食のためライニングしたハウジングや樹脂製のものでは，これらを破壊しないように注意して行う。

　スクラバ等は装置の圧力損失（差圧）を測定し設計値と対比することにより，異常の有無を判断できる。圧力損失が高い場合，エリミネータ等の目詰まり，洗浄水の水位が高過ぎないか等の内部検査を行う。

　ニ　その他

　ハウジングの内部が負圧になる機器ではフランジ，点検口，その他の接合部，腐食・摩耗による穿口部等からの雨水の浸入の有無にも注意する必要がある。

　なお，超音波厚さ計を用いて，ダクト，ハウジング等の内部の腐食・摩耗状態を検査する場合は，超音波厚さ計の計測範囲，材質を取扱説明書等による確認をすること，および曲面壁（円形ダクト等）ではセンサー部の接触に注意すること。1測定点について1カ所とせず，その近傍を数カ所測定して異常値を排除すること。その他，センサー接触部の壁面払拭，塗装膜の剝脱，専用油の塗布などの注意が必要である。

（2）　点検口の状態

検　査　項　目		検　査　方　法	判　定　基　準
1. 装置本体	（2）　点検口の状態	①　点検口の構成部品の破損，錆び付き，欠落等を調べる。 ②　点検口の開閉の状態を調べる。 ③　スモークテスター等を用いて，ガスケット部等からの空気の流入又は漏出の有無を調べる。	①　破損，錆び付き，欠落等がないこと。 ②　開閉が円滑にでき，かつ，密閉が確実にできること。 ③　煙が吸い込まれたり，吹き飛ばされたりしないこと。

【解説】

　点検口は比較的頻繁に開閉する場所なので，ガスケットの損傷，嵌め込み不良等が起こりやすい。まず，運転した状態でスモークテスターを用いて嵌め込み部分からの漏れ込みの有無をチェックし，異常がなければボルト，ナット，蝶番などが円滑に動くかどうかテストし，異常があればその部分の部品を交換する。稼働部，頻繁に外すボルト，ナット等にグリースを塗布しておく。

　検査足場，はしご，作業床の状態は，目視検査および打診により，取付部の腐食，異常な揺れ（がたつき），激しい錆の発生等がないことを確認する。

（3）　ダンパ等の状態

検　査　項　目	検　査　方　法	判　定　基　準
1.　装置本体	（3）　ダンパ等の状態	①　流量調整用ダンパについて開度及び固定状態を調べる。 ②　流路切替え用ダンパ及び締切り用ダンパについて，ダンパを作動させ，各フードの流路を開放状態及び閉め切り状態にした後，局所排気装置及び除じん装置を作動させ，スモークテスターを用いて，煙がフードに吸い込まれるかどうかを調べる。	①　ダンパが局所排気装置の性能を保持するように調整されたときの開度で固定されていること。 ②　ダンパが軽い力で作動し，かつ，流路が開放状態のときにあっては煙がフードに吸い込まれるものであり，流路が閉め切り状態のときにあっては煙がフードに吸い込まれないものであること。

【解説】

　局所排気装置で用いられるダンパは簡単な構造のものが多く，誤作動，錆び付き等の異常が見られる。しかし局所排気装置の性能に著しい影響があるので慎重に検査すること。

（4）　ダクト接続部および装置内ダクトの状態

検　査　項　目	検　査　方　法	判　定　基　準
1.　装置本体	（4）　ダクト接続部及び装置内ダクトの状態	①　ダクト系統全体を目視検査し，変形，破損及び腐食の状態を調べる。 ②　接続部の締付けボルト，ナット，ガスケット等の破損，欠落及び片締め並びに配管取付け部の緩みの有無をスパナ等を用いて調べる。 ③　局所排気装置及び除じん装置を作動させ，スモークテスターを用いてガスケット部及び接続部における空気の流入又は漏出の有無を調べる。 ④　③によることができない場合については，ダクトの接続部における空気の流入又は漏出による音を聴く。 ⑤　②，③又は④によることができない場合については，ダクト系に設けられている測定孔において，ピトー管及びマノメータを用いて，ダクト内の静圧を測定する。	①　異常な変形，破損及び腐食がないこと。 ②　接続部の締付けボルト，ナット，ガスケット等の破損，欠落若しくは片締め又は配管取付け部の緩みがないこと。 ③　スモークテスター等の煙がガスケット部及び接続部から吸い込まれたり，吹き飛ばされないこと。 ④　空気の流入又は漏出による音がないこと。 ⑤　ダクト内の静圧値が，その設計値と著しい差がないこと。

【解説】

　空気漏れがあれば局所排気装置またはプッシュプル型換気装置の性能低下に直接結びつくので、その改善が必要なことは言うまでもない。ここで「装置内ダクト」とは、除じん装置とファンをつなぐ機器間の接続ダクトで、各機器と一体として検査する必要があるため便宜上名称を区別したが、局所排気装置のダクトの検査方法と異なる所はない。

　空気漏れはダクトおよびハウジング接合部、点検口等の接合不良（ガスケット不具合等）、腐食・摩耗による穿孔等、排気系の漏れと、制御、払落し等に用いられる圧縮空気系の漏れに大別される。圧縮空気系の漏れ検査については空気圧縮機の検査の項で解説する。

　空気漏れの検査の方法としては、周囲が静かな場合は聴感による。聴感による検査が難しいときは、継手部および表面が腐食し空気漏れの可能性のある部分に、内部が正圧の場合は石けん水を刷毛塗りして液膜の破壊状態で検査し、内部が負圧の場合はスモークテスターを用い煙が吸い込まれるか否かで判断する。漏れが認められる場合は、ボルト類の増し締めまたはガスケットの交換、当て板の取付け、腐食部の修理等を行う。漏れの多い場合は、応急処置としてビニルテープ、ガムテープ等で塞ぐ。

　ダクトは接続部でのトラブルは比較的少ないと思われるが、ものが当たって大きな凹みができたり穿孔したりする事故があるので、目視検査すること。また、ダクト内面に粉じんがたい積したり、それが基で腐食・穿孔などの問題が生ずることがある。目視検査が困難な構造のものが多いのでテストハンマー、木槌などで打音検査を行う。

〈ダクト内の静圧測定〉

　点検口の設けられていないダクトの詰まり、漏れを検査する簡便な方法は、ダクト内の静圧の変化を調べることである。

　熱線式風速計の中には特殊なアタッチメントが付属していて、これを用いて静圧を測定することができるものがある。まず静圧プローブ（**図4-1**）の締付ナットを少し緩めて風速計センサーの先端が止まるまで差し込み、静圧プローブの合わせマークをセンサーの風上マークと合わせ、締付ナットを十分締める。測定の際には内側のオリフィスがダクトの測定孔に入るように静圧キャップを押し付ける（**写真4-1**）。この場合、ダクト内静圧に合った方の静圧キャップを使うこと。ダクト内の静圧は、測定孔でスモークテスターの煙が吹き飛ばされれば正圧、吸い込まれれば負圧であることが判る。

　ダクト内静圧の測定に水柱マノメータを用いてもよい。静圧差の大きい所はＵ字管マノメータでも測定できるが、ファン前後または除じん装置の前後以外の箇所では静圧の絶対値は大きくないので傾斜マノメータが必要になる場合もある（**図4-2-①、4-2-②**）。マノメータの一端（図4-2-②の右側）には適当な長さ（検査しようとするダクトの測定孔に届く長さ）の

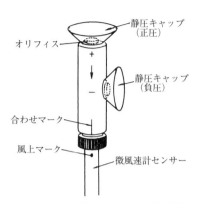

図4-1　静圧測定プローブの取付け方法

写真4-1　静圧プローブ付風速計による
　　　　　ダクト内静圧の測定

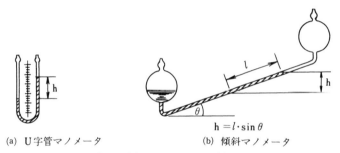

(a)　U字管マノメータ　　　　　　(b)　傾斜マノメータ

図4-2-①　U字管マノメータと傾斜マノメータ

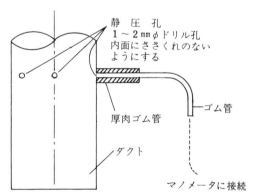

図4-2-②　マノメータによる静圧測定

表4-1 2点間の静圧測定による異常の有無の診断

	マノメータの読み		予想される主な現象
1	P1	読み低下	除じん装置のフィルタ等の目詰まり
	P2	読み増大	従って，風量低下
	P1-P2	差圧増大	
2	P1	読み増大	主ダクトまたは枝ダクトの閉塞
	P2	読み増大	ファイアダンパの誤作動
	P1-P2	差圧激減	
3	P1	読み低下	ファンの能力低下（逆回転，インバータの設定不良）ファンの主ダンパの誤作動
	P2	読み低下	ファンの点検扉が開いている
	P1-P2	差圧減少	防振ジョイントの破損またはダクトの外れ，破れ
4	P1	読み多少増大	フィルタの破れ，外れ等除じん装置の内部異常
	P2	読み多少増大	従って，主ダクトの風量多少増大
	P1-P2	差圧激減	

（注） 下の図4-3において除じん装置の代わりに枝ダクト等に着目している2点間の静圧を測定することにより，異常の有無を診断することができる。

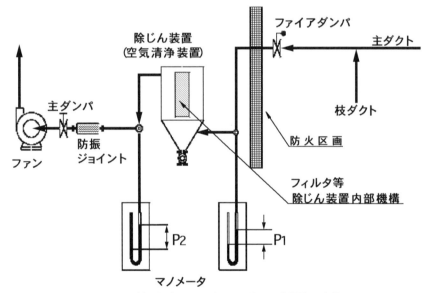

図4-3 静圧測定によるダクト，除じん装置等の診断

ゴム管を接続し，その先端に軟らかいゴム栓か厚肉ゴム管を接続して，測定孔に密着できるようにしておく。静圧の測定値を設計値または前回の検査結果と比較することにより，ダクト内の状況を推定することができる（表4-1，図4-3）。

前記の検査の結果，ダクト内に粉じんのたい積などの異常が認められる場合はダクトを分解して清掃，補修を行う。

（5）　洗浄液配管系統の状態

検　査　項　目		検　査　方　法	判　定　基　準
1.　装置本体	（5）　洗浄液配管系統の状態	①　バイパス弁，バルブ，ストレーナー及びフレキシブルジョイントの状態を調べる。	①　次の異常がないこと。 　イ　洗浄液の漏出の原因となるような摩耗，腐食又は破損 　ロ　腐食の原因となるような塗装等の損傷 　ハ　除じん装置の機能を低下させるようなスラッジ等の付着 　ニ　ストレーナーのフィルタの目詰まり
		②　バイパス弁及びバルブの作動状態を調べる。	②　円滑に作動し異音がないこと。

【解説】

　液漏れがある場合は，ほとんど目視により発生箇所を確認できる。漏れ液の中には有害な物質が含まれる場合もあるので，ゴム手袋等の保護具を使用する。スクラバ等で水配管中のバルブより漏れがあればガスケットを交換する。ストレーナーは分解し，付着した水垢，異物等を除去する。フィルタの汚損が激しい場合は交換する。バルブ類は作動試験を行う。

2.　ファンおよび電動機の検査

（1）　安全カバー等の検査

検　査　項　目		検　査　方　法	判　定　基　準
2.　ファン及び電動機	（1）　安全カバー及びその取付部の状態	電動機とファンを連結するベルト等の安全カバー及びその取付部の状態を調べる。	摩耗，腐食，破損，変形等がなく，かつ，取付部の緩み等がないこと。

【解説】

　安全カバーの状態を検査し，緩みのないよう確実に取り付ける。カバーが破損，変形している場合は修理し，錆びや塗装の傷んでいる場合には塗装し直し，取付部のねじ類には次回の検査時に外しやすいようにグリースを塗って錆び止めもしておく。

（2）　ファンケーシングの外観検査

検　査　項　目		検　査　方　法	判　定　基　準
2.　ファン及び電動機	（4）　ケーシングの表面の状態	ファンを停止して，ケーシングの表面の状態を調べる。	次の異常がないこと。 　イ　ファンの機能を低下させ

写真 4-2　ファンの各部の名称

（図中ラベル：吐出口、ケーシング、インペラ（羽根車）、シャフト、吸引口、軸受箱（ピローブロック））

検 査 項 目	検 査 方 法	判 定 基 準
		るような摩耗，腐食，くぼみその他損傷又は粉じん等のたい積 ロ　腐食の原因となるような塗装等の損傷

【解説】

　ファンのケーシングについてもフード，ダクトと同様摩耗，腐食，くぼみ，塗装の損傷等の異常がないか外観検査を行う（**写真 4-2**）。フード，ダクトの場合と同様，向こう1年間十分使用に耐える状態であれば，小さな損傷には粘着テープによる補強，塗装のタッチアップ等の補修を行い，取付部分やダクトとの接続部分のボルト・ナット類が緩んでいる場合は増し締めを行う。

　ファンは多くの場合屋外に設置されるため，ケーシングに腐食が生じやすい。広範囲に錆びが発生している場合は塗装をし直す必要がある。また除じん装置を備えていない局所排気装置では，粉じんによるケーシングの摩耗が避け難いので，除じん装置を設置し，摩耗による穴あきが生じた場合はファンを交換する。

（3）　ファン内部の検査

検 査 項 目		検 査 方 法	判 定 基 準
2. ファン及び電動機	（2）　ファンの回転方向	ファンの回転方向を調べる。	所定の回転方向であること。
	（3）　騒音及び振動の状態	騒音及び振動の状態を調べる。	異常な騒音及び振動のないこと。

検　査　項　目	検　査　方　法	判　定　基　準
(5)　ケーシングの内面，インペラ及びガイドベーンの状態	(3)において，異常騒音又は振動がある場合は，次によりケーシングの内面，インペラ及びガイドベーンの状態を調べる。 ①　点検口が設けられているものにあっては点検口から，点検口が設けられていないものにあってはダクトの接続部を外して，ケーシングの内面，インペラ及びガイドベーンの状態を調べる。 ②　インペラのブレード及びガイドベーンの表面を目視検査し，粉じん等の付着の状態を調べる。	①　次の異常がないこと。 イ　ファンの機能を低下させるような摩耗，腐食，くぼみその他損傷又は粉じん等の付着 ロ　腐食の原因となるような塗装等の損傷 ②　ファンの機能を低下させるような粉じん等の付着がないこと。

【解説】

　ファンケーシングの内側，インペラ（羽根車），ガイドベーン（案内羽根）等の摩耗，腐食，粉じんや塗料かす等の付着，たい積はファン性能の著しい低下の原因となり，時には振動，騒音の原因にもなる。

　1の(4)の「ダクト接続部および装置内ダクトの状態」(p.204)の検査で空気漏れ，粉じん等のたい積等の異常がなく，ファンの回転数，回転方向ともに正常であるのに必要な能力が得られない場合は，2の(16)の「ファンの性能の検査」(p.228)のファン前後の静圧差の測定を行い，ファン性能が低下している場合はファン内部の検査を行う。またファンを運転したときにケーシング内で擦れ音などの異音を発する場合や振動する場合にもファン内部の検査を行う必要がある。

　ファンの内部を検査する際には，電動機の電源を切り施錠するか点検口にインターロックをするなど，回転中に点検口が開いたり，検査中に起動したりしないための安全確保が特に重要である。

　また，ファンに点検口が設けられている場合は毎回行った方がよいが，点検口が設けられていない場合は，接続するダクトを外さなければ内部の検査はできない。ファンの検査を行う目的は排気能力の低下を予防することであるから，点検口が設けられていない場合はフードの吸気および排気の能力を先に検査し，ファンの能力が十分であることが確認され，かつ設置場所等の条件からファンの摩耗，腐食，粉じんの付着等のおそれが少ないと考えられる場合は，内部の検査を省略してよい。

　ファンケーシングに点検口が設けられている場合は，点検口を開けば内部の検査もある程度

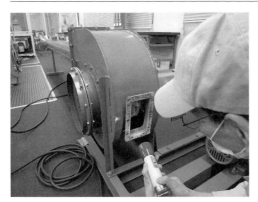

写真 4-3　ファンの点検口を開いて羽根の検査をする

写真 4-4　ファンの点検口から羽根を目視する

可能だが，完全な検査をするには接続するダクトを外し，ガイドベーン，インペラも取り外してファンを分解してみなければならない。インペラに摩耗，腐食が認められるとき，または多量の粉じんが付着している場合などは専門家による診断，修理を依頼するべきである。特に，インペラに付着した多量の粉じんをキサゲでこそげ取る等の不完全な清掃はインペラのバランスを崩し，振動を大きくしてしまうおそれがある（写真 4-3, 4-4）。

　インペラは摩耗，腐食，異物の吸い込みによって変形するが，それを放置すると振動，軸受けの片減り，インペラや軸の破損，飛散による大事故につながるおそれがある。従って大型のもの，高速回転するものについては，安全確保のため回転部の補修はメーカーに依頼し，補修後バランシングマシンによる動的バランス試験を行ってから組立てるべきである。小型（遠心式ファンの＃4 程度まで）で低速回転（2,500/min（rpm）位まで）のものについては，ベルト駆動の場合はベルトを外し，直結の場合はそのままで，インペラの1カ所にマークを付けて手で軽く回転させ，手を離して静止した時のマーク位置を観察する方法（静的バランス試験）で代用してもよい。この静的バランス試験を 10 回程度くり返し，もしインペラが毎回同じ位置で静止するようなら静的バランスが不良である。

　ファンの分解，補修，再組立てには回転機械に関する高度な知識と技能を必要とし，また架台上や屋上等など高所に設置されているファンの検査や分解，補修を安全に行うには機械の知識のみならず高所作業や重量物取扱いの技術も必要なので，これらについて十分訓練された者が行うべきである。

（4）　ベルトおよびプーリーの検査

検　査　項　目		検　査　方　法	判　定　基　準
2. ファン及び電動機	(6)　ベルト等の状態	①　ベルトの損傷及び不ぞろい，プーリーの損傷，偏心及び取	①　次の異常がないこと。 イ　ベルトの損傷

検 査 項 目	検 査 方 法	判 定 基 準
	付位置のずれ，キー及びキー溝の緩み等の有無を調べる。	ロ　ベルトとプーリーの溝の型の不一致 ハ　多本掛けのベルトの型又は張り方の不ぞろい ニ　プーリーの損傷，偏心又は取付位置のずれ ホ　キー及びキー溝の緩み

【解説】

イ　ベルト掛け駆動の場合

電動機直結式でないファンの駆動にはVベルトが使用されることが多い。ファンと電動機のVプーリーが一直線上になかったり，VベルトとVプーリーの溝の型が合っていなかったり，多本掛けのベルトの型や張り方に不揃いがあるとベルト損傷の原因になる。

Vベルト及びプーリーの点検は，電動機を停止し電源スイッチに施錠するか表示を行って，点検中の連絡不足による通電を防止した上で安全カバーを外し，まず両方のプーリーの側面に道糸を張るか，直スケールを当ててプーリーのとおりを調べる（図4-4）。

次に手でプーリーを回し，ケーシング内で回転部が擦れる音や，軸受けやプーリーにガタやゴロゴロという異音がなく，軽くスムーズに回転すること，ベルトに損傷のないこと，油やグリースが付いていないこと等を確認する。損傷のあるベルトを使用すると高速回転中に切断し飛んだりして危険である。また古い伸びたベルトと新しいベルトを一緒に使うと新しいベルトだけに張力がかかるので，多本掛けのベルトを交換する場合はなるべく全部一緒に交換する。

Vプーリーの山が欠けたまま使用している例を見かけるが，これは高速回転時にブレの原因となり，破損事故の原因となり得るので交換する。プーリーのセットスクリュー，キー等は検査の際に増し締めをしておく。

また，プーリーは長年使用していると溝が摩耗する。正常な状態では溝は「V字型」だが，摩耗してくると「U字型」になってくる。このような状態になるとVベルトの傷みが早まるので，プーリーを交換する必要があるが，溝を指で触れてみればV字かU字かが判る。24時間連続運転でおよそ3〜5年を目途にプーリー交換の計画をたてる。

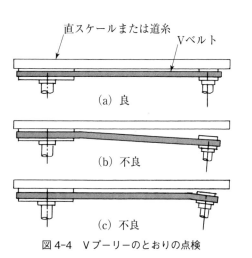

直スケールまたは道糸　　Vベルト

(a) 良

(b) 不良

(c) 不良

図4-4　Vプーリーのとおりの点検

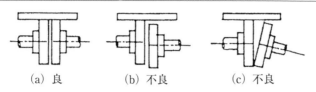

(a) 良　　　　(b) 不良　　　　(c) 不良

図4-5　カップリングの心合せの検査

　ロ　カップリング直結の場合

　カップリング直結とは，駆動軸（電動機軸）と被駆動軸（ファンの軸）をカップリングによって直結する方法で，両軸の中心線が一直線上になるように設置する。しかし，その誤差を完全になくすことは不可能であるから，多少の心ズレが生じても大丈夫な構造となっている。種々の構造のカップリングが市販されているが，いずれも許容される心ズレ誤差が表示されているので，これに従った精度を保つ必要がある。

　方法は次のとおりである。

　　①　カップリングの外周にスケールを当てて，まず，ファンと電動機の心が合っていることを確認する（両継ぎ手の外周の段差が0.02 mm以下であること）。

　　②　カップリングの外周上の90°ずつ4カ所で隙間の寸法を測って均一であることを確認する。（両継ぎ手の隙間が2～6 mmで，かつ，4カ所の隙間の寸法差が0.03 mm以下であること）

　なお，ここに挙げた数値はカップリングの構造によって多少異なるので，それぞれの取扱説明書等で確認すること。

　カップリングの心が合っていないと振動，軸受けの過熱，片減り，破損，カップリングボルトの折損等の原因となり危険なので，シム（薄い鉄板）等を挟むようにして調整する（図4-5）。

（5）　チェーンの検査

検　査　項　目		検　査　方　法	判　定　基　準
2．ファン及び電動機	(6)　ベルト等の状態	②　チェーンについて，粉じん等の付着及び給油の状態を調べる。	②　粉じん等の異常な付着又は油切れがないこと。

【解説】

　チェーン駆動は多くの場合，コンベヤー，ロータリーバルブ等に用いられている。心出しはベルトの場合よりも複雑で，まず，スプロケットの取付状態を調べる。両軸の水平度，平行度を水準器及び直スケール，糸等を用いて測定し，水平度は±1/300以下，平行度は±1 mm以下が標準である。また一対のスプロケットのくい違いは軸間距離1 m以下の場合で±1 mm以

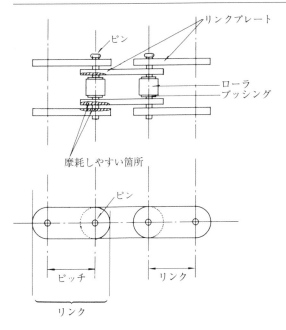

ピン
リンクプレート
ローラ
ブッシング
摩耗しやすい箇所

ピン
ピッチ
リンク
リンク

図4-6　チェーン各部の名称

下になるよう調整する。チェーンを並列使用する場合はスプロケットの歯の位相を正確に合わせる。

　チェーンのリンクプレート相互間およびローラ側面とリンクプレート内面との接触により図4-6の斜線の部分に摩耗が生じやすい。正規の板厚の1/3を超えるとチェーンの強度が不足する。この摩耗が早く現れる原因は心の狂いによることが多い。またチェーンは摩耗，伸び，リンクプレートの孔の広がり等で全体的に伸び，ときにはスプロケットの歯先に乗り上げたり，スプロケットが空転することがある。伸びの限度は通常，称呼チェーンピッチの2%といわれている。この測定方法は図4-6において，チェーンの直線部分で，なるべく多くの（4リンク以上）ピンの中心間長さを測定して，そのリンク数で除した値を称呼寸法と比較し1リンク当りの伸びを算出する。

　次にチェーンに対応するスプロケットの摩耗も調べる。スプロケットが摩耗してくると歯先部にチェーンが引っ掛かって離れが悪くなり，チェーンが振動を起こすようになる。この場合は引っ掛かりの部分をグラインダで削り落すか，スプロケットを裏返してかみ合い面を変えれば当分の間使用に耐える。

　チェーンは原則として給油することが望ましく，1週間に1回位潤滑油を給油する。給油箇所はリンクプレートの隙間，ローラとブッシングの間である。ただし粉じんが極めて多く，チェーンが粉じんの中に埋ってしまうような場合や粉じんの影響を防ぐことのできない部分では，粉じんが油のために粘着して摩耗を促進させたり，張力の増大をきたすことがあるので給油しない方が良い場合もある。

（6）　ベルトの張力とたわみ量の検査

検　査　項　目		検　査　方　法	判　定　基　準
2. ファン及び電動機	（6）　ベルト等の状態	③　ベルトをテンションメータで押して，たわみ量（X）を調べる。	③　次の要件を具備すること。$0.01\ell < X < 0.02\ell$ この式においてX及びℓは，

検　査　項　目		検　査　方　法	判　定　基　準
			それぞれ次の図に示す長さを表すものとする。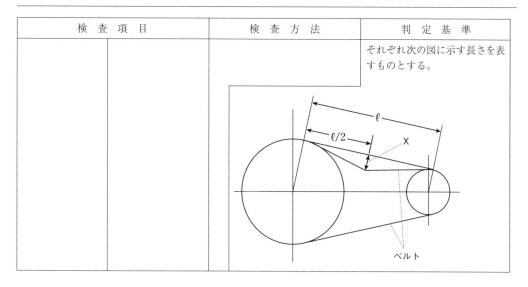

【解説】

　Ｖベルトには，伝達できる動力の大きさによって，**表 4-2** のように M 型から D 型の断面のもの（M 型，A 型は軽荷重用，B 型，C 型は中荷重用，D 型は重荷重用）があり，それぞれに適した張り具合がある。Ｖベルトの張りが著しく緩いとスリップによる摩擦熱で短時間にベルトが焼損し，火災のおそれがある。張り過ぎればＶベルトの損傷，軸受けの片減りの原因となる。

　Ｖベルトの張り具合を定量的に検査するにはテンションメータ（テンションゲージ）を使用する（**写真 4-5**）。ベルトの接触間距離（ℓ）の中心点に垂直荷重をかけ，たわみ量 X ＝ 0.016 ℓ のときの荷重が**表 4-3** の最小値と最大値の間にあればよく，Ｖベルトの場合，ベルトの接触間距離（ℓ）の中心を手で押したときのたわみ量 X が ℓ の 0.01〜0.02 倍であることが目安となる（**写真 4-6〜4-8**，**図 4-7**）。

　ベルトの張り加減が不適正な場合は電動機ベースの 4 本の固定ねじを緩め，押しねじを回転して電動機を前または後にずらせて調整する。調整した後再びたわみを検査して張り加減が適正であることを確認した上で電動機の固定ねじを締める。この時，ベルトが電動機の軸を引っ張るので，ファンとの軸の平行が崩れることがあるので注意する（**写真 4-9**）。

　新しいベルトと交換した後初めて運転する場合は，運転開始後半日位でベルトが伸びるので，もう一度張り直す必要がある。

写真 4-5　テンションメータ

表 4-2　Ｖ ベルトの寸法（JIS K 6323（一般用 Ｖ ベルト））

型	a (mm)	b (mm)	F (mm²)	θ
M	10.0	5.5	44.0	40°
A	12.5	9.0	83.0	〃
B	16.5	11.0	137.5	〃
C	22.0	14.0	236.7	〃
D	31.5	19.0	467.1	〃

表 4-3　ベルト張り荷重（W）
（Maxwedge 伝導カタログ。一部改変）

Ｖ ベルトの型式	最小値 (kg)	最大値 (kg)
A	1.0	1.3
B	1.8	2.5
C	4.0	5.5
D	8.0	10.0

写真 4-6　ベルトの張り荷重の測定-1　　　　写真 4-7　ベルトの張り荷重の測定-2

　Ｖ ベルトの型式に応じて，張り荷重が決まる。軸間距離からたわみ量（X）を求めておき，テンションメータでベルトを所定の張り荷重で保持したときのたわみ量がXになるように調整する。

写真 4-8　定性的なＶ ベルトの張り加減検査

固定ねじ

押しねじ

写真 4-9　電動機ベースの固定ねじと押しねじ

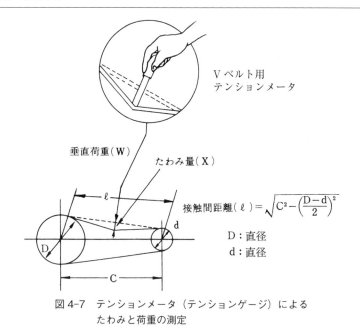

図4-7　テンションメータ（テンションゲージ）による
たわみと荷重の測定

（7）　ベルトの振れの検査

検　査　項　目		検　査　方　法	判　定　基　準
2.　ファン及び電動機	（6）　ベルト等の状態	④　ファンを作動させ，ベルトの振れの有無を調べる。	④　ベルトの振れがないこと。

【解説】

　ベルト，プーリー等の検査を終えたら，最後に電動機の電源を断続的に入れて寸動運転をし，回転の向きが間違っていないこと，プーリーやカップリングに偏心がないこと，ベルトの振れ等のないことを確認し，安全カバーを取り付ける。

（8）　回転数および回転方向の検査

検　査　項　目		検　査　方　法	判　定　基　準
2.　ファン及び電動機	（6）　ベルト等の状態	⑤　局所排気装置の検査（4の吸気及び排気の能力の検査）を行った結果，判定基準に適合しない場合は，電動機の回転数からファンの回転数を調べるか又は回転計を用いて実測する。	⑤　ファンの回転数が同項4の吸気及び排気の能力の検査に係る判定基準に適合するために必要な回転数を下回らないこと。

【解説】

　ファンの風量は回転数に比例し，静圧は回転数の二乗に比例して増減する。回転数の低下は

直ちに局所排気装置等の能力低下を来たすので，回転数の確認検査は重要である。

　一般に，局所排気装置等で使用する電動機は三相交流の誘導電動機である。この電動機の回転数は電源周波数と電動機の極数で決まり，電圧に関係しない。負荷によって多少回転数は変わるが数％程度である。これを電動機のスリップといい，電動機の銘板で調べることができる。一方，電源の周波数は非常に正確なので，変動はないと見て良い。従ってファンの回転数も変わらないと見なせる。なお，ベルト掛け駆動のファンで，ベルトの張りが緩く，スリップして回転数の落ちる場合が考えられるが，ベルトとプーリーとの間で激しい摩擦熱が発生し比較的短時間（数分間）で焼損・切断してしまう。

　ファンの回転数は一度測定しておけば検査ごとに測定する必要はないが，インバータを使用した局所排気装置，緩和運転が認められた局所排気装置，可変速電動機または極数変換電動機，直流電動機を使用した局所排気装置では，条件設定を間違えると回転数が変わってしまうので設定間違いの有無を確認するか，回転計を用いて回転数を測定する。

　他の検査で異常がないのに，第2編「局所排気装置の定期自主検査指針の解説」の4の「吸気および排気の能力の検査」（p. 134）で所定の性能が得られない場合は，電動機の回転数からファンの回転数を算出する。または回転計を用いてもよい。

　回転数の測定には無接触型（光電方式）の回転計を使用することが安全上望ましい。無接触型の回転計を使用して回転数を測定するには，安全カバーを外し，ファンプーリーの外周の1カ所に反射テープを貼るかチョークでマークを付け，ファンを運転状態にして回転計のレンズをファンプーリーのマークに向け10 cm程離して測定する。測定中誤って回転中のプーリーやベルトに触れないよう注意する（写真4-10）。

　ファンの回転数の測定は所定の風量が出ない場合にファン能力を確認するために行うものなので，風量が十分出ている場合は必要はない。

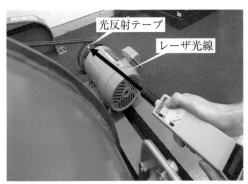

光反射テープ

レーザ光線

写真4-10　レーザ式回転計によるプーリーの回転
　　　　　数測定（イメージ図）

　局所排気装置等には軸流式，斜流式，遠心軸流式，遠心式等の型式のファンが使われている。これらのうち軸流式ファンは回転方向が逆になると気流の向きも逆になり，フードから気流が吹き出してくるので第2編の1の（2）の「吸い込み気流の状態などの検査」（p. 96）で確認できる。

　斜流式，遠心軸流式，遠心式（シロッコ型，ラジアル型，ターボ型，エアホイル型等）のファンでは，回転が逆になっても性能が著し

く低下するだけで気流の向きは変わらない。そのため，配線工事や修理時に電源配線の極性を間違えて接続し逆回転で使用することがある。従って第2編の4の「吸気および排気の能力の検査」（p. 134）で所定の性能を得られない場合は，ファンの回転方向を検査する必要がある。

ファンの回転方向は普通ケーシングの側面に矢印で表示されていることが多いが，矢印が失われている時は，ケーシングをかたつむりの殻に見たて，インペラの回転が，かたつむりが殻から頭を出す方向であればよい。説明書などでの回転方向の表現は多くの場合，プーリー側（直結式の場合は電動機側）からみて「左回転」とか「右回転」となっている。

（9）　軸受けの異音の検査

検　査　項　目		検　査　方　法	判　定　基　準
2.ファン及び電動機	(7)　軸受けの状態	①　ファンを作動させた状態で，次のいずれかの方法により，軸受けの状態を調べる。 イ　軸受けに聴音器を当てて，異音の有無を調べる。 ロ　軸受けにベアリングチェッカーのピックアップを当てて，指示値を読み取る。	①　次の異常がないこと。 イ　回転音に異常がないこと。 ロ　指示値が一定の範囲内にあること。

【解説】

ファンの軸受けには普通ボールベアリングかローラーベアリングのような転がり軸受けが使われている。転がり軸受けの寿命は管理が良好なら1日8時間運転で10年以上もつと言われるが，潤滑油などの管理を怠ったり，ベルトの張り過ぎ，回転部の偏心などの異常があれば短くなる。

転がり軸受けの転動面が傷むと，運転時に異音や振動を発したり異常な温度上昇を起こしたりする。軸受けの検査は，図4-8の順序に従い必要な項目について行う。

軸受けが著しく損傷している場合は，ゴロゴロという異音とそれに伴う振動によって異常を感知できるが，周囲の雑音により容易に異音を聞き取れない場合もある。そのような場合に備え，異音の検査では聴音棒（長さ30 cm位の適当な棒でよい）の片端を軸受け箱（ベアリングブロック）の表面に軽く当て，もう一方の端を軽く耳付近に当てて聴き取ると良い。正常なら単調な連続音しか聞こえないが，軸受けに損傷があるとゴロゴロという異音や，連続音の間に異質の音（多くの場合周期的に入る）が聞こえる。ただし，この検査は危険を伴うので特に注意されたい。なるべく聴音器を使用する。

軸受けから発生する異音には超音波成分が含まれるので，それを検出して診断すれば正確，かつ早期に軸受けの異常を発見することができる。その測定器がベアリングチェッカーである。これは振動計の一種で，軸受けの劣化による振動の増加を測定して正常か否かを判定し，その

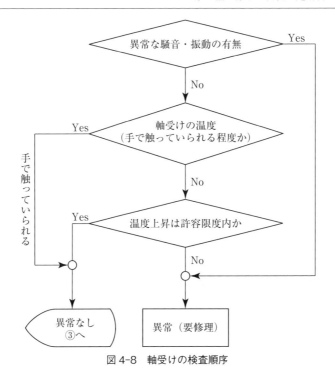

図 4-8　軸受けの検査順序

結果を自動的に表示する。

　軸受けの劣化は徐々に進行した後急速に悪化する。したがって，定期的に測定し，急速な劣
化の起こる前に対策を立てなければならない。ベアリングチェッカーを使用する場合は，軸受
けが正常な状態の時のデータを記録し，その値との比較で評価する。一般的なファンなら6〜
12カ月ごとに測定すればよい。

（10）　軸受けの過熱の検査

検　査　項　目		検　査　方　法	判　定　基　準
2. ファン及び電動機	（7）　軸受けの状態	②　ファンを1時間以上作動させた後停止し，軸受けの表面温度を調べる。	②　軸受けの表面の温度が70℃以下であり，かつ，軸受けの表面の温度と周囲の温度との差が40℃以下であること。

【解説】

　軸受けの過熱を検査するには，まずファンを1時間以上運転させた後停止し，軸受けの表面
を手で触ってみる。手で触れる熱さなら過熱はないと判断してよい。軸受けの温度上昇は周囲
温度＋40℃，最高70℃まで許され，その70℃とは指先で軽く触れて3秒位我慢できる温度と
いわれるが，夏季の場合は危険なこともあるから，温度計や温度で変色するサーモペイント

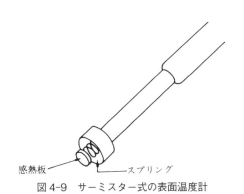

感熱板　　　スプリング

図4-9　サーミスター式の表面温度計

写真 4-11

表面温度計を用いて，軸受け箱（ベアリングブロック）の温度上昇を調べる。30分以上連続運転した後に測定する。一般に，羽側のベアリングよりもベルト側のほうが，ベルトの摩擦熱のために高くなる。

（示温塗料），サーモテープ（示温テープ）等によって判定する方が安全である。

　手で触れない程熱い場合，あるいはサーモペイント，サーモテープが50℃以上を呈している場合は，軸受けの表面の温度を温度計で測定して温度上昇が許容範囲内かどうか検査する。

　表面温度の測定は，電子式の表面温度計を用いると応答時間が短くて便利である。検査能率を考えるとサーミスター式で測定範囲50～150℃位のものがよい。サーミスター式のセンサーの型はスプリング型（図4-9，写真4-11）が使いやすい。

　サーミスター式の表面温度計がない場合は，ガラス温度計をパテと粘着テープで貼りつけて測定することも可能だが，この方法では温度計が真の温度を指示するまでに30分以上かかることがある。

　転がり軸受けの過熱の原因としては，軸受けの軸への取付けが傾いている場合，軸受けと軸のはめ合いが正しくない場合，グリースの注入量が多過ぎた場合等がある。

　軸受けの軸への取付けの傾きを調べるにはダイヤルゲージを用いる。ダイヤルゲージを固定し，ゲージ先端を軸受けの外レースの側面に当て，軸を静かに180°回転させてダイヤルゲージの指示を見る。軸受けの傾きはダイヤルゲージの指示が±0.02 mm以内になるように調整する。ピローブロックなど自動調心型のベアリングを使用している軸受けではこのような調整は必要ない。

　軸受けと軸のはめ合いは，きつ過ぎれば内レースとボールの隙間が小さくなりボールが回らず，緩過ぎれば内レースと軸の間で滑りを生じて，何れも過熱の原因になる。

　（注）ダイヤルゲージとは軸の中心の偏りなど，微少な誤差を検査する測定器である。

第4編

(11)　軸受けの潤滑状態の検査

検　査　項　目		検　査　方　法	判　定　基　準
2.　ファン及び電動機	(7)　軸受けの状態	③　オイルカップ及びグリースカップの油量及び油の状態を調べる。	③　油が所定の量であり，油の汚れ又は水，粉じん，金属粉等の混入がないこと。また，同一規格の潤滑油が使用されていること。

【解説】

　最近のボールベアリングやローラーベアリングは密封型無給油式が多く，小型の電動機やファン等のように軽負荷で使用されているものは給油の必要がない。

　給油式の転がり軸受けは，年1回程度のグリースの補給が必要である。

〔給油する場合の注意事項〕

1　粉じんの粒子は非常に硬いものが多く，潤滑油に粉じんが混入すると著しくベアリングを摩耗させることになるので，あらかじめ，周囲を清浄に拭き取り，手もよく洗っておくこと。

2　屋外で作業する場合は風の強い，ほこりの舞うような日は避けること。

3　同一規格（銘柄）の潤滑油を用い，異種銘柄のものは使用しないこと。

〔給油の仕方〕

1　グリースニップルの場合（写真 4-12）

　　グリースニップルをきれいな布でよく拭いた後，ファンを運転しながら軸と軸受けの隙間からグリースがわずかに押し出されるまで，グリースガンを用いて注入する。

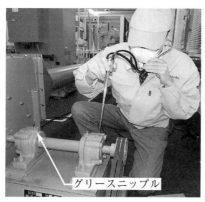

グリースニップル

写真 4-12
ベアリングブロックの上部に小さく突き出ているものがグリースニップル。写真は聴音器を用いたベアリングの異常音の有無の検査状況。

2　グリースカップの場合

　　グリースカップの蓋を外し，グリースが減っているときはカップと蓋と両方にグリースをすり込んで再び蓋をする。次にファンを運転しながら軸と軸受けの隙間からグリースがわずかに押し出されるまで，グリースカップの蓋をゆっくりねじ込む。

3　グリースニップルもカップも無い場合

　　軸受けのカバーを開き，まず軸受けの両側に残っている古いグリースをきれいな布で拭き取り，次に新しいグリースをボールが全部隠れるくらい塗り込む。またグリースの量が多過ぎると転がり

　軸受けの過熱，損傷の原因となるので注意が必要である。

　いずれの場合もグリースは必ず軸受けのメーカーによって指定された種類のもの，あるいはグリースの種類（銘柄）を統一して使用している現場では，その銘柄を使用する必要がある。グリースは化学的には石鹸で，異種グリースを混合すると化学反応を起こし潤滑性能を損なうことになるので，混用は絶対に避けなければならない。

(12)　電動機の絶縁抵抗の検査

検　査　項　目		検　査　方　法	判　定　基　準
2. ファン及び電動機	(8)　電動機の状態	①　絶縁抵抗計を用いて，巻線とケースとの間及び巻線と接地端子との間の絶縁抵抗を測定する。	①　絶縁抵抗が十分高いこと。

【解説】

　電動機の絶縁抵抗の検査は，低圧の場合500 V絶縁抵抗計（メガー），高圧の場合1,000 Vメガーを使用して次のように行う。まず電動機の電源スイッチを切り，メガーの端子をリード線で電動機の通電部分（電源コードの何れでもよい）に，メガーのE端子（アース端子）をリード線で電動機の接地線の取付け箇所に接続し，メガーのテスト用スイッチを押して（旧式

表 4-4　電気回路の絶縁抵抗値

電路の使用電圧の区分		絶縁抵抗値（MΩ）
300 V 以下	対地電圧 150 V 以下（100 V）	0.1
	対地電圧 150 V 以上（200 V）	0.2
300 V 超過		0.4

写真 4-13　電動機ターミナルにおけるメガーを用いた絶縁抵抗の測定

の場合にはハンドルを回して）示針を読む（**写真 4-13**）。

　電気回路の絶縁抵抗値は**表4-4**のように定められているので，この値を基準に良否を判定する。しかし実際には装置の新設時点で電気回路の絶縁抵抗値は 10〜∞ MΩ（メグオーム）を示す場合が多いので，1MΩ 程度以下になったらその原因を調べて対策を検討する必要がある。

　絶縁抵抗の検査は，電動機の端子箱の所か，電源スイッチの所で行う。また半導体を用いた制御回路（インバータ，シーケンサなど）や漏電遮断器にメガーの試験電圧を掛けると破損の恐れがあるので，切り離してから検査を行う。

(13)　電動機の温度上昇の検査

検 査 項 目		検 査 方 法	判 定 基 準
2. ファン及び電動機	(8)　電動機の状態	②　ファンを1時間以上作動させた後，電動機の表面の温度を測定する。この場合において，電動機の表面の温度は，表面温度計，ガラス温度計等により測定する。	②　表面温度が，下表に掲げられた電気絶縁の耐熱クラスに対応して示された温度以下であること。 表　耐熱クラス及び温度 耐熱クラス／温度℃ Y／90 A／105 E／120 B／130 F／155 H／180 200／200 220／220 250／250 250℃を超える温度は25℃間隔で増し，耐熱クラスもそれに対応する温度の数値で呼称する。 **備考**　電動機の電気絶縁の耐熱クラスは，日本工業規格C4003-1998（電気絶縁の耐熱クラス及び耐熱性評価）による。
		③　テスターを用いて電圧及び電流値を測定する。	③　電圧及び電流値が設計値どおりであること。

【解説】

　電動機に流れる電流は負荷に応じて変動するので，ファンのように運転状態によって負荷が変動するものでは，電動機に定格電流以上の電流が流れる場合がある。これを過負荷状態と言

い，この状態が長く続くと電動機の温度が上昇し，絶縁物は熱のために劣化し，最悪の場合には電動機が焼損してしまう。絶縁は電動機の寿命を左右する重要な要素なので，絶縁の種類によって定められた最高許容温度を超えないよう注意する必要がある。

　電動機各部の温度を測定するには，巻線の抵抗の増加を測定して温度上昇を計算する抵抗法，電動機製作の過程で予め温度計を内部に埋め込んでおく埋込温度計法もあるが，ここでは電動機の表面で，温度が最高と思われる箇所に温度計を取り付けて測定する温度計法を採用した。

　温度計法で電動機の温度上昇を測定するには，棒状温度計（水銀温度計は磁場の影響を受けるのでアルコール温度計を使用する），ダイヤル温度計，抵抗温度計，熱電対温度計などの適当な温度計の感温部を外枠に密着させて適当な方法で固定し，ファンを１時間以上作動させて定常状態になったときの電動機の表面温度を測定する。電子式の表面温度計を用いる場合は，ファンを１時間以上作動させた後，温度計のセンサーを電動機の外枠表面に押し当て，示針が安定した時の温度を読み取る。棒状温度計やダイヤル温度計の場合は，感温部をパテと粘着テープで電動機の外枠表面に貼り付けてファンを１時間以上作動させて温度を読み取る。電動機の温度上昇の検査では，上記の方法で電動機の表面温度を測定し，絶縁の種類に応じた表面温度または温度上昇が表の値を超えなければよい。

　電動機が過熱する原因としては，過負荷，電源電圧の変動，巻線の相間短絡，スリップリングの短絡装置の接触不良，回転子短絡環のろう付不良等が考えられ，それらの際には電動機の交換または修理が必要である。

（14）　制御盤の状態の検査

検 査 項 目		検 査 方 法	判 定 基 準
2. ファン及び電動機	(9)　制御盤，配線及び接線の状態	（制御盤） ①　制御盤の表示灯，充電部カバー及び銘板の破損，欠落等の有無を調べる。 ②　制御盤の計器類の作動不良等の有無を調べる。 ③　制御盤内の粉じん等のたい積の有無を調べる。 ④　制御盤の端子の緩み，変色等の有無を調べる。 ⑤　電源を入れ，指定された操作（ボタン操作等）を行う。	（制御盤） ①　表示灯の球切れ，破損，欠落等がないこと。 ②　作動不良等がないこと。 ③　粉じん等のたい積がないこと。 ④　制御盤の端子の緩み，変色等がないこと。 ⑤　機器が正常に作動すること。
		（配線） ①　目視により充電部の損傷の有無を調べる。 ②　目視により配線の被覆の摩	（配線） ①　充電部にカバーが取り付けられていること。 ②　配線の被覆に摩耗，腐食そ

第
4
編

検　査　項　目		検　査　方　法	判　定　基　準
		耗，腐食その他損傷の有無を調べる。	の他損傷のないこと。
		（接地線） 　接地端子の締付け状態を調べる。	（接地線） 　接地端子の緩み又は外れのないこと。

【解説】

　まず制御盤の外観について，破損，錆び，腐食，塗装の剥れ，汚れ，表示灯や銘板の破損，欠落がないか目視検査する。汚れは拭き取り，塗装の剥れている箇所は補修し，盤面に破損，錆び，腐食等のある場合はテープ補修，パテ付けを行った後再塗装をする。表示灯のレンズや銘板の破損・欠落，表示灯の電球の断線しているものは新品と交換する。

　次に制御盤を開いて内部に粉じん等のたい積がないか検査し，もしあれば掃除する。この際，電源スイッチを切っても1次側の端子は充電されているので，接触しないように注意する。盤内のたい積粉じんは接点不良や絶縁不良の原因になるので注意する。掃除には塩ビ製のパイプを使った真空掃除機を用いる。充電部や配線の被覆の状態を調べ，異常があれば部品の交換や補修を行う。特に端子が緩んでいないことを確認し，緩んでいるねじは増し締めをする。電力回路の端子のねじが緩んで接触不良になると発熱して変色することがある。続いて遮断器，電磁開閉器，時限リレー，電流計等について外観の異常，取付けの緩み，作動（通電）時のうなり，電流計の示針の動き等を検査する。電動機の起動後，定常状態になった時の電流計の指示が電動機の定格電流を超えないことを確認する。電流計の示針が異常に振れたり脈動する場合は，電動機の故障，あるいはファンのインペラに異物が付着して振動を起こしていること等が考えられる。

(15)　インバータの検査

検　査　項　目		検　査　方　法	判　定　基　準
2．ファン及び電動機	（10）　インバータ	①　マニュアル設定のインバータの場合は，電源を入れ，周波数を変化させるボタン又はつまみを操作する。 ②　自動設定のインバータの場合は，インバータの電源を入れ，自動運転をする。	①　電源の周波数が円滑に変化すること。 ②　円滑にかつ自動的に周波数が変化し，設定した周波数で定常運転に入ること。

【解説】

　インバータは三相交流の周波数を制御する装置である。周波数を変化させることにより，電

動機（三相交流電動機）の回転数が変化し，ファンの排風量が調整できる（**写真4-14**）。

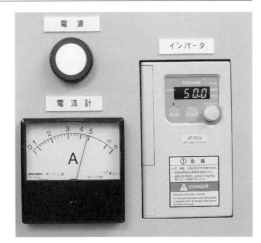

写真4-14　インバータと電流計

　通常，局所排気装置等にインバータを使用する場合，制御風速等に合わせて調整した周波数の設定を頻繁に変更することはない。したがって，設定した周波数で安定した運転ができることを確認すればよい。その方法は次のとおりである。

① 　マニュアル設定のインバータの場合

　　電源を入れ，インバータの表示窓の運転周波数を読みながら，周波数変更つまみ，または矢印ボタンでゼロを表示させる。次に運転ボタンを押して電動機を起動させる。この状態では周波数がゼロであるから回転しない。周波数を徐々に上げ，円滑に回転数も上がれば，このインバータは正常である。

　　手動で周波数を変える場合，あまり急速に変化させるとファンの慣性のため回転が追随できず，内蔵の安全装置が作動して停止する事がある。この場合はインバータをリセットしないと再起動できない。リセットの仕方はインバータによって異なるので，それぞれの取扱説明書によること。

　　局所排気装置等でインバータを使用する場合はなるべく自動設定にすることが望ましい。

② 　自動設定のインバータの場合

　　電源を入れ，インバータの運転ボタンを押す。電動機が徐々に回転を始め，数秒ないし数十秒で設定されている周波数で安定運転にはいる。この間，円滑に電動機の回転が上がっていけば，このインバータは正常である。

　　安定運転に至るまでの時間はファンの大きさ（インペラの慣性能率）等の設計条件に依存するので，局所排気装置等の検査段階で変更することは望ましくない。

③ 　その他のインバータの検査・点検

　　インバータを検査する場合は電源スイッチを切り，チャージランプ等の消えていることを確認し，さらに，10分間程度待ってから作業を始める。インバータはコンデンサーを使用しているため，スイッチOFFでもしばらくは電圧がかかっているからである。なお，この種の電気機器は専門家による検査が必要であるから，下記による目視検査およびメーカーの発行した取扱説明書に記載されている事項に留めること。

1 　配線端子ねじ止め箇所の緩み（ドライバーによる増し締め）

2　配線端子のカシメ部の不良，過熱痕の有無（目視検査）

3　配線ケーブルの損傷の有無（目視検査）

4　ごみ，ほこりの掃除，特に通風口，プリント基板（真空掃除機による清掃）

5　主回路直流部に平滑コンデンサーが使用されている。これは消耗品で，5年程度で交換が必要になることがあるので，定期的に専門家による点検が必要である。（目視検査としてはインバータ内部を開いてコンデンサーの液漏れ，膨らみのないことを確認する）

6　入力電圧を測定する場合は可動鉄片型電圧計を使用し，出力電圧は整流型電圧計を用いる。

なお，通常6は行わず，制御盤の電圧計，電流計の読みを記録するだけで十分である。

(16)　ファンの性能の検査

検　査　項　目	検　査　方　法	判　定　基　準
2.　ファン及び電動機	(11)　ファンの排風量	局所排気装置の検査（4項の熱線風速計等を用いた吸気及び排気の能力の検査）を行った結果，判定基準に適合しない場合は，ファン入口側又は出口側に設けられている測定孔において，ピトー管及びマノメータを用いて，ダクト内の平均風速を求めて排風量を計算する。	同4項の吸気及び排気の能力の検査に係る判定基準に適合するために必要な排風量以上であること。

【解説】

フード，ダクトの検査で異常がなく，ファンの回転数，回転方向も正常であるのに，第2編「局所排気装置の定期自主検査指針の解説」の4の「吸気および排気の能力の検査」（p.134）で所定の性能が得られない場合は，ファンの性能低下が疑われる。

ファンの試験方法はJIS B 8330（送風機の試験及び検査方法）に定められているが，この方法はメーカーが出荷時のファンを試験するためのもので，既に使用されている局所排気装置等のファンの検査には適用しにくい。設置されているファンを取り外さずに検査するには，ダンパを操作するかフード開口面をビニールシート等で覆ってダクト系の圧損を変化させ，ファンの入口側もしくは出口側で測定した風量と，ファン前後で測定した静圧差の関係を表計算ソフトでグラフ化して設計時のファン特性と比較する。（方眼紙にプロットして計画時のファン特性と比較してもよい。）なお，「ファン前後の静圧差」は「ファンの全圧」にほぼ等しい。

また，ファンの外観の損傷，および内部のインペラに異物が絡まっている等の外観上の異常がないのに異常振動を起こすことがある。このような現象が現れたときはサージングを疑って

みる。サージングとは，ファンの特性曲線
上の右上がりの領域で使用すると空気の流
れが脈動して激しい振動と騒音を発生し不
安定な運転状態になる現象である。サージ
ングを起こすとファンが破壊し，大きな事
故になる恐れがあるので注意しなければな
らない。

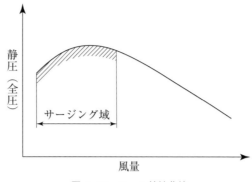

図4-10　ファン特性曲線

　サージングはファンの吐出側（排気側）
のダンパを絞って抵抗を大きくして風量を
下げてゆくときに起こりやすい。しかしファンによっては吸引側のダンパを絞っても同様のこ
とが起こる場合もある。また，ダンパに限らず風量が減る方向に局所排気装置等の特性が変化
すればサージング領域に入ってしまうので，除じん装置の目詰まり，ダンパの誤作動等でもサ
ージングを起こすことがある。サージング防止対策はファンの特性曲線の右上がりの領域（**図
4-10**）を使用しないことであり，次のような対策を講じる。

　イ　一部の空気を外部へ放出する

　　　風量を絞る必要のあるときダンパを絞らずに一部の空気を逃がしてファンの風量を増大
　　して運転する。

　ロ　バイパスを設ける

　　　吐出側の空気の一部を吸引側へ戻す。前イ項と同じことであるが，大気へ放出すること
　　のできないガスや液体を扱うポンプではこの方法が用いられる。

　ハ　回転数を変える

　　　回転数を変えてファンの特性曲線を変化させてサージング域を逃れる方法である。

　ニ　ファンの構造を変える

　　　羽根の角度を変えたり吸込ベーンの角度を変えるなどの方法があるが，これはファン・
　　メーカー側の対策である。むしろ使用者側としてはサージングを起こさない特性を持った
　　ファンを選定すべきである。

〈ダクト内風速の測定方法〉

　排風量を測定するには，ファンの入口側または出口側のダクトの直線部分に設けた測定孔か
らダクト内にピトー管または風速計のセンサーを挿入してダクト断面の風速分布を測定し，平
均風速とダクト断面積から排風量を求める。なお，測定孔がない場合は応急的に，電動ドリル
で孔をあけ，検査終了後にガムテープ等で塞いでおき，後日，本格的な測定孔を設ける等の臨
機応変の対策を講じる。

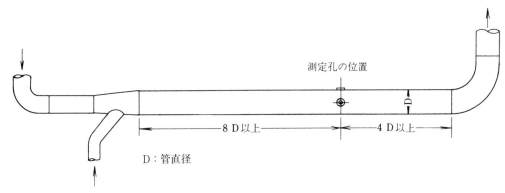

図 4-11　測定孔の位置

表 4-5　円形ダクトの風速測定点位置 (JIS Z 8808 より)

適用ダクト直径 2R（m）	半径区分数 （Z）	測定点の数 （n）	測定点のダクト中心からの距離（m）				
			r_1	r_2	r_3	r_4	r_5
1 以下	1	4	0.707R	—	—	—	—
1 を超え 2 以下	2	8	0.500R	0.866R	—	—	—
2 を超え 4 以下	3	12	0.408R	0.707R	0.913R	—	—
4 を超え 4.5 以下	4	16	0.354R	0.612R	0.791R	0.935R	—
4.5 を超えた場合	5	20	0.316R	0.548R	0.707R	0.837R	0.949R

　理想的な風速分布の測定孔の位置は，**図 4-11** に示すとおり，上流側に向かってダクトの直径 D の 8 倍以上，下流側に向かって D の 4 倍以上であるが，現場的にはこのような位置の確保が困難な場合が多いので，ベンドやブランチからできるだけ離れた直管部分を選ぶ。

　ダクト断面上の測定点のとり方は次のようにする。

（イ）　円形ダクトの場合は，直交する 2 直径上で，同心円によって断面積を等分してできた環状帯の各中心点を測定点とする。ダクト直径，半径区分数，測定点の数は**図 4-12** を参照して**表 4-5** のとおりである。

　この測定点位置は次式を用いても求めることができる。

$$R_i = R \cdot \sqrt{\frac{2i-1}{2Z}} \quad i = 1 \sim 5$$

　なお，ベンド近傍等でダクト内の風速分布が激しい場合はこのような測定をする必要があるが，測定精度がラフでよい場合や風速分布が小さいと判断される場合は適宜測定点を減らしても差し支えない。

　ダクト内の風速の測定に直読式風速計（熱線式風速計など）を使用するときは，センサーの測風点が正しく測定点にくるように，かつセンサーの風上マークが正しく上流を向くようにして測定する。ただし，ダクト内の気流の温度，圧力および粉じんやガス・水分等の組成が風速

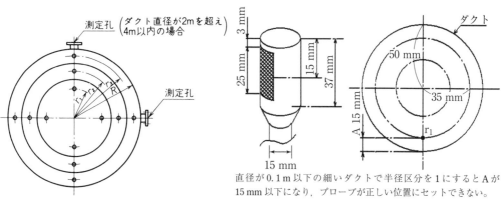

図4-12　円形ダクトの測定点の例

図4-13　熱線式風速計のプローブ寸法例

直径が0.1 m以下の細いダクトで半径区分を1にするとAが
15 mm以下になり，プローブが正しい位置にセットできない。

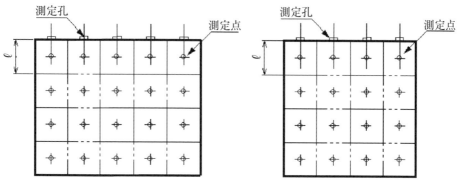

（イ）長方形断面ダクトの測定点の例　　　　　　（ロ）正方形断面ダクトの測定点の例

図4-14　角形ダクトの風速分布の測定点の例

表4-6　角形ダクトの区分寸法（JIS Z 8808より）

適用ダクト断面積 A （m²）	区分された一辺の長さ l （m）
1 以下	$l \leqq 0.5$
1 を超え　4 以下	$l \leqq 0.667$
4 を超え 20 以下	$l \leqq 1$

計の指示に影響する場合は，ピトー管による測定値を用いて補正する必要がある。また，測定
に熱線式風速計（図4-13）を用いる場合は，ダクト径が0.1 m以下ではセンサーがr_1の位置
に届かないことがあるので注意する。

　（ロ）　角形ダクトの場合は，断面積に応じて一辺の長さlが0.5〜1.0 m以下になるように，
　　　　断面を4〜20の等面積の正方形または長方形に分割し，各面積の中心を測定点とする
　　　　（図4-14，表4-6参照）。

　なお，各測定点における速度圧の算術平均を求めてから，風速に換算しても差し支えないが，

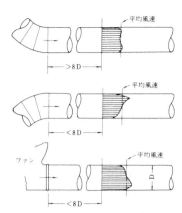

図4-15　非対称の流速分布の例

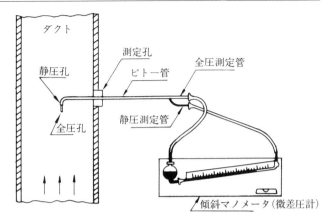

図4-16　ピトー管による速度圧の測定方法

局排等のダクト内風速はガス状物質で10 m/s程度，粒子状物質
（粉じん）では12 m/s〜20 m/s程度であるから，水柱マノメータ
の読みの値は6.1 mm〜24.5 mmになる。したがって，傾斜マノメー
タ（微差圧計）では計測範囲を超える場合があるので，普通のマ
ノメータも準備しておくこと。むしろ，傾斜マノメータは吸引側ダク
ト（静圧が負の値）の全圧測定に威力を発揮する。

ダクト内の風速分布幅が著しく広い場合は誤差が極端に大きくなるので注意を要する。このと
きは，各測定点における速度圧をそれぞれ風速に換算した後，その風速の平均値を求める。風
速は速度圧の平方根に比例するからである。

　（ハ）　ベンドやブランチから測定孔までの距離が十分にとれず測定断面における流速分布が
　　　　非対称となる場合（図4-15）は，測定点の個数を多くとる必要がある。ダクト内風
　　　　速をピトー管で測定するには，ピトー管の全圧孔を測定点において正しく流れに直面
　　　　させ，マノメータなど差圧計を接続して気流の速度圧Pvを測定する（図4-16）。各
　　　　測定点における風速Vは次式で計算する。

$$風速 V(m/s) = 12.91 \cdot \sqrt{速度圧 P_v (hPa)}$$ ……（1）

　次にファン前後の静圧差Psは，ダクトのファン入口および出口に近い適当な場所に設けた
測定孔において，第2編の2の（4）「静圧の測定によるダクトの検査」（p.105）で述べた方
法で，それぞれの静圧Psを測定してその差を求める。

$$ファン前後の静圧差 Ps(hPa) =$$

$$ファン出口の静圧 Pso(hPa) - ファン入口の静圧 Psi(hPa)$$ ……（2）

　ダクト系に風量調整用ダンパが付いている場合はそれを調節し，付いていない場合はフード
の開口面をビニールシート等で覆ってダクト系の圧力損失を変化させるとファン前後の静圧差
が変わり，排風量も変化する。ファンの特性を検査するには先ずダンパを全て全開にし，フー
ドの開口面前の気流障害物を全て退けた状態にして，前述の方法でファン前後の静圧差Psと

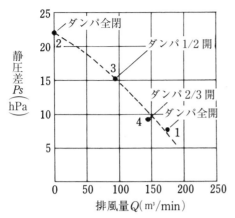

ダンパ開度	静圧差 Ps （hPa）	排風量 Q （m³/min）
1（全開）	7.5	171
0（全閉）	21.7	0
1/2	15.1	95
2/3	9.3	144

図 4-17　ファンの特性検査結果の例

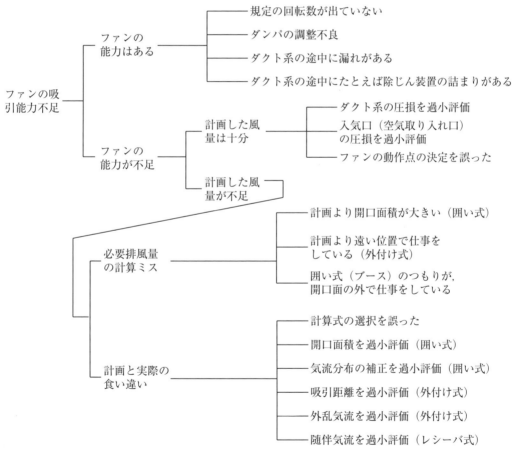

図 4-18　フードの吸引能力不足の主な原因

第
4
編

排風量 Q を測定する。次にダンパを全て全閉とし，またはフードを全てシート等で覆い空気の流入を防いで静圧差 Ps と排風量 Q を測定する。次にダンパの開度を調節するかフード開口の覆いを加減して静圧差 Ps を変えて排風量 Q を測定する。こうして得られた結果を図 4-17 のように Ps を縦軸，Q を横軸にとって方眼紙にプロットしたものがファンの特性曲線である。

このようにして求めたファンの特性曲線を局所排気装置計画時のファンの特性曲線（設置届に添付されている）と比較し，変化がなければファンの性能低下はないが，もし計画時の特性曲線より左下に移動しているならファンの性能は低下している。

ファンの性能が低下している場合，ベルト駆動のものはプーリーとベルトを替え回転数を上げることで性能を上げることが可能である。インバータを使用したもので，周波数設定の誤りで性能低下を起こした場合は，設定を変えるだけで対処できる。その際は，電動機のオーバーロードに注意すること。ファンの性能が低下していないにも関わらず所定の吸気ないし排気能力が得られない場合，ダンパを全開にしたときの静圧 Psf が計画時より大きく排風量 Q が計画時より小さいならば圧損計算の誤り，静圧 Psf と排風量 Q がともに計画時と変わらないのに吸気ないし排気の能力が十分に得られないならば必要排風量の計算誤りが考えられる（図 4-18）。

ファンの性能検査は手間がかかり，また設置場所によっては危険を伴う作業なので，必要のある場合にのみ行えばよい。

3. 排出装置の検査

検　査　項　目	検　査　方　法	判　定　基　準
3. 排出装置　　ホッパー（中間ホッパーを含む。），排出用ダンパ，ロータリーバルブ，コンベヤー等の状態	① ホッパー，排出用ダンパ，ロータリーバルブ，コンベヤー等の外面の状態を調べる。	① 次の異常がないこと。 イ 粉じん等の漏出の原因となるような摩耗，腐食又は破損 ロ 腐食の原因となるような塗装等の損傷 ハ 粉じん等のたい積の原因となるような変形 ニ 排出装置の機能を低下させるような羽等への粉じん等の固着
	② 点検口が設けられているものにあっては，点検口を開いて，ホッパーの内部の状態を調べる。	② 次の異常がないこと。 イ 粉じん等の漏出の原因となるような摩耗，腐食又は破損 ロ 腐食の原因となるような塗装等の損傷

検　査　項　目	検　査　方　法	判　定　基　準
		ハ　排出装置の機能を低下させるような粉じん等のたい積
	③　②によることができないものについては，テストハンマー等を用いてホッパーの外面を軽く打ち，打音を調べる。	③　粉じん等のたい積等による異音がないこと。
	④　排出装置を作動させ，粉じん等が円滑に排出されるかどうかを調べる。	④　粉じん等が円滑に排出され，かつ，作動不良，異音，異常振動等がないこと。

【解説】

　除じん装置に必ず付属する粉じんやスラッジの排出機構（**写真 4-15**）は点検の重要箇所である。特にロータリーバルブやスクリュー取出装置等は，目視はもちろん作動試験も必ず行う。

　粉じんの排出が行われても，排出機構の摩耗による排出量減少や腐食による強度の著しい減少は放置すると事故につながる場合もあるので，摩耗，腐食，損傷，粉じんの付着に注意する。

　イ　ロータリーバルブ

　除じん装置と外部の気圧差による空気漏れを防止する目的で使用される。**図 4-19** のように通常 6〜8 枚の羽根が使われている。羽根はゴムまたは鋼板で作られ，ケーシングとの隙間はゴムの場合 0 mm，鋼板の場合 0.1 mm 程度で製作されている。排出口径が 200 mm 程度のものでは空気漏れは 0.5 m³/min〜1 m³/min 程度であるが，長期間使用していると摩耗し，羽根とケーシングの隙間が大きくなり，漏れ量が増大する。隙間の実測は分解しなければできないので，除じん装置およびロータリーバルブを運転し，熱線風速計で漏れ量を実測する。漏れ空気量が排出口径 200 mm 程度で 1 m³/min 以上の場合は羽根（ロータ）の調整または交換が必要となる。また，羽根の粉じんの付着状態を検査し，付着が認められれば除去する。

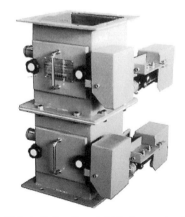

写真 4-15　ロータリーバルブとその内部の排出機構（左）とダブルダンパ（右）（フルード工業）

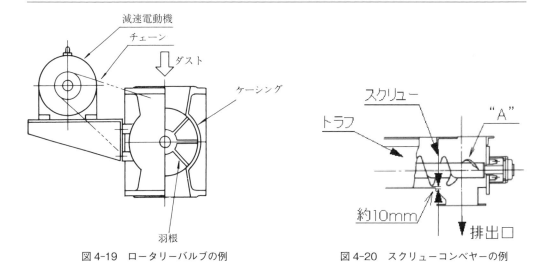

図 4-19　ロータリーバルブの例　　　　図 4-20　スクリューコンベヤーの例

　サイクロン下部に取り付けられたロータリーバルブのケーシングが粉じんによって摩耗・穿孔した。
　このような状態になる前に検査または日常点検で対処すること。

写真 4-16　メンテ不良の実例（集塵装置（株））

　ロ　スクリューコンベヤー

　羽根とケーシング（トラフ）は，接触による摩耗を防止するため，図 4-20 のように10 mm 程度あけて製作されているが，羽根の先端が摩耗すると摩耗量の 2 乗に比例して排出量（移送量）が減少するので，羽根の直径を測定し，20％ 以上減少していれば羽根を交換する。羽根は通常，軸と一体に製作されているので軸ごと交換する。また逆に軸が曲ったり，軸の強度不足で自重によるたわみが生じ羽根とケーシングが接触している場合，そのまま運転を続けるとケーシングが摩耗するので，軸の強度増加を図る必要がある。

　また，スクリューコンベヤー以降の機器に問題があり（例えばロータリーバルブより排出されないなど），粉じんが排出されない状態でスクリューコンベヤーが運転された場合，粉じんが排出口側に圧縮され，排出口側の羽根に異常な負荷がかかり，図 4-20 の A 部のように羽根の一部が曲っていることが見受けられる。この場合羽根を修理するとともに原因を除去する（写真 4-16）。

　ハ　チェーンコンベヤー

　チェーンコンベヤーには種々の型式がある。共通した検査項目はチェーンの張り，チェー

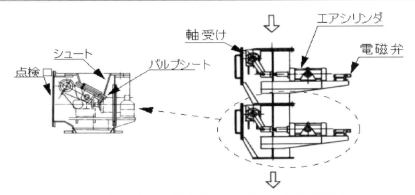

図4-21　ダブルダンパの例（右）とバルブシュート部の詳細（左）

ン・羽根・ケーシングの摩耗，粉じんの付着，騒音などである。

　チェーンのたるみは電動機の取付部で調整するか，チェーンのコマを詰める。摩耗，粉じんの付着，破損の有無は，点検口より目視で検査する。粉じん等の付着が甚だしい場合はかき落し装置等を取り付ける。騒音は通常1m離れた位置で80dB（A）程度である。騒音が甚だしい場合，装置が適合していないことも考えられる。

　ニ　ダブルダンパ（二重ダンパ）

　図4-21のように，上下（特殊な場合は上中下3組）2組のダンパを組み合わせ，交互に開閉することで，除じん装置と外部の気圧差による空気漏れを防止しながら粉じんを排出する。

　弁の作動状態を検査するとともに，点検口からバルブシート・シュート部（図4-21参照）の密着具合を検査し，エア漏れの原因となる摩耗，腐食の有無を検査する。点検口の無いものでは，イのロータリーバルブの項と同様に風速計で空気漏れ量を測定する。排出口の径が200mm程度で1m^3/min以上の場合は分解して検査する。

　ホ　スラッジコンベヤー

　湿式の除じん装置では捕集したダストがスラッジ状になって装置内部にたい積する。このスラッジを連続的に取り出す装置がスラッジコンベヤー（チェーンコンベヤーともいう）である（図4-22）。

　スラッジコンベヤーは水と接触する部分が多いため，スクレーパー，ハウジング，チェーン等の腐食およびスクレーパーと接触するハウジングの底板の摩耗が激しい。ハウジング内の水を抜いて目視検査する。また，実際に運転した状態でスクレーパーが確実にスラッジを排出するか確認する。同時にハウジング内の水位が所定の深さにあることも調べる。

　ヘ　排出装置の軸受け

　イ〜ニ項の各機器の軸受け部にはグランドパッキンを使用しているものがある。これは粉じんの漏れ出しを防止するためのものだが，パッキンが摩滅しているとその効果がなくなる。こ

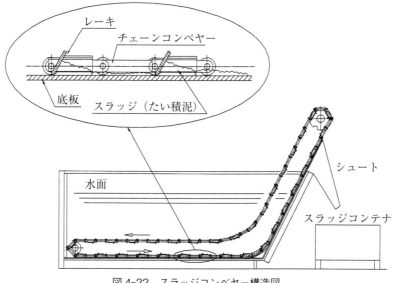

図 4-22　スラッジコンベヤー構造図

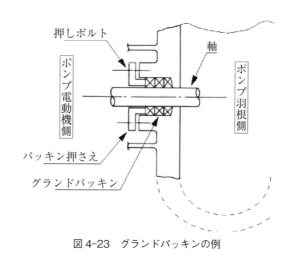

図 4-23　グランドパッキンの例

　の場合はパッキン押さえ金具のボルトの増し締めをするか，パッキンを交換する（図 4-23）。

　　また，グランドパッキンを使用していないものでは軸受けに防じん型のベアリングを使用し，軸受けの内部に粉じんの進入を防止している。この場合の軸受けの異常では，ベアリングを交換する。

　　なお，グランドパッキンは漏液防止のために一部のポンプの軸受けにも使用されるが，この場合は，軸の潤滑のために，わずかに漏液（ほとんどの場合，水である）させる。（4 の「ポンプの検査」（p. 240）参照）

ト ホッパー

除じん装置の運転を停止し，点検口から内部の粉じんのたい積状態，閉塞，異物混入の有無
を検査する。この場合，点検口を開ける前に木製のテストハンマー等でホッパー等の壁面を叩
き，点検口の位置に多量のたい積粉じんのないことを調べる。粉じん等有害物が多量にこぼれ
落ちることを防ぐためである。ホッパーまたはタンク内の部分的な粉じんのたい積や付着は問
題ない。しかし，排出を阻害するような状態であれば原因を調べる。原因としては，外部から
の水分侵入による固着，またはホッパーの角度が緩い（安息角の設定が不適当），排出口が小
さ過ぎる等が考えられる。構造的な問題については，バイブレータ等，排出を促進させる機構
の検討が必要である。

チ 排出装置の作動試験

通常の運転状態で排出部の作動を目視する。ろ過式及び電気式除じん装置では，粉じん払落
し装置を作動させ，排出部からの粉じんの排出を目視確認する。

これらの装置では，粉じんが固着したり，粗大異物を咬み込んで回転部分がロックしたとき
電動機の焼損を防ぐため，安全装置としてシャーピン（図4-24）を使うことがある。これは，
スプロケットに切断しやすいピンを入れ，異常な力が加わったときに折れて空回りするように
したものである。図4-24の例では，電動機または減速器等の軸に固定されたハブがスプロケッ
トと接触し，シャーピンを介して接続されている。もしロータリーバルブなどの排出機構が
ロックしたときはスプロケットに異常に大きな力が掛かり，シャーピンが折れて軸が空回りし，
電動機を保護する。このような場合は外見だけでは正常に回転しているように見えるが，排出
機構のシャフトは停止しているので，シャーピ
ンの作動を見逃すと除じん装置の正常な運転が
できなくなる。この対策はシャーピンの交換だ
けでなく，その原因となった異物や固着した粉
じんの除去が必要である。ダストホッパーの中
に浸み込んだ雨水や結露水で粉じんが固まるこ
ともあるので，激しい降雨のあとなどにこのよ
うな事故の起こることが多い。

この他，トルクリミッターが過負荷でスリッ
プするような状態にないか確認する。これらの
状態になければ，ホッパー内での粉じんのブリ
ッジ，詰まり等がないと判断してよい。

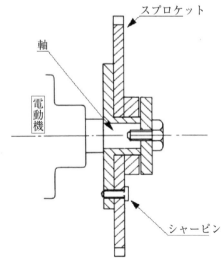

図4-24 シャーピン付チェーンホイール

4.　ポンプの検査

（1）　ポンプの状態

検　査　項　目		検　査　方　法	判　定　基　準
4.　ポンプ	（1）　ポンプの状態	①　ポンプの外面の状態を調べる。 ②　ポンプを作動させ，回転方向を確認し，振動の有無を調べる。	①　腐食，破損又は洗浄液の漏れがないこと。 ②　正常な回転方向であること及び異常な振動がないこと。

（2）　ポンプの軸受けの状態

検　査　項　目		検　査　方　法	判　定　基　準
4.　ポンプ	（2）　ポンプの軸受けの状態	2の（7）の検査方法によりポンプの軸受けの状態を調べる。	2の（7）の判定基準に適合すること。

（3）ポンプの圧力および流量

検　査　項　目		検　査　方　法	判　定　基　準
4.　ポンプ	（3）　ポンプの圧力及び流量	ポンプに附属する圧力計及び流量計により圧力及び流量を調べる。	圧力及び流量が設計値の範囲内にあること。

【解説】

　洗浄式除じん装置で使用されるポンプは，ファンと違い流量や圧力の検査が行いにくい。従って，以下に述べる検査で異常がなければ，除じん装置内部の液の噴霧や流れの状態でその性能を判定してもよい（図4-25参照）。

　ポンプの点検方法はほとんどファンの場合と同一といえる。したがって局所排気装置ないしプッシュプル型換気装置のファンおよび電動機の検査の項に準じて検査を行うほか，次の点にも注意する。

　イ　グランドパッキン

　ポンプを手で回して動きが固かったりムラのある場合は，内部のインペラの錆び付き，グランドパッキンの締め過ぎ，パッキン押えの片締め等が考えられる。パッキン締付け不良は軸受けの過熱を生じ，はなはだしい場合は過負荷になる。

　パッキン押えの締付け状態は，液が外部に滴下する程度に緩く締めるのが基準で，その漏水はパッキン箱の発熱防止のためにも必要である。漏れ出した液は水槽へ戻すなど適切な処置（清水の場合は地下浸透でもよい）をしなければならない。また，漏れてはならない液の場合は，グランドパッキンを用いた構造のポンプを使用してはならない。この場合は，軸受けの構

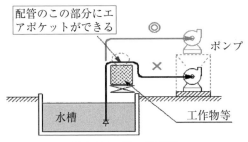

図 4-25　ポンプの配管

造がメカニカルシールのもの，ダイヤフラム式ポンプ，アッシドエッグ式のもの等を用いる。

ロ　呼び水，水抜き

ポンプを始動するときケーシング内に液が充満していなければならない。これを一般に呼び水というが，ポンプが液面より上に設置してある場合は，始動の際，必ず呼び水の要否を確認する。空運転はポンプ内部を焼き付かせ致命的な故障を起こすおそれがある。

また長期間運転しない場合は腐食防止のため，あるいは寒冷地における運転一時休止時には凍結による破損を防ぐため，水抜きが必要である。

ハ　回転方向の確認

ファンと同様ポンプの回転方向はその性能に大きく影響する。逆回転は「ポンプは回っているが，液が出ない（あるいは少ない）」等の原因の一つになる。

ニ　インペラ

ポンプのインペラ（羽根車）がスラッジ等で詰まっていると，振動，騒音の発生の他，液量の低下，または液が全く出ない状態になる。インペラの状態はポンプを分解して調べる以外方法はないので，その前に次の検査を行う。

①　呼び水の状態

②　弁の閉止

③　逆回転

④　ストレーナ，吸込管の閉塞

⑤　吸込管より空気が吸い込まれる（吸込管に孔があいている）。

⑥　フート弁，吸込管の端が液中に潜っていない。

⑦　吸込管内にエアポケットができる（配管方法が不適当）。

ホ　圧力（揚程）と流量

ポンプの性能は圧力と流量で表されるので，これを測定することが望ましい。しかし，この測定方法は簡単ではないので，ポンプに圧力計や流量計が付属している場合，それらが正常に働いていることを確認したあと，そのデータを読みとる。ポンプの付属機器は液中のスラッジ

により閉塞して正しい値を示していないことがあるので注意を要する。

5. 空気圧縮器の検査

検　査　項　目	検　査　方　法	判　定　基　準
5.　空気圧縮器	①　空気圧縮器の計器の異常の有無及び圧縮空気の圧力を調べる。 ②　エアレシーバ内のドレンの有無を調べる。	①　計器に異常がなく，圧縮空気の圧力が設計値の範囲内にあること。 ②　ドレンが異常に溜まっていないこと。

【解説】

　局所排気装置およびプッシュプル型換気装置では，ダクトのダンパ切替えや除じん装置における制御，粉じんの払落しなどに圧縮空気を使用するものが多い。したがって局所排気装置およびプッシュプル型換気装置には小型の空気圧縮機が付属しているものがあり，これの検査も重要である。

　空気圧縮機は「ボイラー及び圧力容器安全規則」により第二種圧力容器として，1年以内毎に1回の定期自主検査が義務づけられているので，ここでは一般的な取扱上の要点を述べる。

（1）　据付けの状態

　空気圧縮機の据付け場所は風通しのよい場所で，環境温度40℃以下の所が望ましい。直射日光，雨滴の直接当たる場所，危険なガスや油，薬品類の近傍，粉じんの多い場所等は不適当である。また水平に設置することも必要である。

（2）　運転の状態

　イ　回転方向の確認

　ベルトカバー等に矢印で回転方向を指示してあるものが多い。所定の回転方向であることを目視で確認する。

　ロ　潤滑油

　空気圧縮機の停止時に水平な場所でオイルゲージを調べ，適正な量になっていることを確認する。油は指定されたもの（小型往復式空気圧縮機油）を使用しなければならない。

　ハ　水滴（ドレン）の排出

　空気中には水蒸気が含まれているので，この空気が圧縮されると水蒸気は水滴となりタンク内に溜る。この水分は毎日排出しなければならない。なお，オートドレン装置を付加すれば自動的に排出される。

　ニ　安全弁

　安全弁は1カ月に1回，安全弁のスピンドルを引っ張って作動がスムーズに動くかどうか調

べ，規定の圧力で作動することを確認する。

　ホ　空気漏れ

　塞止弁やドレン弁を閉じた状態で圧力計の針がゼロから最高圧力になるまでの所要時間が３分以内なら標準である。これを大幅に上まわるようであれば圧縮機の点検が必要である。

　ヘ　フィルタ

　空気取入口のフィルタは，普通の使用なら約６カ月毎に掃除，洗浄する。特に粉じんの多い場所で使用すると，この期間が大幅に短くなる。

（３）　圧縮空気配管系統の状態

　空気圧縮機に直接金属管で配管すると管系に振動が伝搬し，割れ等の思わぬ事故を起こすことがある。必ずゴムホース等の振動緩和機構を組み込んでおくこと。一般に，局所排気装置，除じん装置等で使用する圧縮空気配管系統からの空気漏れの許容範囲は次のような試験をして判断する。

　①　装置全体を，圧縮空気を使用しない状態に保持しておく。

　②　空気圧縮機が自動停止した状態（設定最高圧力）で空気圧縮機の電源を切り，閉止弁を
　　全開にする。

　③　この状態で30分間放置する。

　④　この間の圧力降下が最高圧の 10% 以内であれば良好と見てよい。

（４）　エア・コントロール・ユニット

　圧縮空気には，水滴，ごみ，配管系の内部で生じたスケール等の不純物が混入している。エアシリンダーやエア・モーター等の空気圧機器を使用する場合，それらの保護のためフィルタでろ過し，さらに適正な圧力に調整し，必要に応じて潤滑油を供給することが行われる。このための装置がエア・コントロール・ユニット（**写真 4-17**）と言われるもので，その構成と検査要領は次のとおりである。

　イ　エア・フィルタ部

　送られてきた圧縮空気中の水滴やスケール等の不純物をろ過するもので，多くは透明樹脂製のボウル内に水が溜るようになっている。水の溜る量は季節によって多少異なるので，経験的に適当な期間を決めて水抜きをする。さらに６カ月に１回位の割合でフィルタ・エレメントを洗浄（灯油で洗った後，湯洗）したり交換をする。ボウルの洗浄は中性洗剤を使用する。

　ロ　レギュレーター部

　レギュレーターとは圧力調整器で，構造は減圧弁である。圧力計が付属しているので，これを見ながら適正圧力になるように調整する。適当な期間毎に弁座を掃除することが望ましい。日常の点検では圧力計の読み，その他外観検査を行う。

第4編

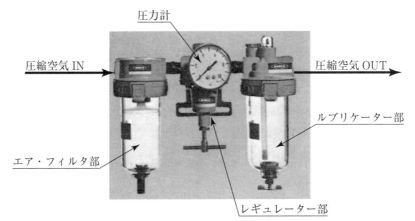

写真 4-17　エア・コントロール・ユニットの例
（日本エアーブレーキ（株））
圧縮空気は左端から入り右へ流れる。左側がエア・フィルタ部，
中央がレギュレーター部，右側がルブリケーター部

　ハ　ルブリケーター部

　空圧機器の潤滑のため，前段でろ過，圧力調整された圧縮空気中に油滴を分散させるものである。したがってバグフィルタの払落し用として直接フィルタ・バグに圧縮空気を吹きつける場合（パルス式の払落し装置）はろ布が油で目詰まりを起すのでルブリケーターは使用しない。

　外観は前段のエア・フィルタと似ているが，ボウルの中にタービン油が入れてあり，霧吹きの原理で油を圧縮空気中に混入する。この部分の点検では，指定された油が適量入っていること，油が汚れていないことを確認する。掃除方法はエア・フィルタ部と同様に行えばよい。

6.　安全装置の検査

検　査　項　目	検　査　方　法	判　定　基　準
6.　安全装置	設計書に従って，圧力放散ベント，ファイアーダンパ，インターロック，逃し弁等の安全装置の作動の良否を調べる。	良好に作動すること。

【解説】

　局所排気装置，プッシュプル型換気装置，および除じん装置に付属した安全装置には，建屋の防火区画を貫通する部位に取り付けるファイアーダンパ（**図 4-26**），異常高温ガスの流れた場合の逃し弁，バイパスダクト，除じん装置の内部で爆発など異常高圧のかかった場合のベント，安全のための各種インターロック機構などがある。

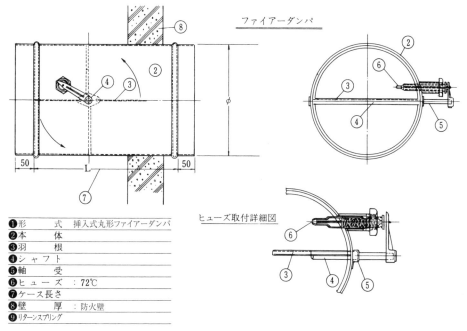

図 4-26　ファイアーダンパの例

（1）ファイアーダンパ

　火災時にダクトを伝って火がまわらないように，建屋の防火区画を貫通する部分に取り付けるよう建築基準法で定められているもので，ダクト内に異常な高温ガス（多くは70℃前後）が流れると温度ヒューズが溶断し，ダンパが自動的に閉鎖する構造になっている。図 4-26 は温度ヒューズ溶断と同時に重力によりダンパが閉じる型式の最も簡単な例である。しかし温度ヒューズは腐食，摩耗に弱く，特に局所排気装置，プッシュプル型換気装置および除じん装置では粉じんやガスのために劣化が早く，常温でも切断して誤作動することがしばしば起こる。

　さらに，ファイアーダンパは壁貫通部に設置することが義務付けられているため，検査しにくい場所であることが多く，誤動作に気づかずにいることがある。温度ヒューズは局所排気装置，プッシュプル型換気装置および除じん装置の定期検査時に交換する必要がある。

　この他ファイアーダンパには，温度感知器によってガス温度を検知し炭酸ガスレリーザが作動するもの，ファイアーダンパ作動と同時にダクト内に炭酸ガス，消火剤等を充満させるようにしたもの等種々の構造のものがある。これらファイアーダンパは，できれば作動試験を行い，または点検口を開いてダンパ板に異物がからみ付いていないか，粉じんが異常に付着していないか，ダンパ板が誤作動した状態になっていないか等を調べる。点検口がなければ，ファイアーダンパに最も近い位置のフランジを外してみる。また，ファンを運転した状態でファイアーダンパ前後の静圧差を測定して，1 hPa 以下程度であれば正常とみてよい。

（2）　逃し弁

　逃し弁は，除じん装置へ異常高温ガスが流入した場合にその焼損を防ぐためのもので，温度感知器とエアシリンダーを使用してガスの流路を切替える構造のものが多い。検査では，感知器の機能，エアシリンダー，電磁弁等の異常の有無を作動試験で調べる。作動試験では，制御盤等に収納された温度セットダイヤルを実際に作動し，ガスの噴射等を確認する。弁の作動は弁の開閉表示目盛で確認する。感知器のプローブに粉じんが付着して感度が著しく低下している場合，あるいはダンパ板が異物のために作動しなくなっている場合もあるので，目視による検査も必要である。

　異常高温時でもファンを止めると生産に支障をきたし作業環境が著しく悪化するため，ファンを停止することができない場合は，除じん装置を迂回し局所排気装置およびプッシュプル型換気装置のダクトとファンを結ぶバイパスダクトを設けることがある。この設備においても，同様の作動試験を行う必要がある。

（3）　爆発圧力放散口（圧力放散ベント）

　可燃性粉じんを取り扱う場合は，装置内部の爆発事故に備えて，圧力を放散し除じん装置の破裂を防ぐ爆発圧力放散口（圧力放散ベント）（図 4-27），爆発圧力（爆風）がダクトを伝いフードより吹き出して作業者に危害の及ぶことを防止する逆流防止弁（逆止弁）が取り付けて

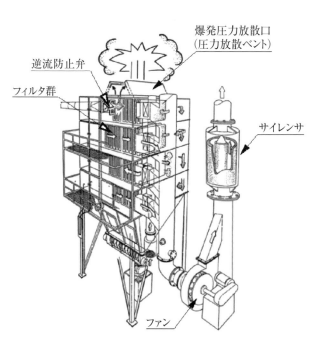

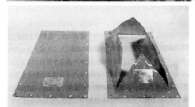

図 4-27　爆発圧力放散口（圧力放散ベント）の例　　　　　　写真 4-18　破裂板

ある。

　放散口（放散ベント）は圧力を利用した蓋型式のものと，破裂板を用いたものがある。蓋型式の多くは片ヒンジ（継ぎ目・蝶番）になっているので，腐食により蓋の動きに支障がないか作動試験を行う。ただしガスケットが密着して開きにくい場合は，バール等を利用する。また閉める場合は，ガスケットが座に密着するように注意する。密着しない場合は除じん装置運転時のエア漏れの原因となる。破裂板型式のものは作動試験を行えないので，腐食および劣化を目視検査する。

　逆止弁は図 4-27 のような構造のものがほとんどで，気流の方向で開閉する。点検口より弁板などの腐食，摩耗，内部の粉じんたい積の有無を目視検査し，弁の動きを手で検査する。

　写真 4-18 は左側が破裂板，右側は破裂板が作動したときの状態。同写真上は除じん装置等のハウジングやホッパーに破裂板をフランジで取り付けた状態である。破裂板は消耗品であるから少しでも腐食が発見された場合には交換する必要がある。

（4）　安全のためのインターロック

　機器の内部に作業者が入って検査する場合で電気的，機械的に危険のある所では，次のようなインターロックがとられている。

　装置制御盤は特定のキーがなければ運転できない構造で，内部を検査するための点検口等にリミットスイッチなど電気的スイッチが付けられ，点検口等を開けるとインターロックがかかる。このようなものについては，次の事項に注意する。

　①　検査前に制御盤のキーを必ず外し，メインブレーカーを OFF にしてから検査を行う。

　②　点検口などの安全スイッチは作動試験を行い，インターロックが有効に働き機器が作動しないことを確認してから検査を行う。

7. 除じん性能の検査

検　査　項　目	検　査　方　法	判　定　基　準
7.　除じん性能	除じん装置を作動させ，日本工業規格 Z8808（排ガス中のダスト濃度の測定方法）に規定する方法等によりハウジングの上流部及び下流部に設けられている測定孔の内部における有害物質の濃度を測定し，除じん効率を求める。	除じん率が設計値の範囲内にあること。

第
4
編

【解説】

（1）　除じん装置の性能

　除じん装置の検査における性能試験は多少異質のところがある。特に，装置の機械部分の検査と同時に性能試験を行うことは困難なことがあるので，ケース・バイ・ケースで対処すること。検査作業で除じん部に異常が発見され，それを修理した場合などは性能試験が必要になるが，日を改めて実施してもよい。ろ過式除じん装置（バグフィルタ）におけるフィルタだけの交換工事等では性能試験を行わないことが多い。また，他の環境関連法規で定期的な測定が義務付けられている場合は，そのデータを参考にすればよい。従って，本項は必要に応じて実施することとする。

　除じん装置の性能は，JIS B 9910（集じん装置の性能測定方法）において下記の項目があげられており，必要ならばこの中の項目を選択する。

① 集じん装置の入口及び出口ダクト内のガス温度，静圧及び組成

② 集じん装置の入口及び出口ダクト内のガス流量

③ 集じん装置の圧力損失

④ 集じん装置の入口及び出口ダクト内のダスト濃度

⑤ 集じん装置の入口及び出口ダクト内のダスト流量

⑥ 集じん装置の集じん率又は通過量

⑦ 集じん装置入口ダクト内ダスト，出口ダクト内のダスト及び捕集ダストの比重と粒径分布

⑧ 集じん装置の入口ダクト内のダスト又は捕集ダストの見掛け電気抵抗率

⑨ 集じん装置の使用水量及び液ガス化

⑩ 集じん装置の排水量及び排水の水質

⑪ 集じん装置の動力消費量

⑫ 集じん装置の騒音

　除じん装置は種々の形式に分類され，形式ごとに測定項目は異なるが，各形式の除じん装置に共通した測定項目は前記①②④項である。①②項は④項を測定する場合，必然的に測定する項目であり，各測定方法は下記のとおりである。

（2）　除じん装置入口，出口ダクト内ガス温度，静圧（ガス組成の測定については省略）

　温度はガラス温度計または電気式温度計で測定する。詳しくはJIS Z 8704（温度測定方法 - 電気的方法），JIS Z 8705（ガラス製温度計による温度測定方法）を参照されたい。

　静圧は静圧ピトー管を用いるか，ダクト壁面の左右2カ所に静圧孔を設け，U字管マノメータで測定する。得られた値が一致しない場合は，その平均値で表す。

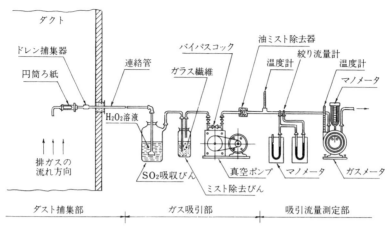

図 4-28　ダスト試料採取装置の構成例

（3）　除じん装置入口，出口ダクト内ガス流量

　JIS Z 8808（排ガス中のダスト濃度の測定方法）に準拠した測定法による。図 4-28 は測定機器の構成を示す。

　（注）　• サンプリングノズルは 6 φmm 程度のものが多く用いられる。したがってチューブも 6～10 φmm のものが用いられるので，サンプリング装置全体としては，100 hPa 程度の圧力損失になる。ガス（空気）の流量は圧力補正する必要がある。

　　　　　• 温度計はダクト内ガス温度を測定し外気温度との補正をするために必要だが，常温空気なら温度補正は必要ない。

　　　　　• ノズル（プローブ）の吸引速度はダクト内風速 v に等しくする。

（4）　除じん装置入口，出口ダクト内粉じん濃度測定

　測定方法は JIS Z 8808（排ガス中のダスト濃度の測定方法）に準じて行う。

（5）　集じん率の計算方法

　集じん率（除じん率）は次式で求める。

　　　　　　　η：集じん率（%）

　　　　　　　C_i：除じん装置入口ダスト濃度（g/m^3_N）

　　　　　　　C_e：除じん装置出口ダスト濃度（g/m^3_N）

$$\eta = \frac{(C_1 - C_e)}{C_i} \times 100 \quad (\%)$$

　集じん率は装置の型式により異なるので，設計値と比較して状態を判断する。集じん率は排ガス，粉じんの性状や量等により大きく変動するため，出口濃度で性能を表示している除じん

第 4 編

装置の場合，設計出口濃度との対比を行う。集じん率および出口濃度が設計値に対し著しく悪い場合，ろ過式除じん装置はフィルタの破れ，劣化，電気式集じん装置については，放電極，電源の異常等が考えられるので，原因の調査を行う。原因調査には専門技術者の意見を求めることが望ましい。

　（注）「除じん装置」と「集じん装置」は同義語である。安衛法では主として「除じん装置」，
　　　　JIS では「集じん装置」が用いられている。

Ⅱ　サイクロン

　サイクロンの検査項目，検査方法及び判定基準については，Ⅰの「除じん装置の装置本体」
（p. 201）による他，以下の表によること。

1. 吸引式サイクロンの粉じん等排出部の空気の流入の状態および
###　　押込式サイクロンの本体部の摩耗の状態の検査

検 査 項 目	検 査 方 法	判 定 基 準
1. 吸引式サイクロンにあっては，サイクロンの粉じん等排出部の空気の流入の状態	吸引式サイクロンを作動させ，スモークテスターを用いて煙が粉じん等排出部に吸い込まれないかどうかを調べる。	スモークテスターから放たれた煙が粉じん等排出部に吸い込まれないこと。
2. 押込式サイクロンにあっては，サイクロン本体部の摩耗の状態	サイクロン本体を目視検査し，摩耗の有無を調べる。	摩耗のないこと。また，溶接部における摩耗穿孔による粉じんの漏出がないこと。

【解説】

　含じん空気に旋回気流を与え，粉じんに作用する遠心力により空気から粉じんを分離する除
じん装置をサイクロンという（写真 4-19，図 4-29）。

　この除じん装置には，含じん空気をファンを通してサイクロンに送り込む運転方式（サイクロン内部は正圧になる）と，サイクロンをファンの前に設置し吸引する運転方式（サイクロン内部は負圧となる）とがある。一般的に，送り込む方式はファン内部を粉じんが通るため，摩耗及び付着性の少ない粉じんに用途が限定される。

写真 4-19　マルチサイクロンの例（集塵装置（株））

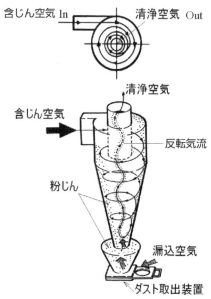

図 4-29　サイクロンの例

　吸引式のサイクロンの場合，ダスト排出装置からの空気漏れはわずかであっても分離した粉じんが図4-29に示す反転気流にのって巻き上げられ著しく集じん率を悪化させる。また送り込み方式においても多量の吹き出しは含じん空気が外部に飛散し，環境悪化を招く原因になるので重要な検査項目である。空気の漏れ込み，漏れ出しは目視で判断できる場合もあるが，スモークテスターを用い，煙の流れを見ることにより容易に判断できる。

2.　ネック部の摩耗，腐食および破損ならびに粉じん等のたい積の状態の検査

検 査 項 目	検 査 方 法	判 定 基 準
3.　ネック部の摩耗，腐食及び破損並びに粉じん等のたい積の状態	①　ネック部においてテストハンマーを用いて外面を軽く打ち，打音を調べる。 ②　摩耗又は腐食を生じさせやすい有害物質の除じんを行うサイクロンについては，テストハンマーによる打音検査のほか，溶接線に沿った目視検査を行う。	①　粉じん等のたい積，付着等による異音がないこと。 ②　次の異常がないこと。 　イ　板厚摩耗による打音の異常 　ロ　溶接線に沿った穴開き又は腐食

【解説】
　サイクロンの内面は高速の旋回気流にさらされているため，付着性の高い粉じんや湿った粉じんの場合，遠心力によって内壁に押し付けられて付着し，サイクロンが閉塞してしまうこと

がある。特に旋回気流の速くなるネック部で（図4-29の円錐の細くなる下部）その現象が激しい。粉じんが付着し始めると旋回流は弱まり，かつ粉じんの不規則運動が起こるので，集じん率が低下する。

　このような場合はテストハンマーの打音で付着，閉塞の有無を検査する。付着が避けられない場合はサイクロンの壁面にハンマーリング座を設けておき，ハンマーで叩き落とすかエアノッカーなどを付加すると有効である。サイクロンの壁面に点検窓を設けることもある。

　一方，砂など摩耗性のある粉じんによりサイクロン内壁が摩滅し穿孔することがある。摩耗の激しい部分は円錐下方とネック部付近，溶接部等である。またサイクロン下部のダストビンの中でも旋回流があるため，ダストビンの内壁が摩耗することもある。摩耗の検査は打診でもある程度可能であるが，できれば超音波厚さ計を用いて板厚残量を測定し，当て板などの予防処置を行う。

　サイクロンの性能は内部の旋回流の強弱で決まるが，旋回流の大きいものほど圧力損失が大きい。運転状態が正常であるか否かを検査するにはサイクロン前後の全圧差を測定し設計値と対比する。それが困難な場合は静圧差でもあまり大きな誤差にはならない。しかし，サイクロンの出口部には旋回流があるので，これを止めて全圧または静圧を測定（整流板を入れるなど）しないと大きな誤差を生じる。サイクロンの圧力損失はかなり大きく，10〜20hPa程度である。

Ⅲ　スクラバ

　スクラバとは洗浄式除じん装置のことで種々の型式のものがある。従って各々の構造をよく理解した上で検査を進めければならない。

　スクラバの検査項目，検査方法および判断基準については，Ⅰの「除じん装置の装置本体」（p. 201）による他，以下の表によること。

1.　分離部の検査

（1）　ベンチュリスクラバのベンチュリ管の状態

検 査 項 目		検 査 方 法	判 定 基 準
1.　分離部	（1）　ベンチュリスクラバのベンチュリ管の状態	①　ベンチュリスクラバを作動させ，ピトー管及びマノメータを用いて，ベンチュリ管の前後の圧力差を測定する。 ②　①によることができないものについては，次の式によりスロート部の流速を算定する。 $$V_T = \frac{Q_T}{60 \times A_T}$$ V_T：スロート部の流速（m/s） Q_T：スロート部の空気流量（m³/min） A_T：スロート部の断面積（m²） ③　洗浄液の噴霧の状態を調べる。 ④　③によることができないものについては，給水部又はノズル部を分解し，スラッジ，スケール等による目詰まり，摩耗，腐食，破損，変形等の有無を調べる。	①　ベンチュリ管の前後の圧力差が設計値の範囲内にあること。 ②　スロート部の流速が設計値の範囲内にあること。 ③　洗浄液の噴霧の状態が良好であること。 ④　目詰まり又はベンチュリ管の機能を低下させるような摩耗，腐食，破損，変形等がないこと。

【解説】

　ベンチュリスクラバとは，含じん空気をベンチュリ管（絞り管）に導き，気流を50～100 m/sに上げ，その部分に高圧水を噴霧して粉じんと水滴とを衝突させる構造のものである。ベンチュリ自体には除じん能力はなく，粉じんと衝突して見かけ上大きくなった水滴を後段の分離器で捕集する。従ってベンチュリ部と分離器に分けて考えるのが普通である（図4-30, 4-31）。

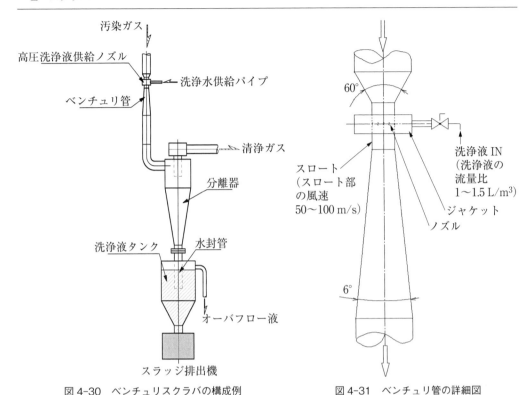

図 4-30　ベンチュリスクラバの構成例

図 4-31　ベンチュリ管の詳細図
洗浄液の偏りを防止するため，ベンチュリ管
は鉛直に設置する。

　検査では，ベンチュリ部の流速が設計通りか，適正な値で設計されているか，水の噴霧が十分か等を調べる。ベンチュリ管の前後の圧力差を測定することが望ましい。この際，ファンのみ運転し水噴霧を止めて測定した場合と，正常に水を噴霧して測定した場合とでは測定値に大きな差異が生ずるので，必ず所定の運転状態で測定する。一般的にベンチュリ部前後の圧力差は 35〜100 hPa の範囲にあるものが多い。

　直接ベンチュリ部前後の圧力差が測定できない場合は，ファン入口等適当な測定箇所で空気流量を測定し，ベンチュリ部のスロート部（ノド部－最も細くなっている部分）の内径を測って，その空気流量をスロート部の断面積で除して流速を求めればよい。本例における測定では正常か否かの目安を求めることが目的なので，あまり精密である必要なく，気体の圧縮性は無視してよい。

　ベンチュリ部で多いトラブルは水噴霧ノズルの閉塞なので，給水部またはノズル部を分解して，スラッジ，スケール等が溜まっていないか，噴霧ノズルの閉塞はないか等を調べる必要がある。その他，ベンチュリ部の全体の摩耗，腐食，破損，変形，漏れ等を目視および超音波厚さ計を用いて検査する。

　分離部には，サイクロン，重力沈降室等が用いられ，いずれの型式のものでも各部の摩耗，腐食，閉塞等を注意し，特に水封部とスラッジ取出部が正常に作動しているかどうかを検査する。

（2）　充てん塔式スクラバまたは漏れ棚塔式スクラバの充てん物，棚，段等の状態

検　査　項　目		検　査　方　法	判　定　基　準
1.　分離部	（2）　充てん塔式スクラバ又は漏れ棚塔式スクラバの充てん物，棚，段等の状態	①　充てん物の目詰まり及び破損の有無並びに量を調べる。 ②　棚，段等の目詰まり，摩耗，腐食，破損，変形等の有無を調べる。	①　充てん物の機能を低下させるような目詰まり又は破損がなく，充てん物の量が設計値の範囲内にあること。 ②　棚，段等の機能を低下させるような目詰まり，摩耗，腐食，破損，変形等がないこと。

（3）　充てん塔式スクラバまたは漏れ棚塔式スクラバのスプレーノズルまたは洗浄液分散器の状態

検　査　項　目		検　査　方　法	判　定　基　準
1.　分離部	（3）　充てん塔式スクラバ又は漏れ棚塔式スクラバのスプレーノズル又は洗浄液分散器の状態	①　スプレーノズル又は洗浄液分散器の目詰まり，摩耗，腐食，破損，変形等の有無を調べる。 ②　①によることができないものについては，充てん塔式スクラバ又は漏れ棚塔式スクラバを作動させ，スプレーノズル又は洗浄液分散器の作動状態を調べる。	①　スプレーノズル又は洗浄液分散器の機能を低下させるような目詰まり，摩耗，腐食，破損，変形等がないこと。 ②　スプレーノズルにあっては洗浄液が均一に噴霧されており，洗浄液分散器にあっては洗浄液の分布が均一であること。

【解説】

　充てん塔，漏れ棚塔は主として有害ガスの吸収に用いられる。構造は図4-32に示すように，塔内に設置した充てん物あるいは漏れ棚で気液の接触を行わせ，有害ガスを液中に吸収するものである。

　この種のスクラバでは，洗浄液が塔内に均一散布されることが重要なので，スラッジによるスプレーノズル等液分布器の閉塞，腐食，または変形等で流れの不均一が起きていないことを確かめる必要がある。充てん塔では，充てん物を容れる各棚の腐食，たい積スラッジの重みによる変形等がないかを調べ，また充てん物の破損，充てんの偏り，目詰まりや目減り等がないか等を重点的に調べる。破損や目詰まりした充てん物は交換し，目減りしている場合は同種の充てん物を補充する。漏れ棚塔でもほぼ同様の検査を行い，特にスラッジのたい積や棚の変形が液分散を不均一にしていないか十分注意し，できれば液分散の状態を目視検査する。

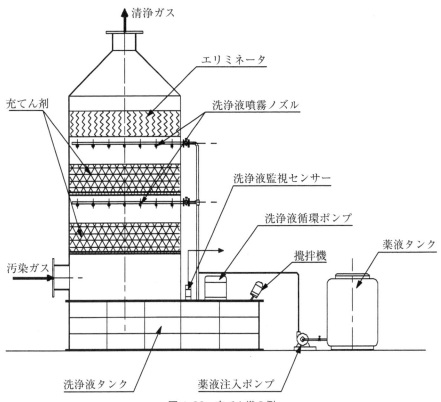

図4-32　充てん塔の例

（4）　ウォータ・フィルム等の気液混合部の状態

検　査　項　目		検　査　方　法	判　定　基　準
1.　分離部	（4）　ウォータ・フィルム等の気液混合部の状態	①　気液混合部におけるバブリングの状態を調べる。	①　バブリング状態が均一で，かつ，水面が激しく上下振動していないこと。 　　また，ケーシングに脈動がないこと。
		②　①によることができないものについては，ピトー管及びマノメータを用いて，気液混合部の前後の圧力差を測定するとともに，洗浄液の液面の高さを調べる。	②　気液混合部の前後の圧力差及び洗浄液の液面の高さが設計値の範囲内にあること。
		③　気液混合部の目詰まり，摩耗，腐食，破損，変形等の有無を調べる。	③　気液混合部の機能を低下させるような目詰まり，摩耗，腐食，破損，変形等がないこと。

第
4
編

【解説】

　ウォータ・フィルムとは，溜水形のスクラバで，バブリング装置またはサブマージド・ノズル・スクラバ等ともよばれる。ポンプを使用せず，空気を風圧によって逆S字状のスロット部へ導入して強制的に気液を混合させて除じんする構造（図4-33）のものである。ノズルやポンプを使用していないので検査は比較的容易である。点検窓を開いて逆S字状のスロット部の閉塞，摩耗，腐食等の異常の有無を調べ，同時に水位を目視し，逆S字状スロット部が半分位水中に入る程度を正常とする。水位はウォータ・フィルムの性能を保持するうえで非常に重要なもので，自動水位調整装置が付属していて常に一定水位を保つようになっている。水位検査のとき異常があれば，この装置のスラッジによる閉塞，故障等が考えられる。自動水位調整装置は一般には機側に取り付けられ，水面が露出または簡単な蓋が設けてある程度であるから容易に検査できる。

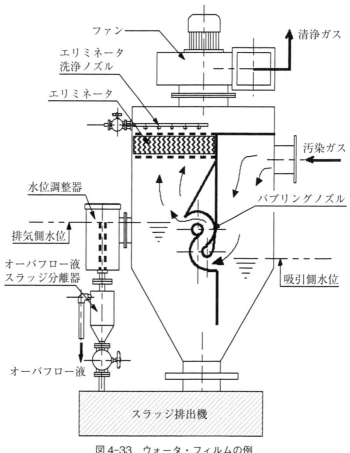

図4-33　ウォータ・フィルムの例

（5）　気液分離部の状態

検　査　項　目	検　査　方　法	判　定　基　準
1.　分離部　　　（5）　気液分離部の状態	①　気液分離部の目詰まり，摩耗，腐食，破損，変形等の有無を調べる。 ②　①によることができないものについては，ピトー管及びマノメータを用いて気液分離部の前後の圧力差を測定する。	①　気液分離部の機能を低下させるような目詰まり，摩耗，腐食，破損，変形等がないこと。 ②　気液分離部の前後の圧力差が設計値の範囲内にあること。

【解説】

　スクラバには，その最終段にミストを除去するためのデミスタ，またはエリミネータとよぶ一種のフィルタが付属している。この部分はミストを捕集し液滴を塔下段または装置内下部溜水部へ流し去る働きをしているが，その機能上，徐々にスラッジが濃縮され，ついに閉塞状態になることがある。このような状態なるとスラッジの重みでデミスタ（フィルタ枠）が変形したり，破損したりする。また目詰まりのための風量低下をきたす。

　さらに極端な場合は全面閉塞したデミスタ部に一部の気流通路ができ，ショートパスしてしまい，この部分の差圧を測定してみると正常値とあまり変わらないような現象が起こる。もちろんこの場合はミスト除去の能力は大幅に低下している。従ってデミスタの検査は差圧測定と目視検査が必要である。

2.　水封部の検査

検　査　項　目	検　査　方　法	判　定　基　準
2.　水封部	①　水封部の目詰まり，摩耗，腐食，破損，変形等の有無を調べる。 ②　洗浄液の液面の高さを調べる。 ③　水封部からの空気の流入又は漏出の有無を調べる。	①　水封部の機能を低下させるような目詰まり，摩耗，腐食，破損，変形等がないこと。 ②　洗浄液の液面の高さが設計値の範囲内にあること。 ③　空気の流入又は漏出がないこと。

【解説】

　スクラバは空気の漏れ込みまたはガスの漏出を防ぐため，洗浄液排出部は水封構造になっている。水封部の検査では，水位調整が正常に行われ，かつ腐食，破損による漏れがないかを調べる。スラッジがたい積して水位調整が円滑に働かないもの，メンテナンスが悪く，スラッジ除去（取出し）が不十分なもの等のチェックを行う。

　水封部は気液の接する境界であるから，スクラバの中でも最も早く腐食が進行するので入念

な検査が必要である。

3.　廃液部の検査

検 査 項 目	検 査 方 法	判 定 基 準
3.　廃液部	①　廃液口の状態を調べる。 ②　廃液の状態を調べる。	①　廃液口から漏洩のないこと。 ②　汚水液の漏出等環境汚染を起こす恐れのないこと。

【解説】

　廃液口は常時洗浄液に浸されており，前項の水封部とともに装置の構成材料にとって過酷な環境下にある。したがって，洗浄式除じん装置で最も腐食，故障の多い部位である。目視検査で漏洩がないときでも，廃液口の作動試験を行う必要がある。内部の腐食の進行あるいは閉塞の有無を確認する。廃液口およびその周辺部の腐食の進行状況は超音波厚さ計で調べてもよい。

　廃液口が正常に作動することを確認した後，廃液の状態を調べる。直近の廃液分析データを閲覧し，異常のないことを確認する。分析データがないときは，この装置の使用者等から混入するおそれのある化学成分を特定し，必要に応じて専門家による分析を依頼すること。環境汚染のおそれのあるときは直ちに対策を講じるよう指導すること。

4.　その他の洗浄式除じん装置

　サイクロンとスクラバの両方の特徴をもつ除じん装置としてサイクロンスクラバがある。サイクロンスクラバは乾式のサイクロンに洗浄液噴霧装置を付加したような構造（図4-34）であるから，点検方法はサイクロンに準じ，その他，洗浄液の噴霧装置（スプレーノズル）の閉塞，破損の有無を調べればよい。

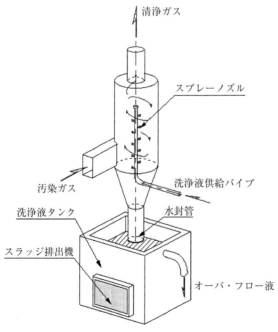

図4-34　サイクロンスクラバの例

IV　ろ過式除じん装置

　ろ過式除じん装置は大別して，ろ材再生式のものと，ろ材使い捨て式のものがある。前者はバグフィルタと称し，現在では除じん（集じん）技術の主流をなす設備であり，後者はクリーンルームや原子力施設等で多用されている。ここでは局所排気装置およびプッシュプル型換気装置に使用されるバグフィルタの検査について述べる。

　ろ過式除じん装置の検査項目，検査方法および判断基準についてはⅠの「除じん装置の装置本体」（p. 201）による他，以下の表によること。

1.　ろ材の検査

（1）　ろ材の状態

検　査　項　目		検　査　方　法	判　定　基　準
1.　ろ材	（1）　ろ材の状態	①　ろ材の目詰まり，破損，劣化，焼損，湿り等の有無を調べる。 ②　ピトー管及びマノメータを用いて，ろ材の前後の圧力差を測定する。	①　ろ材の機能を低下させるような目詰まり，破損，劣化，焼損，湿り等がないこと。 ②　ろ材の前後の圧力差が設計値の範囲内にあること。

【解説】

　ろ過式除じん装置（以下，バグフィルタ）は，一定量の粉じんがろ材（フィルタ）上にたい積して目詰まりをはじめた時点で払い落とす機能（ろ材再生機能）を備えている。

　従って，バグフィルタはろ材と払落し機構が主な構成要素である。ろ材の形状は円筒型と封筒型（ろ材が平板状になっており，その構造が封筒に似ている）の二種類に大別される。その材質は綿，ナイロン，ポリエステル，ポリプロピレン，ガラス，弗素（フッ素）樹脂など天然繊維から合成繊維まで非常に種類は多く，処理するガス，粉じんの特性に合わせた材質のものが選定でき，今後開発される繊維が新たな用途に適用されることも期待される。

　繊維の構造には短繊維と長繊維があり，前者は織布とフェルトに加工されたもの，後者は織布である。ろ材としては短繊維の織布およびフェルトが多く用いられている。織布は機械的な強度が強いため機械式の払落し装置に，フェルトは機械的強度がやや劣るがろ過効率がよく圧力損失が低いため，パルス式の払落し装置に用いられる。

　ろ材の状態の目視判断は熟練者でも難しい。ろ材の良否の判断基準は，破損の有無およびろ材の通気抵抗すなわち圧力損失が設計値の範囲以下であることに集約される。

表4-7　ろ材の材質と耐熱温度

ろ材の材質	耐熱温度（℃）
木綿	60
ポリプロピレン	110
ポリエステル	120
耐熱ナイロン	170
ガラス繊維	210
弗素繊維	260

〈ろ材の破損〉

　ろ材が破損しているか否かは，排気口，バグフィルタ内のろ過後の清浄空気の流通路およびろ材の清浄面側を目視することにより判断できる。

　ろ材破損の原因としては，摩耗，焼損及び劣化が考えられる。

　イ　摩　耗

　吸引された粉じんが高速（2 m/s 以上）でろ材に衝突するために起こる局部摩耗と摩耗性の高い粉じんが付着たい積して払落し機構作動時に振動でろ材を摩耗すること等が考えられる。

　前者が原因の場合は，整流板または衝突板を設置することにより，含じん気流をろ材へ直接衝突させないようにすればよい。

　後者の場合はバグフィルタの基本構造が原因であり対策は難しいが，粉じんの前処理装置を設けて吸じん量を減らすか，または摩耗に強いろ材（フェルトまたはナイロン系の短繊維）に変更することが考えられる。

　ロ　焼　損

　焼損の原因としては次のことが考えられるので，それぞれの原因に応じて対策を講じる。

①　ろ材の耐熱温度以上のガスが流入した場合

　　A　高温ガスが流入した原因の調査と対策

　　B　吸引ガス温度に対し十分耐え得る材質のろ材に変更する。表4-7にろ材の一般的耐熱温度を示す。

②　高温粒子（火の粉，研磨粉等）が飛来する場合

　　高温粒子がろ材に付着または衝突したことによる局部焼損，またはこれが原因になって全面的焼損となる場合である。

　　一般に除じん操作の場合はガス温度と粒子温度は極端に異なることが多い。温度計による測定ではほとんどの場合ガス温度のみのデータであることに注意する。

　　この対策は，まず高温粒子の吸引防止を考えるべきである。例としてフード形状の検討

およびバグフィルタ前段にサイクロン等の前置き除じん装置を設けることなどである。

　ろ材を耐熱性の高いものに交換することも必要だが，直接的な効果は期待できない。

③　粉じんが自然発火する場合

　可燃性の粉じんや金属粉等酸化されやすい粉じんでは自然発火や爆発の起こることがある。この場合の対策は専門家に依頼すべきであるが，概要は次のとおりである。

A　除じん装置内部に粉じんを溜め過ぎないこと

B　除じん装置内の空間をなるべく小さく区切ること

C　除じん装置内に温度センサーを設置して，内部の温度を管理すること

D　湿式除じん方式に変更すること

ハ　劣化

　ろ材劣化の原因は吸引ガス中に含まれる化学成分およびガスの温度によるものがほとんどである。化学繊維では高温かつ水蒸気を多量に含んだガスにさらされると著しく劣化するものが多い。局所排気装置での例は少ないが，プロセスガスの集じんの場合は特に注意しなければならない。耐薬品性についての目安を**表4-8**に示す。

〈ろ材の目詰まり〉

　ろ材の圧力損失の増大を目詰まりと呼んでいる。この目詰まりが進行すると，風量が低下しバグフィルタの能力が減少することになる。

　目詰まりの状態は，ろ材前後（通常状態でろ材の上流側，下流側）の静圧差をマノメータまたは圧力計で読み取ることで判断できる。圧力損失は除じん装置の型式および設計条件により異なるが，一般的なバグフィルタでは5〜25 hPaの間にあると考えてよい。

　目詰まりの原因としては，粉じんの粒度（特に$10\,\mu$m以下の粒子），ろ材の湿り，払落し装置の不具合，ろ材自体の特性及びろ過風速が速いことが考えられる。

イ　ろ材の湿り

　ろ材を濡らさないことは使用上重要である。雨水の漏れ込みや水蒸気の結露等によってろ材が湿り，通気抵抗が増大し極度の目詰まりを起こすことがある。特に雨水の漏れ込みや水滴の吸引は定期検査で発見し対策を立てる必要がある。水蒸気の結露は撥水処理（シリコン処理等）を施したろ材の使用で改善される場合がある。またガス温度を上昇させることも効果的である。

ロ　払落し装置の不具合

Ⅳ「ろ過式除じん装置」の2「払落し装置等の検査」（p. 267）を参照

ハ　ろ材自体の特性

　ろ材はその組織により，剝離性，ろ過効率が異なる。組織は多岐にわたるが**表4-9**に大別することができる。

表4-8　ろ材の品種と耐薬品性

品種＼性能	酸の影響	アルカリの影響	他の化学薬品の影響	溶剤の影響 一般溶剤：アルコール，エーテル，ベンゼン，アセトン，ガソリン，パークレン
ポリエステル	濃塩酸，75％硫酸，濃硝酸で強度ほとんど低下なし	10％苛性ソーダ溶液，濃アンモニア溶液で強度ほとんど低下なし	一般に良好な抵抗性あり	一般溶剤に不溶解 熱m-クレゾール，熱o-クロロフェノール，熱ニトロベンゼン，熱ジメチルホルムアミド，40℃フェノール・四塩化エタン混合液に溶解
アクリル	濃塩酸，65％硫酸，45％硝酸で強度ほとんど低下なし	濃苛性ソーダ溶液，濃アンモニア溶液で強度ほとんど低下なし	一般に良好な抵抗性あり	一般溶剤に不溶解 ジメチルホルムアミド，ジメチルスルフォオキサイド，熱飽和塩化亜鉛，熱65％チオシアン酸カリ溶液に溶解
アクリル系	濃塩酸，70％硫酸，40％硝酸で強度ほとんど低下なし	濃苛性ソーダ溶液，濃アンモニア溶液で強度ほとんど低下なし	一般に良好な抵抗性あり	アセトンを除く一般溶剤には不溶解 アセトン，ジメチルホルムアミド，ジメチルスルフォオキサイド，シクロヘキサノンに溶解
ビニリデン	濃硫酸，濃硝酸で強度ほとんど低下なし	濃苛性ソーダ溶液，15％アンモニア溶液で強度ほとんど低下なし	ほとんど変化なし	一般溶剤に不溶解 ジクロルベンゼン，シクロヘキサノンに溶解あるいは膨潤 テトラヒドロフラン，ジメチルホルムアミドに溶解
ポリ塩化ビニル	濃塩酸，濃硫酸で強度ほとんど低下なし	濃苛性ソーダ溶液，濃アンモニア溶液で強度ほとんど低下なし	ほとんど変化なし（酸化還元剤に対しても良好な耐性あり）	アルコール，エーテル，ガソリンに不溶解 ベンゼン，アセトン，熱パークレンに膨潤 テトラヒドロフラン，シクロヘキサノン，ジメチルホルムアミド，熱ジオキサンに溶解

性能＼品種	酸の影響	アルカリの影響	他の化学薬品の影響	溶剤の影響　一般溶剤：アルコール，エーテル，ベンゼン，アセトン，ガソリン，パークレン
ナイロン	濃塩酸，濃硫酸，濃硝酸で一部分解を伴って溶解	濃苛性ソーダ溶液，濃アンモニア溶液で強度ほとんど低下なし	一般に良好な抵抗性あり	一般溶剤に不溶解　フェノール類（フェノール，m-クレゾール等），濃ギ酸に溶解　氷酢酸に膨潤，加熱により溶解
綿（アプランド）	熱希酸，冷濃酸で分解，冷希酸に影響なし	苛性ソーダで膨潤（マーセル化）するが損傷なし	次亜塩素酸塩，過酸化物により漂白，銅アン液により膨潤または分解	一般に不溶
羊毛（メリノ）	熱硫酸で分解，強酸，弱酸には加熱しても抵抗性あり	強アルカリで分解，弱アルカリで侵される。冷希アルカリ中で攪拌する事により縮絨	過酸化物あるいは亜硫酸ガスにより漂白	一般に不溶
ガラス繊維	耐酸性は良好であるが，弗酸に著しく劣化する	良好であるが，強アルカリでバインダが劣化する	耐候性良好	一般に不溶，但しバインダの劣化に注意
弗素（フッ素）繊維	極めて良好	極めて良好	極めて良好	極めて良好

表4-9　ろ材の組成と特性

組織	特性	剥離性	ろ過効率
織布	長繊維	○	×
	短繊維	×	○
フェルト	表面処理　有	△	○
	表面処理　無	×	○

表4-10　ろ過風速の目安

払落し方式	ろ過風速
機械振動式払落し方式	0.5〜1.5 m/min
逆洗式払落し方式	0.5〜2　m/min
パルス式払落し方式	0.5〜3　m/min

　ニ　ろ過風速

　バグフィルタの構成要素はろ材と払落し機構であると先に述べたが，性能を左右する要素としてはろ過風速の影響が大きい。

　ろ過風速は次の式で示され，一般に m/min の単位で表される。

$$ろ過風速（m/min）＝処理風量（m^3/min）／ろ材面積（m^2）$$

　ろ過風速は払落し機構，ろ材組織，吸引粉じんにより千差万別で一概に決められないが，目安を**表 4-10** に示す。

　バグフィルタは設計値付近の風量（またはそれ以下の風量）で使用するべきで，所定の風量を大幅に上まわる状態で使用すると，目詰まりのみならずろ材の寿命を大幅に縮めることになる。

　長期間（1～3 年）の使用に伴う目詰まりで徐々に圧力損失が上昇した場合は，ろ材の寿命と判断し交換を検討すべきである。その検討資料としても定期検査の記録保存は大切である。

（2）　ろ材の取付状態等

検 査 項 目		検 査 方 法	判 定 基 準
1．ろ材	（2）　ろ材の取付状態等	①　ろ材の取付状態を調べる。 ②　ろ材の取付部の固定ボルト，ナット，バンド，ガスケット等の破損，欠落及び片締めの有無を調べる。	①　ろ材の脱落又はたるみがなく，かつ，ろ材の吊り方等が適正であること。 ②　固定ボルト，ナット，バンド，ガスケット等の破損，欠落又は片締めがないこと。

写真 4-20　ろ材の取付け方法の例
　左：封筒型フィルタの取付け状態
　右：パルス式の円筒型フィルタの取付け金具。中央はベンチュリ部とリテーナ

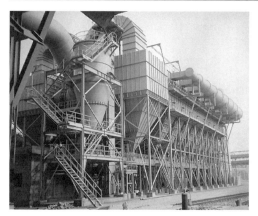

写真 4-21　　高炉の排ガス除じん用に適用した
バグフィルタ（集塵装置（株））

【解説】

　ろ材はまず個々の取付けが確実であること。1カ所でもろ材の取付けが緩んでいたり破損していると，集じん率が著しく低下し，排気口より吐出される粉じんが視認されることがある。ろ材の取付けには，種々の方法がある（**写真4-20参照**）。目視によって取付け部分周囲の汚れ，または粉じんのたい積がないかを検査する。大型のバグフィルタ（**写真4-21**）では，内部に入って粉じんの漏れ箇所および破損箇所を検査する。これらの目視検査で異常が認められなかったにも関わらず除じん性能の検査結果が悪く，または排気中に粉じんを視認できる状態なら，ろ材を外し，密着部のろ材のガスケットが劣化していないか目視検査する。ガスケットが劣化していれば交換する。

2. 払落し装置等の検査

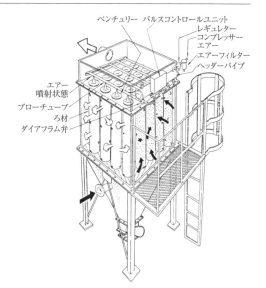

図 4-35　　バグフィルタのパルス式払落し装置の例

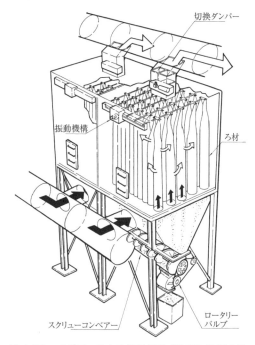

図 4-36　　バグフィルタの機械振動式払落し装置の例

　バグフィルタの払落し機構は大別して次の3種類になる。

　　①　パルス式払落し装置

　　②　機械振動式払落し装置

　　③　逆洗式払落し装置

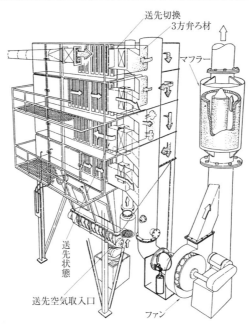

図 4-37　バグフィルタの逆洗式払落し装置の例

　これら3種類の払落し方式の概要を図示する（図 4-35, 4-36, 4-37）。

（1）　パルス式払落し装置の状態

検　査　項　目	検　査　方　法	判　定　基　準
2.　払落し装置	（1）　パルス式払落し装置の状態　①　圧縮空気の配管の状態を目視検査する。	①　次の異常がないこと。 イ　配管接続部の空気漏れ ロ　ヘッダー部（圧縮空気タンク）のドレンの異常貯留 ハ　圧力調整器の指示異常
	②　パルス制御盤の電磁弁の作動状態を示す表示灯を目視検査する。	②　電磁弁の作動と連動して表示灯が点灯すること。
	③　払落し装置を作動させて，その作動音を聴く。	③　電磁弁の作動と同時にパルスの吹鳴音が聴こえること。
	④　電磁弁を閉じた状態における空気漏れの音を調べる。	④　空気漏れの音がないこと。

【解説】

　パルス式払落し装置は圧縮空気を噴射してろ材に付着した粉じんを払い落とす型式のものである。この方式ではバグフィルタを運転したままで払落し操作を行うことができる。構造は図 4-35 に示したとおり，圧力タンク，ダイアフラム弁，電磁弁，パルスノズル，パルス制御装置等で構成される（写真 4-22）。

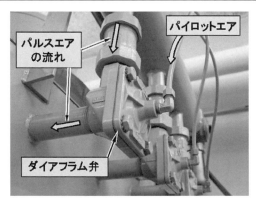

電磁弁の作動によって 0.7〜0.5 MPa の圧縮空気がダイアフラムに 0.5 秒程度供給される。ダイアフラムが作動してパルスエアが 0.5 秒程度噴出する。このときのショックによってろ布に付着したダストケーキが剥離する。

パルス式の払落し装置の検査・点検ではダイアフラム弁の破損の有無を調べることがポイントになる。

写真 4-22　パルス式払落し装置のダイアフラム弁

写真 4-23
上：ろ布（フィルタ）の表面に付着したダストケーキ
　　とろ過後のフィルタ面の状態
下：ろ布交換作業

　パルスノズルからろ材に付属するベンチュリ管に向けて圧縮空気を瞬間的（0.1〜0.5 s 位）に噴射することにより，周囲の空気を誘気し，ろ材に強力な衝撃を与え，またろ材の裏面より表に向かって空気を流すことにより，ろ材表面のたい積ダストを吹き飛ばすものである（**写真 4-23**）。

　この方式は，まず各機器からのエア漏れを聴音により検査する。次にダイアフラム弁を作動させ，パルスノズルからの圧縮空気噴射音を確認する。大型の除じん装置では一度に複数のダイアフラム弁が作動するため，複数の噴射を聴音だけでは確認できない。このような場合はダイアフラム弁に手を当てて噴射の振動を確認するか，弁に圧縮空気を供給しているチューブ

（シンフレックスチューブ等）が圧縮空気噴射時の反動で振動・変形することを目視検査する。

　パルスノズルの心とろ材の中心が一致しているかも検査する。心がずれていると圧縮空気の噴射がベンチュリの中心からずれ，ベンチュリ効果が阻害され，払落し効果が著しく減少するだけでなく，ろ材が破損することもある。

　圧縮空気に水滴，油滴が含まれていると圧縮空気とともに噴射され，ろ材を湿らせるため，粉じんが粘着し払落しができなくなることがある。圧縮空気中の水滴，油滴の有無の検査は，木または竹の棒に紙を巻き付けたものを任意の噴射ノズルに当て，濡れ具合をみて判定する。もしこの検査が困難な場合はエア・コントロール・ユニットのエア・フィルタ部（ドレンセパレーター）を調べる。この部分でドレンを分離し排水する。排水方法は手動排水式を用いていることが多いが，自動排水式を使用した方が管理上便利である。パルス式ではルブリケーターは使用しない。

　次にレギュレーター部の圧力計で圧縮空気の圧力を調べる。パルス式の払落し効果は圧力が設計値より低いと著しく減少する。通常の設計値は0.5〜0.7MPaである。圧力が低い場合はレギュレーターで所定の圧力に調整する。また，圧縮空気を噴射すると一時的に圧力が降下するが，次の噴射までに圧力計の針が所定の圧力を指示するかどうか調べる。回復しない場合，圧縮空気源の容量が足りないか，配管サイズが小さいことが考えられるので，空気源の容量または配管サイズが適正か調べる。

（2）　機械式払落し装置の状態

検 査 項 目	検 査 方 法	判 定 基 準
2. 払落し装置　（2）機械式払落し装置の状態	① 払落し機構の摩耗，腐食，破損，変形等の有無を調べる。 ② 払落し装置を作動させ，異常振動及び異音の有無を調べる。	① 払落し機構の機能を低下させるような摩耗，腐食，破損，変形等がないこと。 ② 作動が円滑で，異常振動及び異音がないこと。

【解説】

　ろ材を機械的に振動させて付着した粉じんを払い落とす方式のもので，一般に電動機の回転運動をリンク機構等により振動に変換し，ろ材を揺するようになっている（図4-36）。この方式では，除じん装置を停止して払落し装置を作動させる必要がある。連続運転のバグフィルタでは，ろ過室を数室に区切りダンパにより1室ずつ空気の流れを止めて払落しをする方法がとられる。

　振動機構は作動試験を行い，ろ過室の過度な振動の有無，リンク部分の摩耗，ガタの有無を調べ，必要に応じて部品の交換，給油を行う。また，同時にろ材のたるみを調べ，もし**図4-**

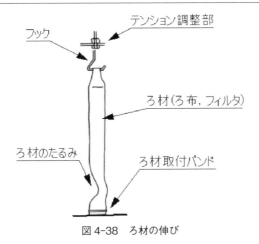

図4-38　ろ材の伸び

38の状態にあるなら振動がろ材全体に伝わらず効果を阻害するので，その際はテンションボルトを調整し軽く張るようにする。

　ダンパの検査は，Ⅰの1の（3）「ダンパ等の状態」（p.204）を参照されたい。弁部にシール性向上のためのガスケットを使用している場合は，ガスケットの劣化，密着度を調べる。

（3）　逆洗式払落し装置の状態

検　査　項　目		検　査　方　法	判　定　基　準
2.　払落し装置	（3）　逆洗式払落し装置の状態	①　逆洗用ファンの回転方向を調べる。 ②　［Ⅰ］の2の各項の検査方法により逆洗用ファンを調べる。 ③　逆洗用の切替えダンパ（3方弁）の状態を調べる。	①　所定の回転方向であること。 ②　［Ⅰ］の2の各項の判定基準に適合すること。 ③　切替えダンパが正常に作動し，かつ，ダンパに空気漏れがないこと。

【解説】

　逆洗式払落しとは，ろ材にろ過時と逆方向の清浄空気を流すことによりろ材を変形させ，たい積粉じんを吹き飛ばす方式のことで，この逆方向に流す空気を逆洗空気とよぶ。三方切換弁によりろ過空気の流れを遮断し除じん装置内の負圧で逆洗空気を取り入れる方式と，逆洗空気送り込み用のファンを設ける方式がある（図4-37）。

　この方式の検査は，弁の作動試験をⅠの1の（3）項に準じて実施する。

　三方切換弁等逆洗空気取り入れ側を遮断する弁は高度の機密性が要求されるため，ガスケット等を弁座に用いている。この密着度とガスケットの劣化を検査する。

　また，逆洗空気を大気より取り入れる方式の場合は取入口にエア・フィルタを設ける場合があるが，このフィルタが目詰まりするとろ材の払落し効果が著しく減少するので，フィルタの汚染度を検査し，6カ月程度の周期で交換する。汚染度の判断が難しい場合は逆洗風量Qを測

第4編

定し，被逆洗ろ材面積を A として次式で示す Q より大きければ良好と判断する。逆洗用ファンの性能も同様である。

$$Q(\mathrm{m^3/min}) = A(\mathrm{m^2}) \times (1{\sim}1.5\,\mathrm{m/min})$$

（4）　マノメータ等

　ろ過式除じん装置の風量はろ材の圧力損失により変化し，ろ材が目詰まりして圧力損失が増大すると風量は減少する。この目詰まりを検出し，正常な運転管理を行うためにマノメータ（圧力計）は重要な役割を果たす。

　ろ過式除じん装置にはマノメータが付けられているものが多く，ろ材の圧力損失を示すようになっている。ろ材の圧力損失は除じん装置の型式および設計条件により様々だが，一般に5～25 hPa の間で設計されている。圧力損失はバグフィルタの状態を判断する際に重要なので，その圧力を表示するマノメータの管理も重要である。

　マノメータにはガラス等の透明なU字管を用いて水位差を測定する型式のものと，ダイアフラム等を用いて直接圧力を表示するものがある。

　前者のU字管を用いたマノメータでは次の点に注意すること。

①　U字管には清浄な水または不凍液を混入した水を用いること。不凍液を使用する場合で正確さが要求される場合は，水との比重差による補正を行うこと。通常のバグフィルタの管理用に用いる場合はこの補正を行わなくてもよい。

②　水が汚れている場合は交換すること。

③　マノメータに水が正しく充填されていること。

④　マノメータが鉛直に設置されていること。傾斜させる場合はその角度による補正を行うこと。

⑤　測定値は次式により hPa に換算する。

$$1\,\mathrm{mmH_2O} = 0.098\,\mathrm{hPa}$$

⑥　マノメータに接続されているチューブが外れていたり，粉じんによる閉塞がないこと。またチューブが折れ曲がっていないこと。

　ダイアフラム式のマノメータ等の場合は前⑥項の他，U字管との比較校正を行う。

Ⅴ　電気式除じん装置

　電気式除じん装置の検査項目，検査方法および判定基準については，Ⅰの「除じん装置の装置本体」（p.201）による他，以下の表によること。なお，電気式除じん装置は，一般に大型でプロセスガスの処理を行う場合が多く，酸素欠乏空気，有毒ガスが装置内に滞留していることがあるので，この検査に当たっては作業手順の検討や作業準備を確実に行う必要がある。また，電極には数万ボルトの高電圧がかかっており，集じん極の構造，放電極の構造から電源を切っても直ちに電位がゼロにはならないので感電のおそれがある。従って，検査作業手順としては

- ①　ガス負荷試験
- ②　空気負荷試験
- ③　電源を切り安全対策，安全装置の検査

の順で行う必要がある。

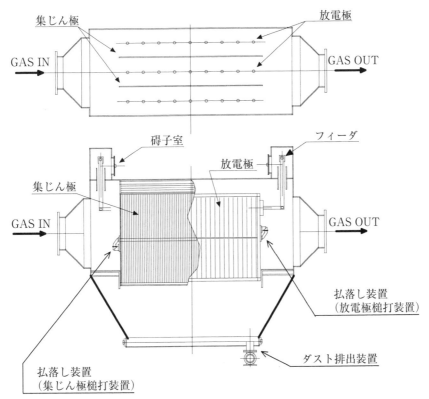

図 4-39　電気式除じん装置構造図

本項の末尾に「図4-40　作業手順と作業内容の解説」を掲げるので参照すること。

電気式除じん装置の構造概要は図4-39のとおりで，ハウジングの内部に集じん極と放電極が等間隔で交互に設置されている。集じん極と放電極の間に数万ボルトの電圧（500kv/m）が掛けられており，その間を通過する粉じんが荷電されて集じん極（一部は放電極）へ電気力によって引きつけられ捕集される。

1.　安全装置の状態の検査

検　査　項　目	検　査　方　法	判　定　基　準
1.　安全装置等の状態	①　本体部及び碍子室等のマンホールに設けられた電気的インターロックシステムの作動状態を調べる。 ②　上記マンホールに設けられた扉固定用チェーン等の取付状態を調べる。	①　設計書により確認し，電気的な異常のないこと。 ②　腐食，変形及び破損のないこと。

【解説】

安全装置には，碍子室内部に設けられる緊急遮断装置およびマンホール等に設けられるインターロックシステム（マンホールを開くと自動的にアースされる機械的機構等）等があるが，電気式除じん装置内部に腐食性ガスの漏洩，雨水等による腐食，接点不良等がないか，作動試験によって確認する必要がある。

2.　放電極，集じん極および整流板ならびにその取付部の状態等の検査

検　査　項　目	検　査　方　法	判　定　基　準
2.　放電極，集じん極及び整流板並びにその取付部の状態等	①　放電極，集じん極及び整流板並びにその取付部の状態を調べる。 ②　ユニット式電極以外の電極について，放電極と集じん極との間の寸法をスケールを用いて測定する。	①　放電極，集じん極又は整流板の機能を低下させるような摩耗，腐食，破損，変形，粉じん等の異常な固着がなく，かつ，ボルト若しくはナットの破損，欠落等又は取付部の緩み等がないこと。 ②　各極の間の寸法が設計値の範囲内にあること。

【解説】

放電極，集じん極，整流板，およびその取付部の状態等の検査を行うときは，目視による外

フレーム

放電線

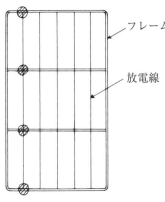

写真 4-24　ユニット式電極
右が基本的な構造であるが，左の写真のように多数の"針"を立てたものもある。針先の尖った部分に高電圧が掛かりコロナ放電を起こし，粉じん粒子が帯電する。

写真 4-25　集じん極の払落し装置
写真中央・下方部のシャフトが1回転する毎に集じん極を槌打する。

観検査からはじめ，吊り下げ部および駆動部については，揺動や駆動確認試験を入念に行い異常の有無を確認することが必要である。

　特に，ボルト，ナットの緩み，破損，欠落等は運転再開後直ちに事故につながることが多いので，製作，組立時に図面と確実に照合し，適正な状態にあることを確認する。また，ユニット式電極は一般に小型の電気式除じん装置に用いられるためマンホール等が取り付けられない場合が多く，装置内での検査ができない。このような場合は，一体化された放電極と集じん電極を外部に取り出し，極間寸法の測定，フレームの歪み，腐食の状態，また**写真 4-24** の◎印部分に示す放電線の取付部や接合部の摩耗，断線等の有無を調べる。その後，異常のないことを確認したら，再度ユニット式電極を装置内に適正な状態で組み込む。

3.　払落し装置の状態等の検査

検　査　項　目	検　査　方　法	判　定　基　準
3.　払落し装置の状態等	①　放電極及び集じん極の払落し装置並びにその取付部の状態を調べる。	①　払落し装置の機能を低下させるような摩耗，腐食，破損，変形，粉じん等の異常な固着がなく，かつ，ボルト若しくはナットの破損，欠落等又は取付部の緩み等がないこと。 　　また，払落し装置等の取付位置のずれがないこと。
	②　払落し装置を作動させ，異常振動及び異音の有無を調べる。	②　作動が円滑で，異常振動又は異音がないこと。

検　査　項　目	検　査　方　法	判　定　基　準
	③　軸受けのオイルカップ，グリースカップの油量及び油の状態を調べる。	③　油が所定の量であり，油の汚れ又は水，粉じん，金属粉等の混入がないこと。 　　また，同一規格の潤滑油が使用されていること。
	④　放電極の払落し装置にあっては槌打装置を保持している碍子の状態を調べる。	④　次の異常がないこと。 　イ　碍子の著しい汚損 　ロ　碍子のひび（ヘアクラック） 　ハ　碍子取付ボルトの緩み

【解説】

　払落し装置（払落しハンマー）等の取付ボルト，ナットの緩み，脱落，折損などの異常の有無，および軸受けの状態を検査し，不具合な箇所があるときは適切な処置を行う（**写真4-25**）。

4.　ぬれ壁またはスプレーノズルの状態の検査　（湿式電気除じん装置に限る）

検　査　項　目	検　査　方　法	判　定　基　準
4.　ぬれ壁又はスプレーノズルの状態	湿式電気除じん装置のぬれ壁又はスプレーノズルの状態を調べる。	ぬれ壁については，水膜が一様に形成され，かつ，洗浄液が均一に流れていること。 　また，スプレーノズルについては，洗浄液が均一に噴霧されていること。

【解説】

　ぬれ壁式，スプレー式いずれの場合も実際に水を流し，またスプレーしてその状態を確認することが必要である。

5.　碍子および碍子室の状態の検査

検　査　項　目	検　査　方　法	判　定　基　準
5.　碍子及び碍子室の状態	①　碍子及び碍子室の汚損，破損，劣化等の有無を調べる。	①　碍子及び碍子室の機能を低下させるような汚損，破損，劣化等がないこと。
	②　碍子の絶縁グリースの状態を調べる。	②　絶縁グリースの汚損又は劣化がないこと。

碍子の汚損を防止するために碍子室の内部は
通常，清浄な乾燥空気または熱風を供給する。
碍子には絶縁グリスを塗布する。

写真 4-26　碍子室の内部

【解説】

　碍子が濡れた状態で荷電したときに生ずるウォータートリガー現象（火花放電）や表面の汚れによる漏洩電流，過電流を防止するため碍子の内外面は十分に清掃，乾燥させ，碍子の内外面上に汚損やヘアクラック等の異常が無いか特に注意する（写真 4-26）。

6. 給電部の状態の検査

検　査　項　目	検　査　方　法	判　定　基　準
6. 給電部の状態	①　絶縁棒，碍子等の汚損，破損，劣化等の有無を調べる。 ②　各端子及びその取付部の状態を調べる。	①　給電部の機能を低下させるような汚損，破損，劣化等がないこと。 ②　給電部の機能を低下させるような腐食，破損，焼損等がなく，かつ，取付部の緩み等がないこと。

【解説】

　給電部の貫通碍子の表面は十分に清掃し，汚損や破損のないことを確認する。また，給電端子接続片の腐食や緩みは接触抵抗を増大させ機能低下の原因になるので，特に注意する必要がある。

7. 電源装置の状態の検査

検　査　項　目	検　査　方　法	判　定　基　準
7. 電源装置の状態	制御盤における電圧及び電流を調べる（定期自主検査の最後に実施する。）。	所定の電圧及び電流であること。

第4編

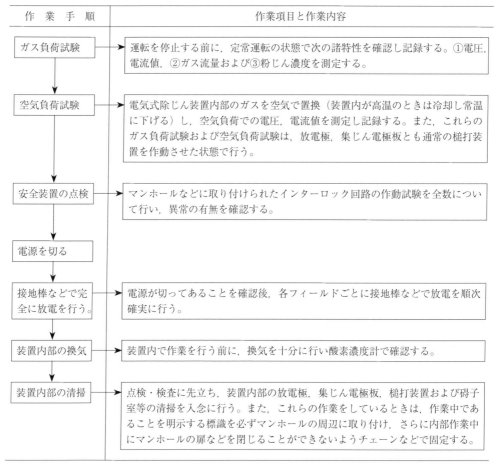

作　業　手　順	作業項目と作業内容
ガス負荷試験	運転を停止する前に，定常運転の状態で次の諸特性を確認し記録する。①電圧，電流値，②ガス流量および③粉じん濃度を測定する。
空気負荷試験	電気式除じん装置内部のガスを空気で置換（装置内が高温のときは冷却し常温に下げる）し，空気負荷での電圧，電流値を測定し記録する。また，これらのガス負荷試験および空気負荷試験は，放電極，集じん電極板とも通常の槌打装置を作動させた状態で行う。
安全装置の点検	マンホールなどに取り付けられたインターロック回路の作動試験を全数について行い，異常の有無を確認する。
電源を切る	
接地棒などで完全に放電を行う。	電源が切ってあることを確認後，各フィールドごとに接地棒などで放電を順次確実に行う。
装置内部の換気	装置内で作業を行う前に，換気を十分に行い酸素濃度計で確認する。
装置内部の清掃	点検・検査に先立ち，装置内部の放電極，集じん電極板，槌打装置および碍子室等の清掃を入念に行う。また，これらの作業をしているときは，作業中であることを明示する標識を必ずマンホールの周辺に取り付け，さらに内部作業中にマンホールの扉などを閉じることができないようチェーンなどで固定する。

図 4-40　作業手順と作業内容の解説

【解説】
　電気式除じん装置の電源部の検査・点検は電気主任技術者免許が必要である。局排の検査者で，この免許を持っていれば問題ないが，一般には電気主任技術者との共同作業になるものと思われる。したがって，電気主任技術者以外の人が装置の変形，腐食，機械的作動等の異常の有無を検査・点検した後に，制御盤に取り付けられている電圧計，電流計等の読みを記録する。その後，電気主任技術者による高電圧発生装置や制御盤についての検査・点検を受ける必要がある。
　電気式除じん装置は定常運転時にも制御盤上の計器によって，電圧，電流の状態は常時確認することが必要であるが，局排等の検査者が定期検査・点検を行ったときも，同様に制御盤上の計器を読み取り，記録しておくこと。

Ⅵ　留意事項

　除じん装置の定期自主検査を行う際における労働災害の発生を防止するため，次の点に留意すること。

　1　除じん装置の内部等における検査を行うに当たっては，有害物質による中毒等を防止するため，鉛則，特化則，粉じん則および石綿則の規定により必要な措置を講ずること。なお，これらの規定が適用されない場合であっても，有害物質による中毒等にかかるおそれがあるときは，これらの規定による措置に準じた措置を講ずること。

　　また，酸素欠乏症等にかかるおそれがあるときは，酸素欠乏症等防止規則（昭和47年労働省令第42号）の規定による措置に準じた措置を講ずること。

　2　電動機等に係る項目の検査を行うに当たっては，機械による危険を防止するため，労働安全衛生規則（昭和47年労働省令第32号。以下「安衛則」という。）第2編第1章の規定により必要な措置を講ずること。

　3　電気設備に係る項目の検査を行うに当たっては，電気による危険を防止するため，安衛則第1編第4章及び第2編第5章の規定により必要な措置を講ずること。

　4　検査用の通路，足場等において検査を行うに当たっては，墜落等による危険を防止するため，安衛則第2編第9章から第11章までの規定により必要な措置を講ずること。

　（その他定期自主検査を行う際の留意事項については，第1編 p.75 参照のこと）

第4編

第5編　局所排気装置の定期自主検査指針

（平成 20 年自主検査指針公示第 1 号）

I 趣旨

この指針は，有機溶剤中毒予防規則（昭和 47 年労働省令第 36 号。以下「有機則」という。）第 20 条，鉛中毒予防規則（昭和 47 年労働省令第 37 号。以下「鉛則」という。）第 35 条，特定化学物質障害予防規則（昭和 47 年労働省令第 39 号。以下「特化則」という。）第 30 条，粉じん障害防止規則（昭和 54 年労働省令第 18 号。以下「粉じん則」という。）第 17 条又は石綿障害予防規則（平成 17 年厚生労働省令第 21 号。以下「石綿則」という。）第 22 条の規定による局所排気装置の定期自主検査の適切かつ有効な実施を図るため，当該定期自主検査の検査項目，検査方法，判定基準等を定めたものである。

II 準備すべき測定器等

局所排気装置の定期自主検査に際して準備すべき測定器等は，次のとおりとする。

1 必ず準備すべきもの
 (1) スモークテスター
 (2) 熱線風速計等直読式の風速計
 (3) ピトー管及びマノメータ
 (4) 温度計（表面温度計，ガラス温度計等）
 (5) テスター
 (6) スケール
 (7) キサゲ，スパナ等の手回り工具
 (8) テンションメータ
 (9) 聴音器又はベアリングチェッカー
 (10) 絶縁抵抗計

2 必要に応じて準備すべきもの
 (1) 微差圧計
 (2) テストハンマー又は木ハンマー
 (3) 振動計
 (4) 粉じん，ガス等の濃度測定器
 (5) 回転計
 (6) クランプメータ又は検電器

第 5 編

(7) その他（超音波厚さ計，特殊冶具等）

Ⅲ　検査項目等

　局所排気装置については，次の表の左欄に掲げる検査項目に応じて，同表の中欄に掲げる検査方法による検査を行った場合に，それぞれ同表の右欄に掲げる判定基準に適合するものでなければならない。

検　査　項　目		検　査　方　法	判　定　基　準
1．フード	(1)　フードの構造及び摩耗，腐食，くぼみ等の状態	①　スケールを用いてフードの寸法及び組立て状態を調べる。 ②　フードの表面の状態を調べる。 ③　フード内部の状態を調べる。	①　寸法及びフランジ，バッフル板等が届出の状態に保たれていること。 ②　次の異常がないこと。 　イ　吸気の機能を低下させるような摩耗，腐食，くぼみその他損傷 　ロ　腐食の原因となるような塗装等の損傷 ③　次の異常がないこと。 　イ　粉じんやミスト等のたい積物がないこと。 　ロ　吸込口に粉じんやミスト等による閉塞がないこと。
	(2)　吸い込み気流の状態及びそれを妨げる物の有無	①　フードの開口面付近に，所期の吸い込み気流を妨げるような柱，壁等の構造物がないかどうかを調べる。 ②　フードの開口面付近に，作業中の器具，工具，被加工物，材料等が，所期の吸い込み気流を妨げるような置き方をされていないかどうかを調べる。 ③　局所排気装置を作動させ，スモークテスターを用いて，次に定める位置における煙の流れ方を調べる。	①　吸い込み気流を妨げるような柱，壁等の構造物がないこと。 ②　器具，工具，被加工物，材料等が，吸い込み気流を妨げるような置き方をされていないこと。 ③　煙がフード外に流れず，又は滞留せず，フード内に吸い込まれること。 　また，外気，扇風機，電動機の冷却ファン等による乱れ気流の影響のないこと。

検 査 項 目	検 査 方 法	判 定 基 準
	イ　囲い式フードにあっては，次の図に示す位置。	

（イ）　　　　　　　　　　　　　　　（ロ）

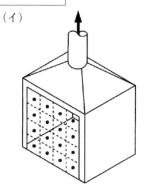　　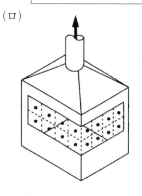

備考
1　●印は，フードの開口面を，それぞれの面積が等しく，かつ，一辺が 0.5 メートル以下となるように，16 以上（フードの開口面が著しく小さい場合にあっては，2 以上）の部分に分割した各部分の中心であって，煙の流れ方を調べる位置を表す。
2　図（イ）及び（ロ）に示す型式以外の型式のフードの局所排気装置に係る位置については，これらの図に準ずるものとする。

| | ロ　外付け式フード又はレシーバ式フード（キャノピー型のものに限る。）にあっては，次の図に示す位置 | |

（イ）　　　　　　（ロ）　　　　　　（ハ）　　　　　　（ニ）

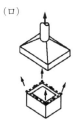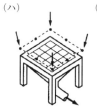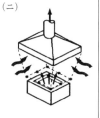

備考
1　●印を結んだ線は，フードの開口面から最も離れた作業位置の外周であって，煙の流れ方を調べる位置を表す。
2　図（イ）から（ニ）までに示す型式以外の型式のフードの局所排気装置に係る位置については，これらの図に準ずるものとする。
3　図（ニ）については，フードの外周等，図に示された位置以外についても，発散源から発生する汚染空気がフードに吸い込まれるか否かを調べること。

| | ④　③の検査の結果，煙がフードに吸い込まれる場合は局所排気装置を停止させ，制御風 | ④　煙が流れずに滞留すること。 |

検　査　項　目		検　査　方　法	判　定　基　準
		速を与える位置付近の気流をスモークテスターを用いて調べる。	
	(3)　レシーバ式フードの開口面の向き	作業が定常的に行われているときの発生源から飛散する有害物の飛散の状態を調べる。	有害物がフード外に飛散せず，フードに吸い込まれること。
	(4)　塗装用ブース等のフィルタ等の状態	①　塗装用ブース（水洗式のものを除く。）等で，フードにフィルタが使用されているものについては，その汚染，目詰まり，破損等の状態を調べる。 ②　水洗式の塗装用ブースで，壁面に水膜を形成させて塗料の付着を防ぐ方式のものについては，壁面の濡れの状態を調べる。 ③　水洗式の塗装用ブースの塗料のかすの浮遊状態及び鋸歯状板への塗料の付着状態を調べる。 ④　水洗式の塗装用ブースで，洗浄水を循環させるためにポンプを使用しないものについては，洗浄室内の水量を調べる。	①　フィルタにフードの吸い込みの機能を低下させるような汚染又は目詰まりがないこと。また，フィルタに捕集能力を低下させるような破損がないこと。 ②　壁面全体が一様に濡れていること。 ③　一様なシャワーの形成及び吸引性能に影響を及ぼさないこと。 ④　停止状態での水面の高さが設計値の範囲内にあり，かつ，作動時には一様なシャワーが形成されること。
2.　ダクト	(1)　外面の摩耗，腐食，くぼみ等の状態	キサゲ等を用いてダクト系の外面の状態を調べる。この場合において，吸い込みダクトの枝ダクトにあってはフード接続部からダクト合流部に向かって，主ダクトにあっては上流から下流に向かって調べるものとする。	次の異常がないこと。 イ　空気漏れの原因となるような摩耗，腐食，くぼみその他損傷 ロ　腐食の原因となるような塗装等の損傷 ハ　通気抵抗の増加又は粉じん等のたい積の原因となるような変形
	(2)　内面の摩耗，腐食等及び粉じん等のたい積の状態	①　点検口が設けられているものにあっては点検口を開いて，点検口が設けられてないものにあってはダクトの接続部を外して，内面の状態を調べる。 ②　①によることができないものについては，ダクトの立ち上がり部の前等粉じん等のた	①　次の異常がないこと。 イ　空気漏れの原因となるような摩耗又は腐食 ロ　腐食の原因となるような塗装等の損傷 ハ　粉じん等のたい積 ②　粉じん等のたい積等による異音がないこと。

検　査　項　目		検　査　方　法	判　定　基　準
		い積しやすい箇所等において，鋼板製の厚肉ダクトの場合にあってはテストハンマー，鋼板製の薄肉ダクト又は樹脂製ダクトの場合にあっては木ハンマーを用いてダクトの外面を軽く打ち，打音を調べる。	
		③　①又は②によることができないものについては，ダクトの立ち上がり部の前等の粉じん等のたい積しやすい箇所等の前後に設けられている測定孔において，微差圧計等を用いて，ダクト内の静圧を測定する。	③　ダクト内の静圧値が，その設計値と著しい差がないこと。
	(3)　ダンパの状態	①　流量調整用ダンパについて開度及び固定状態を調べる。	①　ダンパが局所排気装置の性能を保持するように調整されたときの開度で固定されていること。
		②　流路切替え用ダンパが設けられている場合，各フードの流路を開放状態及び閉め切り状態にした後，局所排気装置を作動させ，スモークテスターを用いて，煙がフードに吸い込まれるかどうかを調べる。	②　ダンパが軽い力で作動し，かつ，流路が開放状態のときにあっては煙がフードに吸い込まれるものであり，流路が閉め切り状態のときにあっては煙がフードに吸い込まれないものであること。
	(4)　接続部の緩みの有無	①　フランジの締付けボルト，ナット，ガスケット等の破損，欠落及び片締めの有無をスパナ等を用いて調べる。	①　フランジの締付けボルト，ナット，ガスケット等の破損，欠落又は片締めがないこと。
		②　局所排気装置を作動させ，スモークテスターを用いて，ダクトの接続部における空気の流入又は漏出の有無を調べる。	②　スモークテスターの煙が，吸い込みダクトにあっては接続部から吸い込まれず，排気ダクトにあっては接続部から吹き飛ばされないこと。
		③　②によることができない場合については，ダクトの接続部における空気の流入又は漏出による音を聴く。	③　空気の流入又は漏出による音がないこと。
		④　②又は③によることができない場合については，ダクト系に設けられている測定孔において，微差圧計等を用いて，ダクト内の静圧を測定する。	④　ダクト内の静圧値が，その設計値と著しい差がないこと。

検 査 項 目	検 査 方 法	判 定 基 準
（5）　点検口の状態	①　点検口の構成部品の破損，錆び付き，欠落等を調べる。 ②　点検口の開閉の状態を調べる。 ③　スモークテスターを用いて，ガスケット部等からの空気の流入又は漏出の有無を調べる。	①　破損，錆び付き，欠落等がないこと。 ②　開閉が円滑にでき，かつ，密閉が確実にできること。 ③　煙が吸い込まれたり，吹き飛ばされたりしないこと。
3. ファン及び電動機　（1）　安全カバー及びその取付部の状態	電動機とファンを連結するベルト等の安全カバー及びその取付部の状態を調べる。	摩耗，腐食，破損，変形等がなく，かつ，取付部の緩み等がないこと。
（2）　ファンの回転方向	ファンの回転方向を調べる。	所定の回転方向であること。
（3）　騒音及び振動の状態	騒音及び振動の状態を調べる。	異常な騒音及び振動のないこと。
（4）　ケーシングの表面の状態	ファンを停止して，ケーシングの表面の状態を調べる。	次の異常がないこと。 イ　ファンの機能を低下させるような摩耗，腐食，くぼみその他損傷又は粉じん等のたい積 ロ　腐食の原因となるような塗装等の損傷
（5）　ケーシングの内面，インペラ及びガイドベーンの状態	（3）において，異常騒音又は振動がある場合は，次によりケーシングの内面，インペラ及びガイドベーンの状態を調べる。 ①　点検口が設けられているものにあっては点検口から，点検口が設けられていないものにあってはダクトの接続部を外して，ケーシングの内面，インペラ及びガイドベーンの状態を調べる。 ②　インペラのブレード及びガイドベーンの表面を目視検査し，粉じん等の付着の状態を調べる。	①　次の異常がないこと。 イ　ファンの機能を低下させるような摩耗，腐食，くぼみその他損傷又は粉じん等の付着 ロ　腐食の原因となるような塗装等の損傷 ②　ファンの機能を低下させるような粉じん等の付着がないこと。
（6）　ベルト等の状態	①　ベルトの損傷及び不ぞろい，プーリーの損傷，偏心及び取付位置のずれ，キー及びキー溝の緩み等の有無を調べる。	①　次の異常がないこと。 イ　ベルトの損傷 ロ　ベルトとプーリーの溝の型の不一致 ハ　多本掛けのベルトの型又は張り方の不ぞろい ニ　プーリーの損傷，偏心又は取付位置のずれ

検　査　項　目	検　査　方　法	判　定　基　準
	②　ベルトをテンションメータで押して，たわみ量（X）を調べる。 ベルト ③　ファンを作動させ，ベルトの振れの有無を調べる。 ④　4の吸気及び排気の能力の検査を行った結果，判定基準に適合しない場合は，電動機の回転数からファンの回転数を調べるか，又は回転計を用いて実測する。	ホ　キー及びキー溝の緩み ②　次の要件を具備すること。 $0.01\ell < X < 0.02\ell$ 　この式においてX及びℓは，それぞれ次の図に示す長さを表すものとする。 ③　ベルトの振れがないこと。 ④　ファンの回転数が4の吸気及び排気の能力の検査に係る判定基準に適合するために必要な回転数を下回らないこと。
(7)　軸受けの状態	①　ファンを作動させた状態で，次のいずれかの方法により，軸受けの状態を調べる。 　イ　軸受けに聴音器を当てて，異音の有無を調べる。 　ロ　軸受けにベアリングチェッカーのピックアップを当てて，指示値を読み取る。 ②　ファンを1時間以上作動させた後停止し，軸受けの表面温度を調べる。 ③　オイルカップ及びグリースカップの油量及び油の状態を調べる。	①　次の異常がないこと。 　イ　回転音に異常がないこと。 　ロ　指示値が一定の範囲内にあること。 ②　軸受けの表面温度が70℃以下であり，かつ，軸受けの表面の温度と周囲の温度との差が40℃以下であること。 ③　油が所定の量であり，油の汚れ又は水，粉じん，金属粉等の混入がないこと。 　また，同一規格の潤滑油が使用されていること。
(8)　電動機の状態	①　絶縁抵抗計を用いて，巻線とケースとの間及び巻線と接	①　絶縁抵抗が十分高いこと。

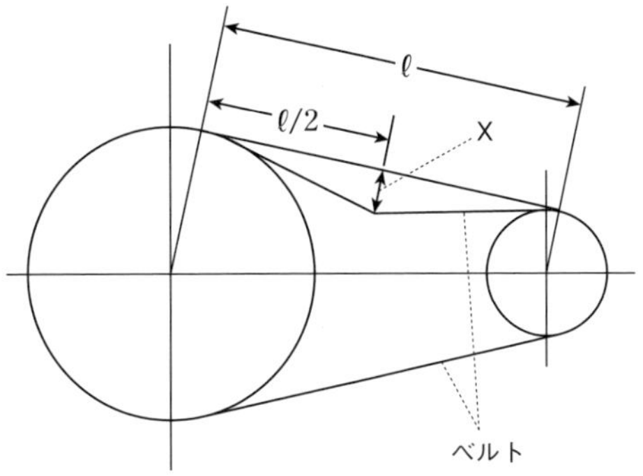

第5編

検　査　項　目	検　査　方　法	判　定　基　準
	地端子との間の絶縁抵抗を測定する。 ②　ファンを1時間以上作動させた後，電動機の表面の温度を測定する。この場合において，電動機の表面の温度は，表面温度計，ガラス温度計等により測定する。	②　表面温度が，下表に掲げられた電気絶縁の耐熱クラスに対応して示された温度以下であること。 表　耐熱クラス及び温度 表内の内容を下に示す。

表　耐熱クラス及び温度

耐熱クラス	温度 ℃
Y	90
A	105
E	120
B	130
F	155
H	180
200	200
220	220
250	250

　250℃を超える温度は，25℃間隔で増し，耐熱クラスも，それに対応する温度の数値で呼称する。

備考　電動機の電気絶縁の耐熱クラスは，日本工業規格 C 4003-1998（電気絶縁の耐熱クラス及び耐熱性評価）による。

検　査　項　目	検　査　方　法	判　定　基　準
	③　テスターを用いて電圧及び電流値を測定する。	③　電圧及び電流値が設計値どおりであること。
(9)　制御盤，配線及び接地線の状態	(制御盤) ①　制御盤の表示灯，充電部カバー及び銘板の破損，欠落等の有無を調べる。 ②　制御盤の計器類の作動不良等の有無を調べる。 ③　制御盤内の粉じん等のたい積の有無を調べる。 ④　制御盤の端子の緩み，変色等の有無を調べる。 ⑤　電源を入れ指定された操作（ボタン操作等）を行う。	(制御盤) ①　表示灯の球切れ，破損，欠落等がないこと。 ②　作動不良等がないこと。 ③　粉じん等のたい積がないこと。 ④　制御盤の端子の緩み，変色等がないこと。 ⑤　機器が正常に作動すること。
	(配線) ①　目視により充電部の損傷の有無を調べる。 ②　目視により配線の被覆の摩	(配線) ①　充電部にカバーが取り付けられていること。 ②　配線の被覆に摩耗，腐食，

検　査　項　目		検　査　方　法	判　定　基　準
		耗，腐食，焼損その他損傷の有無を調べる。	焼損その他損傷のないこと。
		（接地線） 　接地端子の締付け状態を調べる。	（接地線） 　接地端子の緩み又は外れのないこと。
	（10）　インバータ	①　マニュアル設定のインバータの場合は，電源を入れ周波数を変化させるボタン又はつまみを操作する。 ②　自動設定のインバータの場合は，インバータの電源を入れ自動運転をする。	①　電源の周波数が円滑に変化すること。 ②　円滑に，かつ，自動的に周波数が変化し，設定した周波数で定常運転に入ること。
	（11）　ファンの排風量	4の吸気及び排気の能力の検査を行った結果，判定基準に適合しない場合は，ファン入口側又は出口側に設けられている測定孔において，ピトー管及びマノメータを用いて，ダクト内の平均風速を求めて排風量を計算する。	4の吸気及び排気の能力の検査に係る判定基準に適合するために必要な排風量以上であること。
4．吸気及び排気の能力	（1）　制御風速	局所排気装置を作動させ，熱線風速計等を用いて，次に定める位置における吸い込み気流の速度を測定する。ただし，（2）の抑制濃度の検査を行った局所排気装置については，この限りでない。	制御風速に係る局所排気装置（有機則第5条又は第6条の規定により設ける局所排気装置，特化則第29条第1号の局所排気装置のうち特定化学物質障害予防規則の規定に基づく厚生労働大臣が定める性能（昭和50年労働省告示第75号。以下「特化則告示」という。）第2号の局所排気装置及び粉じん則第4条又は第27条第1項ただし書の規定により設ける局所排気装置をいう。以下同じ。）にあっては，その制御風速が有機則第16条，特化則告示第2号又は昭和54年労働省告示第67号（粉じん障害防止規則第11条第1項第5号の規定に基づき厚生労働大臣が定める要件を定める件）本則に定める値以上であること。 　また，抑制濃度に係る局所排気装置（鉛則第5条から第20条までの規定により設ける局所

第5編

検　査　項　目	検　査　方　法	判　定　基　準
		排気装置，特化則告示第1号の局所排気装置及び石綿則第21条第1号の局所排気装置のうち石綿障害予防規則第16条第1項第4号の厚生労働大臣が定める性能（平成17年厚生労働省告示第129号。以下「石綿則告示」という。）の局所排気装置をいう。以下同じ。）で，過去に行った（2）の抑制濃度の検査の際，（2）の判定基準に適合している場合の中欄に定める位置における制御風速を測定しているものにあっては，その制御風速が過去に測定した制御風速以上であること。 　なお，抑制濃度とは，発生源付近における有害物質の濃度をその値以下に抑えることによって，作業者のばく露濃度を安全水準に保つよう意図して定めた濃度である。
	イ　囲い式フードの局所排気装置にあっては，次の図に示す位置	

（イ）　　　　　　　　　　　　　　　　　　（ロ）

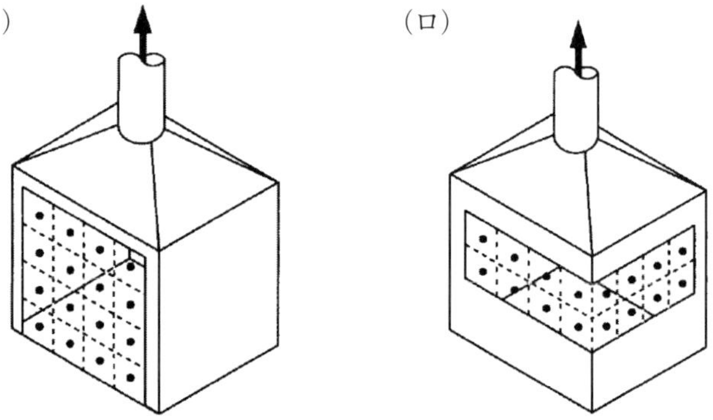

備考
1　●印は，フードの開口面をそれぞれの面積が等しく，かつ，一辺が0.5メートル以下となるように，16以上（フードの開口面が著しく小さい場合にあっては，2以上）の部分に分割した各部分の中心であって，吸い込み気流の速度を測定する位置を表す。
2　図（イ）及び（ロ）に示す型式以外の型式のフードの局所排気装置に係る位置については，これらの図に準ずるものとする。

検　査　項　目	検　査　方　法	判　定　基　準
	ロ　外付け式フードの局所排気装置にあっては，次の図に示す位置	有機則第18条の3第1項の規定により，所轄労働基準監督署長から当該局所排気装置を当該制御風速（特例制御風速）で稼働させることができる許可を受けた場合にあっては，申請時の特例制御風速を充足していること。

（イ）　　　　　（ロ）　　　　　（ハ）　　　　　（ニ）

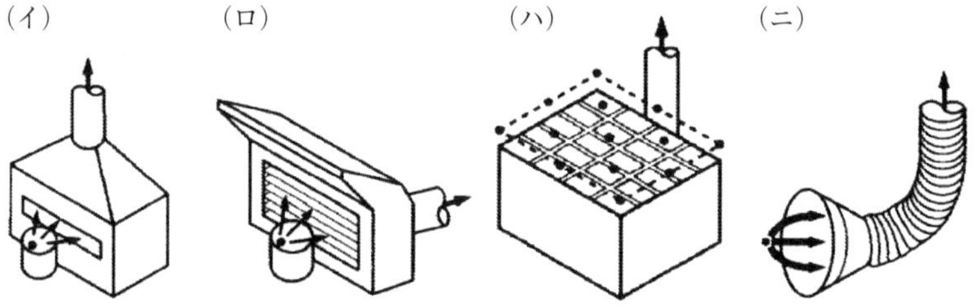

スロット型　　　ルーバー型　　　グリッド型　　　円形型

備考
　1　・印は，フードの開口面から最も離れた作業位置であって，吸い込み気流の速度を測定する位置を表す。
　2　図（イ）から（ニ）までに示す型式以外の型式のフードの局所排気装置に係る位置については，これらの図に準ずるものとする。

| （2）　抑制濃度 | 抑制濃度に係る局所排気装置について，局所排気装置を作動させ，次に定めるところにより，空気中の有害物質の濃度を測定する。 | 空気中の有害物質の濃度が，鉛則第30条，特化則告示第1号の表又は石綿則告示に定める値を超えないこと。 |

イ　測定点は，次に定める位置とすること。
　（イ）　囲い式フードの局所排気装置にあっては，次の図に示す位置
　　a　カバー型

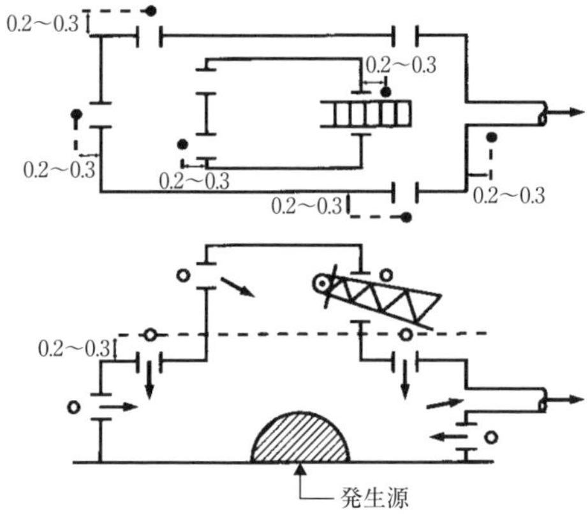

発生源

第5編

検　査　項　目	検　査　方　法	判　定　基　準

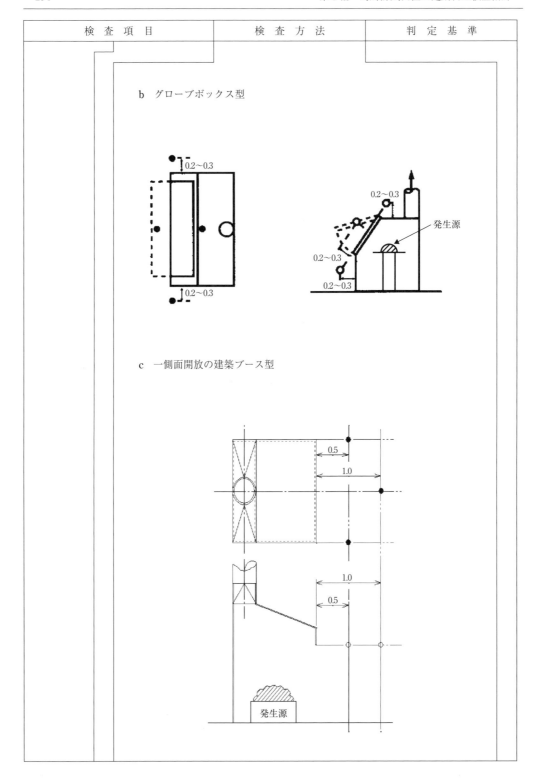

b　グローブボックス型

c　一側面開放の建築ブース型

検 査 項 目	検 査 方 法	判 定 基 準

d　二側面開放の建築ブース型

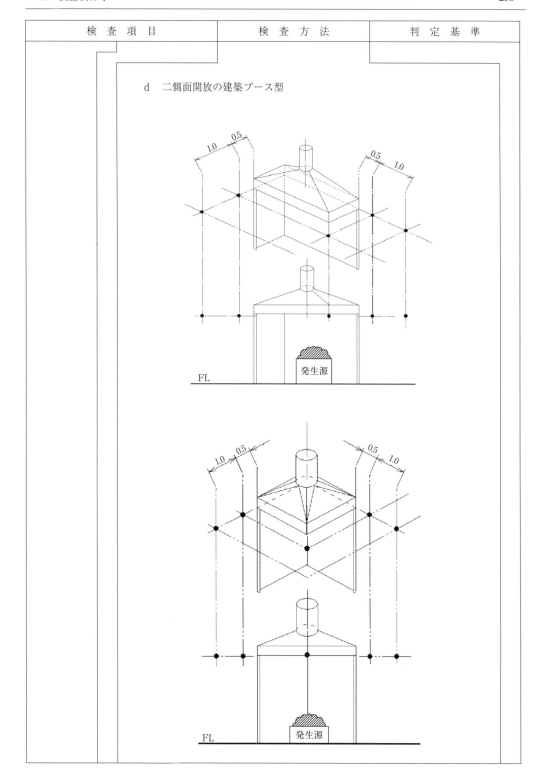

第5編

検 査 項 目	検 査 方 法	判 定 基 準

備考
1　寸法の単位は，メートルとする。
2　〇印及び●印は，測定点を表す。
3　図ａのカバー型の囲い式フードの局所排気装置については，すべてのすき間を測定点とすること。ただし，対向するすき間又は並列するすき間で排気ダクトからの距離が等しいものについては，そのうちの１つを測定点として差し支えない。
4　図ａ及びｂに示す型式以外の型式のフードの局所排気装置に係る測定点の位置については，これらの図に準ずるものとする。

（ロ）　外付け式フードの局所排気装置にあっては，次の図に示す位置

a　側方吸引型　　　　b　上方吸引型

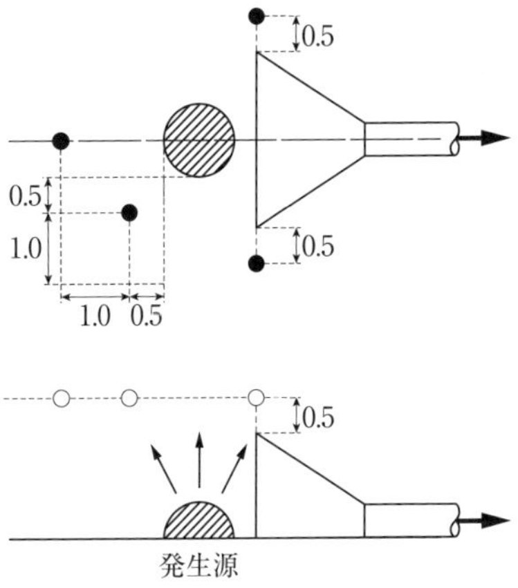

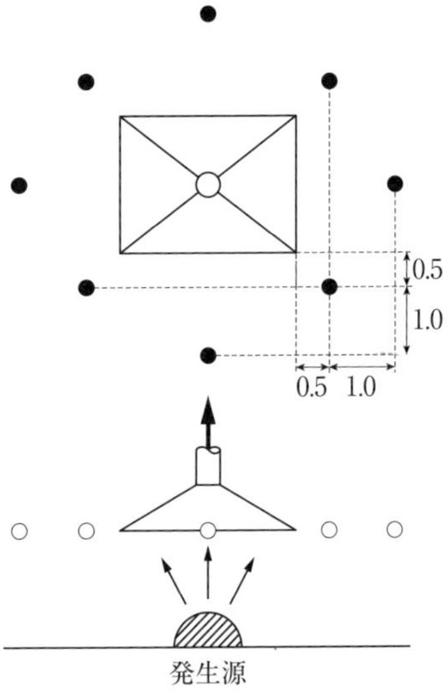

c　下方吸引型 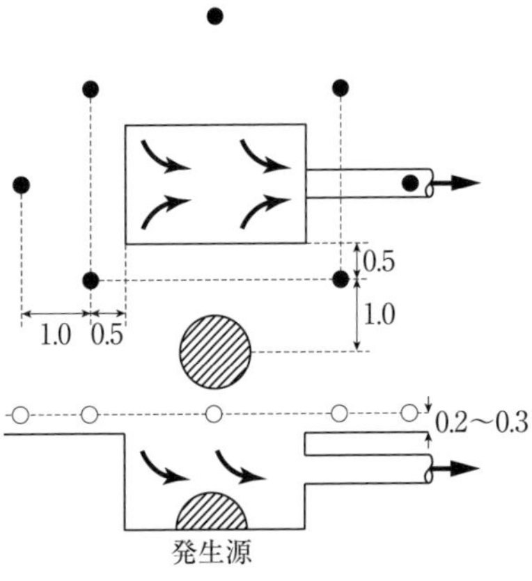　　　　d　スロット型

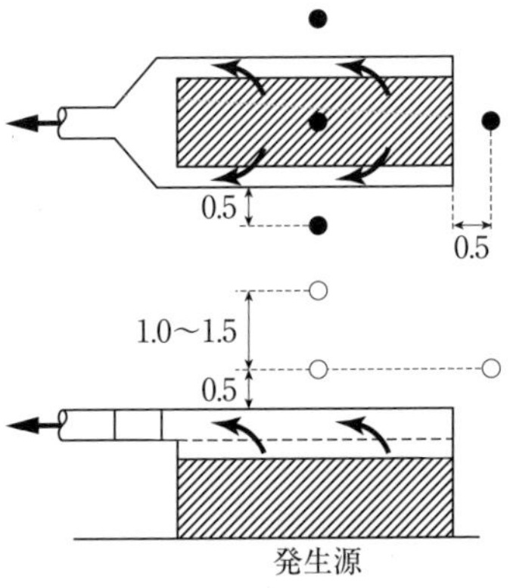

検 査 項 目	検 査 方 法	判 定 基 準

e　その他（フードの開口面が小さく，かつ，作業位置が一定の机上作業等について設けるもの）

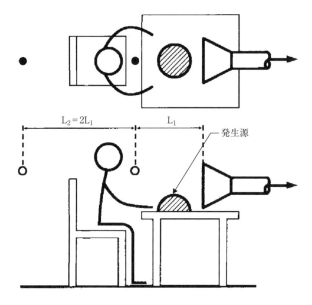

備考
1　寸法の単位は，メートルとする。
2　○印及び●印は，測定点を表す。
3　図bの上方吸引型の外付け式フードのうち，フードが円形のものにあっては，測定点を同心円上にとること。
4　図eのL₁は，フードの開口面から作業者の呼吸位置までの距離（その距離が0.5メートル以上であるときは，0.5メートル）を表す。
5　図aからeまでに示す型式以外の型式のフードの局所排気装置に係る測定点の位置については，これらの図に準ずるものとする。

第
5
編

検 査 項 目	検 査 方 法	判 定 基 準

（ハ）　レシーバ式フードの局所排気装置にあっては，次の図に示す位置

グラインダ型

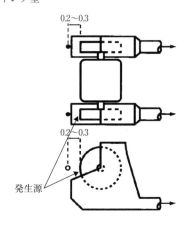

0.2〜0.3

0.2〜0.3

発生源

備考
1　寸法の単位は，メートルとする。
2　○印及び●印は，測定点を表す。
3　この図に示す型式以外の型式のフードの局所排気装置に係る測定点の位置については，同図又は他の方式の同形のものに準ずるものとする。

ロ　測定は，1日についてイの測定点ごとに1回以上行うこと。
ハ　測定は，作業が定常的に行われている時間（作業開始後1時間を経過しない間を除く。）に行うこと。
ニ　一の測定点における試料空気の採取時間は，10分間以上の継続した時間とすること。ただし，直接捕集方法又は検知管方式による測定機器を用いる方法による測定については，この限りでない。
ホ　測定方法ついては，作業環境測定基準（昭和51年労働省告示第46号）第10条第1項若しくは第2項又は第11条第1項に定めるところによること。
ヘ　空気中の有害物質の濃度（Mg）は，次の式により計算を行って得た値とすること。

$$Mg = \sqrt[n]{A_1 \cdot A_2 \cdot \cdots\cdots \cdot A_n}$$

（この式において，$A_1, A_2 \cdots\cdots A_n$ は，各測定点における測定値を表すものとする。）

Ⅳ　留意事項

　局所排気装置の定期自主検査を行う際における労働災害の発生を防止するため，次の点に留意すること。

1　局所排気装置のダクトの内部等における検査を行うに当たっては，有害物質による中毒等を防止するため，有機則，鉛則，特化則，粉じん則及び石綿則の規定により必要な措置を講ずること。なお，これらの規定が適用されない場合であっても，有害物質による中毒等にかかるおそれがあるときは，これらの規定による措置に準じた措置を講ずること。

　また，酸素欠乏症等にかかるおそれがあるときは，酸素欠乏症等防止規則（昭和47年労働省令第42号）の規定による措置に準じた措置を講ずること。

2　電動機等に係る項目の検査を行うに当たっては，機械による危険を防止するため，労働安全衛生規則（昭和47年労働省令第32号。以下「安衛則」という。）第2編第1章の規定により必要な措置を講ずること。

3　電気設備に係る項目の検査を行うに当たっては，電気による危険を防止するため，安衛則第1編第4章及び第2編第5章の規定により必要な措置を講ずること。

4　検査用の通路，足場等において検査を行うに当たっては，墜落等による危険を防止するため，安衛則第2編第9章から第11章までの規定により必要な措置を講ずること。

第5編

第6編　プッシュプル型換気装置の定期自主検査指針

（平成 20 年自主検査指針公示第 2 号）

Ⅰ　趣　旨

　この指針は，有機溶剤中毒予防規則（昭和47年労働省令第36号。以下「有機則」という。）第20条の2，鉛中毒予防規則（昭和47年労働省令第37号。以下「鉛則」という。）第35条，特定化学物質障害予防規則（昭和47年労働省令第39号。以下「特化則」という。）第30条，粉じん障害防止規則（昭和54年労働省令第18号。以下「粉じん則」という。）第17条又は石綿障害予防規則（平成17年厚生労働省令第21号。以下「石綿則」という。）第22条の規定によるプッシュプル型換気装置の定期自主検査の適切かつ有効な実施を図るため，当該定期自主検査の検査項目，検査方法，判定基準等を定めたものである。

Ⅱ　準備すべき測定器等

　プッシュプル型換気装置の定期自主検査に際して準備すべき測定器等は，次のとおりとする。

1　必ず準備すべきもの
　（1）　スモークテスター
　（2）　熱線風速計等直読式の風速計
　（3）　ピトー管及びマノメータ
　（4）　温度計（表面温度計，ガラス温度計等）
　（5）　テスター
　（6）　スケール
　（7）　キサゲ，スパナ等の手回り工具
　（8）　テンションメータ
　（9）　聴音器又はベアリングチェッカー
　（10）　絶縁抵抗計

2　必要に応じて準備すべきもの
　（1）　微差圧計
　（2）　テストハンマー又は木ハンマー
　（3）　振動計
　（4）　粉じん，ガス等の濃度測定器
　（5）　回転計
　（6）　クランプメータ又は検電器

第6編

(7) その他（超音波厚さ計，特殊冶具等）

Ⅲ　検査項目等

　　プッシュプル型換気装置については，次の表の左欄に掲げる検査項目に応じて，同表の中欄に掲げる検査方法による検査を行った場合に，それぞれ同表の右欄に掲げる判定基準に適合するものでなければならない。

検　査　項　目		検　査　方　法	判　定　基　準
1. フード（吹き出し側フード及び吸い込み側フード）	(1)　フードの構造及び摩耗，腐食，くぼみ等の状態	①　スケールを用いてフードの寸法及び組立て状態を調べる。	①　寸法及び付属品が届出の状態に保たれていること。
		②　フード表面の状態を調べる。	②　次の異常がないこと。 イ　吹き出し及び吸い込みの機能を低下させるような摩耗，腐食，くぼみその他損傷 ロ　腐食の原因となるような塗装等の損傷
		③　フード内部の状態を調べる。	③　次の異常がないこと。 イ　粉じんやミスト等のたい積物がないこと。 ロ　吸込口に粉じんやミスト等による閉塞がないこと。
	(2)　一様流の状態及びそれを妨げる物の有無	①　ブース及び換気区域内に，一様流を妨げるような柱，壁等の構造物がないかどうかを調べる。	①　気流を妨げるような柱，壁等の構造物がないこと。
		②　ブース及び換気区域内に，作業中の器具，工具，被加工物，材料等がないことを調べる。ただし，固定構造物を設置した状態で届出がなされた場合は，この限りでない。	②　器具，工具，被加工物，材料等がないこと。
		③　プッシュプル型換気装置を停止させ，各フードからの吹き出し及び吸い込み気流のないことを確認し，スモークテスターを用いて捕捉面における気流の状態を調べる。	③　妨害気流がないこと。
		④　プッシュプル型換気装置を作動させ，スモークテスターを用いて，捕捉面における煙の流れ方を調べる。	④　煙が吸い込み側フード外に流れず，又は滞留せずフード内に吸い込まれること。

検　査　項　目		検　査　方　法	判　定　基　準
	(3)　換気区域（開放型）の境界面における吸い込み状態	プッシュプル型換気装置を作動させ，スモークテスターを用いて，煙の流れ方を調べる。	境界面における煙が吸い込み側フード内に吸い込まれること。
	(4)　排気用フィルタ等の状態	①　乾式で，吸い込み側フードにフィルタが使用されているものについては，その汚染，目詰まり，破損等の状態をピトー管及びマノメータにより調べる。 ②　湿式で，フードにミストセパレーター又はエリミネーターが使用されているものについては，その汚染，目詰まり，破損等の状態を調べる。 ③　湿式の塗装用ブースで，洗浄水を循環させるためにポンプを使用しないものについては，洗浄室内の水量を調べる。	①　フィルタに，フードの吸い込み機能を低下させるような汚染，目詰まり等がないこと。また，フィルタに，捕集能力を低下させるような破損等がないこと。 ②　フィルタに排気の機能を低下させるような汚染，目詰まり，破損，落下，変形，欠損等がないこと。 ③　停止状態での水面の高さが設計値の範囲内であり，かつ，作動時には一様なシャワーが形成されること。
	(5)　給気用フィルタ等の状態	吹き出し側フードにフィルタが使用されているものについては，その汚染，目詰まり，破損等の状態をピトー管及びマノメータにより調べる。	フィルタに吹き出しの機能を低下させるような汚染，目詰まり，破損，落下，変形，欠損等がないこと。
2.　ダクト	(1)　外面の摩耗，腐食，くぼみ等の状態	キサゲ等を用いてダクト系の外面の状態を調べる。この場合において，吸い込みダクトの枝ダクトにあってはフード接続部からダクト合流部に向かって，主ダクトにあっては上流から下流に向かって調べるものとする。	次の異常がないこと。 イ　空気漏れの原因となるような摩耗，腐食，くぼみその他損傷 ロ　腐食の原因となるような塗装等の損傷 ハ　通気抵抗の増加又は粉じん等のたい積の原因となるような変形
	(2)　内面の摩耗，腐食等及び粉じん等のたい積の状態	①　点検口が設けられているものにあっては点検口を開いて，点検口が設けられてないものにあってはダクトの接続部を外して，内面の状態を調べる。 ②　①によることができないものについては，ダクトの立ち上がり部の前等粉じん等のたい積しやすい箇所等において，鋼板製厚肉ダクトの場合にあ	①　次の異常がないこと。 イ　空気漏れの原因となるような摩耗又は腐食 ロ　腐食の原因となるような塗装等の損傷 ハ　粉じん等のたい積 ②　粉じん等のたい積等による異音がないこと。

第6編

検　査　項　目	検　査　方　法	判　定　基　準
	ってはテストハンマー，鋼板製薄肉ダクト又は樹脂製ダクトの場合にあっては木ハンマーを用いてダクトの外面を軽く打ち，打音を調べる。 ③　①又は②によることができないものについては，ダクトの立ち上がり部の前等の粉じん等のたい積しやすい箇所等の前後に設けられている測定孔において，微差圧計等を用いて，ダクト内の静圧を測定する。	③　ダクト内の静圧値が，その設計値と著しい差がないこと。
(3)　ダンパの状態	①　流量調整用ダンパについて開度及び固定状態を調べる。 ②　流路切替え用ダンパが設けられている場合，各フードの流路を開放状態及び閉め切り状態にした後，プッシュプル型換気装置を作動させ，スモークテスターを用いて，煙がフードに吸い込まれるかどうかを調べる。	①　ダンパがプッシュプル型換気装置の性能を保持するように調整されたときの開度で固定されていること。 ②　ダンパが軽い力で作動し，かつ，流路が開放状態のときにあっては煙がフードに吸い込まれるものであり，流路が閉め切り状態のときにあっては煙がフードに吸い込まれないものであること。
(4)　接続部の緩みの有無	①　フランジの締付けボルト，ナット，ガスケット等の破損，欠落及び片締めの有無をスパナ等を用いて調べる。 ②　プッシュプル型換気装置を作動させ，スモークテスターを用いて，ダクトの接続部における空気の流入又は漏出の有無を調べる。 ③　②によることができない場合については，ダクトの接続部における空気の流入又は漏出による音を聴く。 ④　②又は③によることができない場合については，ダクト系に設けられている測定孔において，微差圧計等を用いて，ダクト内の静圧を測定する。	①　フランジの締付けボルト，ナット，ガスケット等の破損，欠落又は片締めがないこと。 ②　スモークテスターの煙が，吸い込みダクトにあっては接続部から吸い込まれず，排気ダクトにあっては接続部から吹き飛ばされないこと。 ③　空気の流入又は漏出による音がないこと。 ④　ダクト内の静圧値が，その設計値と著しい差がないこと。
(5)　点検口の状態	①　点検口の構成部品の破損，錆び付き，欠落等を調べる。	①　破損，錆び付き，欠落等がないこと。

検　査　項　目		検　査　方　法	判　定　基　準
		②　点検口の開閉の状態を調べる。	②　開閉が円滑にでき，かつ，密閉が確実にできること。
		③　スモークテスターを用いて，ガスケット部等からの空気の流入又は漏出の有無を調べる。	③　煙が吸い込まれたり，吹き飛ばされたりしないこと。
3.　送風機，排風機及び電動機	(1)　安全カバー及びその取付部の状態	送風機，排風機及び電動機を連結するベルト等の安全カバー及びその取付部の状態を調べる。	摩耗，腐食，破損，変形等がなく，かつ，取付部の緩み等がないこと。
	(2)　ケーシングの表面の状態	送風機及び排風機を停止して，ケーシングの表面の状態を調べる。	次の異常がないこと。 イ　送風機及び排風機の機能を低下させるような摩耗，腐食，くぼみその他損傷又は粉じん等のたい積 ロ　腐食の原因となるような塗装等の損傷
	(3)　ケーシングの内面，インペラ及びガイドベーンの状態	4の捕捉面における風速の検査を行った結果，判定基準に適合しない場合は，次によりケーシングの内面，インペラ及びガイドベーンの状態を調べる。 ①　点検口が設けられているものにあっては点検口から，点検口が設けられていないものにあってはダクトの接続部を外して，ケーシングの内面，インペラ及びガイドベーンの状態を調べる。 ②　インペラのブレード及びガイドベーンの表面を目視検査し，粉じん等の付着の状態を調べる。	①　次の異常がないこと。 イ　送風機及び排風機の機能を低下させるような摩耗，腐食，くぼみその他損傷又は粉じん等の付着 ロ　腐食の原因となるような塗装等の損傷 ②　送風機及び排風機の機能を低下させるような粉じん等の付着がないこと。
	(4)　ベルト等の状態	①　ベルトの損傷及び不ぞろい，プーリーの損傷，偏心及び取付位置のずれ，キー及びキー溝の緩み等の有無を調べる。 ②　ベルトをテンションメータ等で押して，たわみ量（X）を調べる。	①　次の異常がないこと。 イ　ベルトの損傷 ロ　ベルトとプーリーの溝の型の不一致 ハ　多本掛けのベルトの型又は張り方の不ぞろい ニ　プーリーの損傷，偏心又は取付位置のずれ ホ　キー及びキー溝の緩み ②　次の要件を具備すること。 　$0.01\ell<X<0.02\ell$ 　この式においてX及びℓは，それぞれ次の図に示す長

第
6
編

検　査　項　目	検　査　方　法	判　定　基　準
	さを表すものとする。 （図） ベルト ③　送風機及び排風機を作動させ，ベルトの振れの有無を調べる。 ④　4の捕捉面における風速の検査を行った結果，判定基準に適合しない場合は，送風機及び排風機を作動させ，回転計を用いて，送風機及び排風機の回転数を測定する。	③　ベルトの振れがないこと。 ④　送風機及び排風機の回転数が4の捕捉面における風速の検査に係る判定基準に適合するために必要な回転数を下回らないこと。
(5)　送風機及び排風機の回転方向	4の捕捉面における風速の検査を行った結果，判定基準に適合しない場合は，送風機及び排風機の回転方向を調べる。	所定の回転方向であること。
(6)　軸受けの状態	①　送風機及び排風機を作動させた状態で，次のいずれかの方法により，軸受けの状態を調べる。 イ　軸受けに聴音器を当てて，異音の有無を調べる。 ロ　軸受けにベアリングチェッカーのピックアップを当てて，指示値を読み取る。 ②　送風機及び排風機を1時間以上作動させた後停止し，軸受けの表面の温度を調べる。 ③　オイルカップ及びグリースカップの油量及び油の状態を調べる。	①　次の異常がないこと。 イ　回転音に異常がないこと。 ロ　指示値が一定の範囲内にあること。 ②　軸受けの表面の温度が70℃以下であり，かつ，軸受けの表面の温度と周囲の温度との差が40℃以下であること。 ③　油が所定の量であり，汚れ又は水，粉じん，金属粉等の混入がないこと。 　また，同一規格の潤滑油が

検　査　項　目	検　査　方　法	判　定　基　準
		使用されていること。
(7) 電動機の状態	① 絶縁抵抗計を用いて，巻線とケースとの間及び巻線と接地端子との間の絶縁抵抗を測定する。 ② 送風機及び排風機を1時間以上作動させた後，電動機の表面の温度を測定する。この場合において，電動機の表面の温度は，表面温度計，ガラス温度計等により測定する。	① 絶縁抵抗が十分高いこと。 ② 表面温度が，下表に掲げられた電気絶縁の耐熱クラスに対応して示された温度以下であること。 表　耐熱クラス及び温度 表　耐熱クラス及び温度<table><tr><th>耐熱クラス</th><th>温度 ℃</th></tr><tr><td>Y</td><td>90</td></tr><tr><td>A</td><td>105</td></tr><tr><td>E</td><td>120</td></tr><tr><td>B</td><td>130</td></tr><tr><td>F</td><td>155</td></tr><tr><td>H</td><td>180</td></tr><tr><td>200</td><td>200</td></tr><tr><td>220</td><td>220</td></tr><tr><td>250</td><td>250</td></tr></table>250℃ を超える温度は，25℃ 間隔で増し，耐熱クラスも，それに対応する温度の数値で呼称する。 備考　電動機の電気絶縁の耐熱クラスは，日本工業規格 C4003-1998（電気絶縁の耐熱クラス及び耐熱性評価）による。
	③ テスターを用いて電圧及び電流値を測定する。	③ 電圧及び電流値が設計値どおりであること。
(8) 制御盤，配線及び接地線の状態	(制御盤) ① 制御盤の表示灯，充電部カバー及び銘板の破損，欠落等の有無を調べる。 ② 制御盤の計器類の作動不良等の有無を調べる。 ③ 制御盤内の粉じん等のたい積の有無を調べる。 ④ 制御盤の端子の緩み，変色等の有無を調べる。 ⑤ 電源を入れ，指定された操作（ボタン操作等）を行う。	(制御盤) ① 表示灯の球切れ，破損，欠落等がないこと。 ② 作動不良等がないこと。 ③ 粉じん等のたい積がないこと。 ④ 制御盤の端子の緩み，変色等がないこと。 ⑤ 機器が正常に作動すること。

第
6
編

検　査　項　目		検　査　方　法	判　定　基　準
		（配線） ① 目視により充電部の損傷の有無を調べる。 ② 目視により配線の被覆の摩耗，腐食，焼損その他損傷の有無を調べる。	（配線） ① 充電部にカバーが取り付けられていること。 ② 配線の被覆に摩耗，腐食，焼損その他損傷のないこと。
		（接地線） 　接地端子の締付け状態を調べる。	（接地線） 　接地端子の緩み又は外れのないこと。
	(9)　インバータ	① マニュアル設定のインバータの場合は電源を入れ，周波数を変化させるボタン又はつまみを操作する。 ② 自動設定のインバータの場合はインバータの電源を入れ，自動運転をする。	① 電源の周波数が円滑に変化すること。 ② 円滑にかつ，自動的に周波数が変化し，設定した周波数で定常運転に入ること。
	(10)　ファンの風量 （送風機の送風量及び排風機の排風量）	4の捕捉面における風速の検査を行った結果，判定基準に適合しない場合は，ファン入口側又は出口側に設けられている測定孔において，ピトー管及びマノメータを取付けた微差圧計等を用いてダクト内の平均風速を求めて，送風量及び排風量を計算する。ただし，ダクト内の平均風速が測定できない構造のファンである場合は，開口面の平均風速と開口面積の積から風量を求めても良い。	4の捕捉面における風速の検査に係る判定基準に適合するために必要な送風量及び排風量以上であること。
4. 捕捉面における風速		プッシュプル型換気装置を作動させ，熱線風速計等を用いて，次に定める捕捉面における気流の速度を測定する。 イ　開放式プッシュプル型換気装置にあっては，次の図に示す位置	プッシュプル型換気装置の「捕捉面における風速」判定基準は下記（※）による。

検　査　項　目	検　査　方　法	判　定　基　準

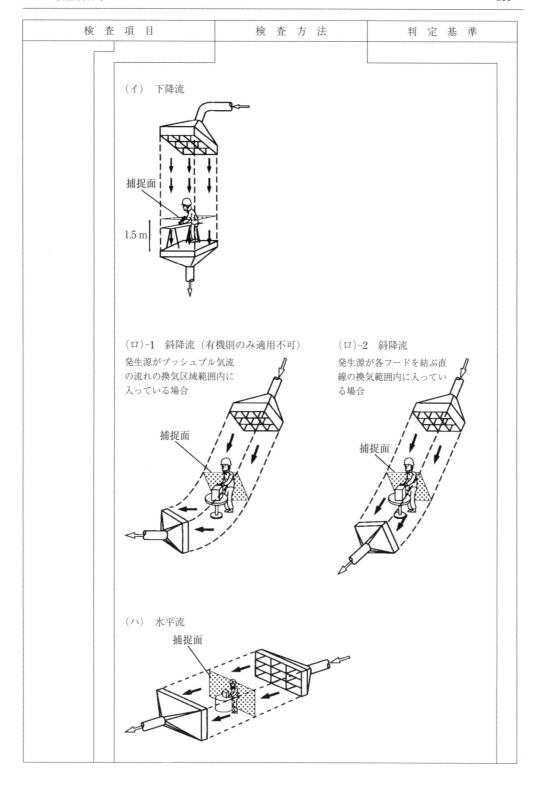

（イ）下降流

捕捉面

1.5 m

（ロ)-1　斜降流（有機則のみ適用不可）
発生源がプッシュプル気流の流れの換気区域範囲内に入っている場合

捕捉面

（ロ)-2　斜降流
発生源が各フードを結ぶ直線の換気範囲内に入っている場合

捕捉面

（ハ）水平流

捕捉面

第6編

検　査　項　目	検　査　方　法	判　定　基　準

ロ　密閉式プッシュプル型換気装置にあっては，次の図に示す位置

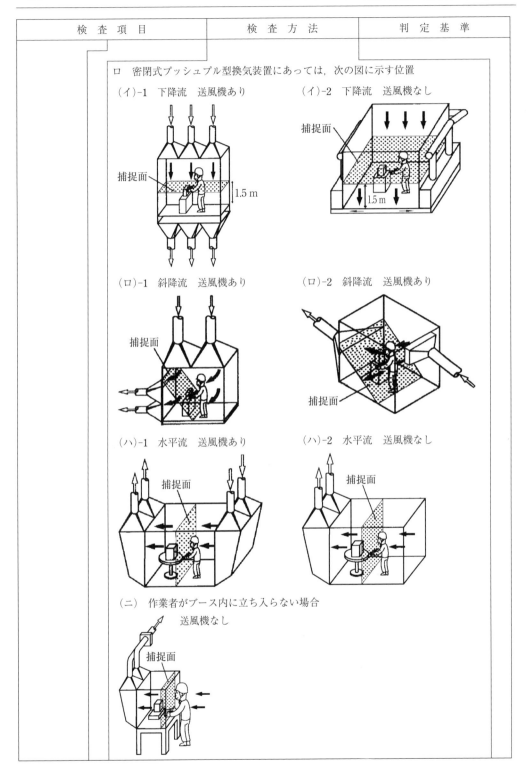

（イ)-1　下降流　送風機あり
捕捉面
1.5 m

（イ)-2　下降流　送風機なし
捕捉面
1.5 m

（ロ)-1　斜降流　送風機あり
捕捉面

（ロ)-2　斜降流　送風機あり
捕捉面

（ハ)-1　水平流　送風機あり
捕捉面

（ハ)-2　水平流　送風機なし
捕捉面

（ニ）　作業者がブース内に立ち入らない場合
送風機なし
捕捉面

検 査 項 目	検 査 方 法	判 定 基 準

備考

1　「捕捉面」とは，吸い込み側フードから最も離れた位置の有害物の発生源を通り，かつ，気流の方向に垂直な平面（注）をいう。

（注）

①　ブース内に発生させる気流が下降気流であって，ブース内に有害業務に従事する労働者が立ち入る構造の密閉式プッシュプル型換気装置にあっては，ブースの床上 1.5 メートルの高さの水平な平面

②　換気区域内に発生させる気流が下降気流であって，換気区域内に有害業務に従事する労働者が立ち入る構造の開放式プッシュプル型換気装置にあっては，換気区域の床上 1.5 メートルの高さの水平な平面

2　「捕捉面における風速」の測定点は，捕捉面を 16 以上の等面積の四辺形（一辺の長さが 2 メートル以下であるものに限る。）に分けた場合における当該四辺形の中央とする。ただし，当該四辺形の面積が 0.25 平方メートル以下の場合は，捕捉面を 6 以上の等面積の四辺形に分けた場合における当該四辺形の中央とする。捕捉面における風速の測定時には，作業の対象物及び作業設備（固定台等）が存在しない状態での，各々の四辺形の測定点における捕捉面に垂直な方向の風速（単位：メートル/秒）を測定する。

3　図イ及びロに示す型式以外の型式のフードのプッシュプル型換気装置に係る測定点の位置については，これらの図に準ずるものとする。

（※）

①　有機則の規定により設けるプッシュプル型換気装置については，平成 9 年労働省告示第 21 号（有機溶剤中毒予防規則第 16 条の 2 の規定に基づく厚生労働大臣が定める構造及び性能）による。

②　粉じん則の規定により設けるプッシュプル型換気装置については，平成 10 年労働省告示第 30 号（粉じん障害防止規則第 11 条第 2 項第 4 号の規定に基づく厚生労働大臣が定める要件）による。

③　鉛則の規定により設けるプッシュプル型換気装置については，鉛中毒予防規則第 30 条の 2 の厚生労働大臣が定める構造及び性能（平成 15 年厚生労働省告示第 375 号）による。

④　特化則の規定により設けるプッシュプル型換気装置については，特定化学物質障害予防規則第 7 条第 2 項第 4 号及び第 50 条第 1 項第 8 号ホの厚生労働大臣が定める要件（平成 15 年厚生労働省告示第 377 号）による。

⑤　石綿則の規定により設けるプッシュプル型換気装置については，石綿障害予防規則第 16 条第 2 項第 3 号の厚生労働大臣が定める要件（平成 17 年厚生労働省告示第 130 号）による。

第
6
編

Ⅳ　留意事項

　プッシュプル型換気装置の定期自主検査を行う際における労働災害の発生を防止するため，次の点に留意すること。

　1　プッシュプル型換気装置のダクトの内部等における検査を行うに当たっては，有害物質による中毒等を防止するため，有機則，粉じん則，鉛則，特化則及び石綿則の規定により必要な措置を講ずること。なお，これらの規定が適用されない場合であっても，有害物質による中毒等にかかるおそれがあるときは，これらの規定による措置に準じた措置を講ずること。

　　また，酸素欠乏症等にかかるおそれがあるときは，酸素欠乏症等防止規則（昭和47年労働省令第42号）の規定による措置に準じた措置を講ずること。

　2　電動機等に係る項目の検査を行うに当たっては，機械による危険を防止するため，労働安全衛生規則（昭和47年労働省令第32号。以下「安衛則」という。）第2編第1章の規定により必要な措置を講ずること。

　3　電気設備に係る項目の検査を行うに当たっては，電気による危険を防止するため，安衛則第1編第4章及び第2編第5章の規定により必要な措置を講ずること。

　4　検査用の通路，足場等において検査を行うに当たっては，墜落等による危険を防止するため，安衛則第2編第9章から第11章までの規定により必要な措置を講ずること。

第7編　除じん装置の定期自主検査指針

指針

（平成 20 年自主検査指針公示第 3 号）

Ⅰ　趣旨

この指針は，鉛中毒予防規則（昭和47年労働省令第37号。以下「鉛則」という。）第35条，特定化学物質障害予防規則（昭和47年労働省令第39号。以下「特化則」という。）第30条，粉じん障害防止規則（昭和54年労働省令第18号。以下「粉じん則」という。）第17条又は石綿障害予防規則（平成17年厚生労働省令第21号。以下「石綿則」という。）第22条の規定による除じん装置の定期自主検査の適切かつ有効な実施を図るため，当該定期自主検査の検査項目，検査方法，判定基準等を定めたものである。

Ⅱ　準備すべき測定器等

除じん装置の定期自主検査に際して準備すべき測定器等は，次のとおりとする。

1　必ず準備すべきもの
（1）　スモークテスター
（2）　熱線風速計等直読式の風速計
（3）　ピトー管及びマノメータ
（4）　温度計（表面温度計，ガラス温度計等）
（5）　テスター
（6）　スケール
（7）　キサゲ，スパナ等の手回り工具
（8）　テンションメータ
（9）　聴音器又はベアリングチェッカー
（10）　絶縁抵抗計

2　必要に応じて準備すべきもの
（1）　微差圧計
（2）　テストハンマー又は木ハンマー
（3）　振動計
（4）　粉じん，ガス等の濃度測定器
（5）　回転計
（6）　クランプメーター又は検電器
（7）　その他（超音波厚さ計，特殊冶具等）

Ⅲ　検査項目等

〔Ⅰ〕除じん装置については，次の表の左欄に掲げる検査項目に応じて，同表の中欄に掲げる検査方法による検査を行った場合に，それぞれ同表の右欄に掲げる判定基準に適合するものでなければならない。

検 査 項 目	検 査 方 法	判 定 基 準
1.　装置本体	(1)　ハウジング（接続ダクトを含む。）の摩耗，腐食，くぼみ及び破損並びに粉じん等のたい積の状態	①　キサゲ等を用いてハウジングの外面の状態を調べる。	①　次の異常がないこと。 イ　粉じん等の漏出の原因となるような摩耗，腐食，くぼみその他損傷又は破損 ロ　腐食の原因となるような塗装等の損傷 ハ　除じん装置の機能を低下させるような粉じん等のたい積 ニ　支持部等の緩み等
		②　点検口が設けられているものにあっては点検口を開いて，点検口が設けられていないものにあってはダクト接続部を外して，内部の状態を調べる。	②　次の異常がないこと。 イ　空気又は洗浄液の流入又は漏出の原因となるような摩耗，腐食又は破損 ロ　腐食の原因となるような塗装等の損傷 ハ　除じん装置の機能を低下させるような粉じん等のたい積 ニ　内部に結露及び水漏れ（雨水の漏れ込み）等
		③　②によることができないものについては，ダクトの立ち上がり部の前等粉じん等のたい積しやすい箇所等において，鋼板製の厚肉ダクトの場合にあってはテストハンマー，鋼板製の薄肉ダクト又は樹脂製ダクトの場合にあっては木ハンマーを用いてダクトの外面を軽く打ち，打音を調べる。	③　粉じん等のたい積等による異音がないこと。
		④　②又は③によることができないものについては，ハウジングの上流部及び下流部に設けられている測定孔において，ピトー管及びマノメータを用	④　ハウジング内の静圧値が，その設計値と著しい差がないこと。

検　査　項　目	検　査　方　法	判　定　基　準
	いて，ハウジング内の静圧を測定する。	
(2)　点検口の状態	①　点検口の構成部品の破損，錆び付き，欠落等を調べる。 ②　点検口の開閉の状態を調べる。 ③　スモークテスター等を用いて，ガスケット部等からの空気の流入又は漏出の有無を調べる。	①　破損，錆び付き，欠落等がないこと。 ②　開閉が円滑にでき，かつ，密閉が確実にできること。 ③　煙が吸い込まれたり，吹き飛ばされたりしないこと。
(3)　ダンパ等の状態	①　流量調整用ダンパについて開度及び固定状態を調べる。 ②　流路切替え用ダンパ及び締切り用ダンパについて，ダンパを作動させ，各フードの流路を開放状態及び閉め切り状態にした後，局所排気装置及び除じん装置を作動させ，スモークテスターを用いて，煙がフードに吸い込まれるかどうかを調べる。	①　ダンパが局所排気装置の性能を保持するように調整されたときの開度で固定されていること。 ②　ダンパが軽い力で作動し，かつ，流路が開放状態のときにあっては煙がフードに吸い込まれるものであり，流路が閉め切り状態のときにあっては煙がフードに吸い込まれないものであること。
(4)　ダクト接続部及び装置内ダクトの状態	①　ダクト系統全体を目視検査し，変形，破損及び腐食の状態を調べる。 ②　接続部の締付けボルト，ナット，ガスケット等の破損，欠落及び片締め並びに配管取付部の緩みの有無をスパナ等を用いて調べる。 ③　局所排気装置及び除じん装置を作動させ，スモークテスターを用いてガスケット部及び接続部における空気の流入又は漏出の有無を調べる。 ④　③によることができない場合については，ダクトの接続部における空気の流入又は漏出による音を聴く。 ⑤　②，③又は④によることができない場合については，ダクト系に設けられている測定孔において，ピトー管及びマノメータを用いて，ダクト内	①　異常な変形，破損及び腐食がないこと。 ②　接続部の締付けボルト，ナット，ガスケット等の破損，欠落若しくは片締め又は配管取付部の緩みがないこと。 ③　スモークテスター等の煙がガスケット部及び接続部から吸い込まれたり，吹き飛ばされないこと。 ④　空気の流入又は漏出による音がないこと。 ⑤　ダクト内の静圧値が，その設計値と著しい差がないこと。

第7編

検　査　項　目	検　査　方　法	判　定　基　準
		の静圧を測定する。	
	(5)　洗浄液配管系統の状態	①　バイパス弁, バルブ, ストレーナー及びフレキシブルジョイントの状態を調べる。 ②　バイパス弁及びバルブの作動状態を調べる。	①　次の異常がないこと。 　イ　洗浄液の漏出の原因となるような摩耗, 腐食又は破損 　ロ　腐食の原因となるような塗装等の損傷 　ハ　除じん装置の機能を低下させるようなスラッジ等の付着 　ニ　ストレーナーのフィルタの目詰まり ②　円滑に作動し異音がないこと。
2. ファン及び電動機	(1)　安全カバー及びその取付部の状態	電動機とファンを連結するベルト等の安全カバー及びその取付部の状態を調べる。	摩耗, 腐食, 破損, 変形等がなく, かつ, 取付部の緩み等がないこと。
	(2)　ファンの回転方向	ファンの回転方向を調べる。	所定の回転方向であること。
	(3)　騒音及び振動の状態	騒音及び振動の状態を調べる。	異常な騒音及び振動のないこと。
	(4)　ケーシングの表面の状態	ファンを停止して, ケーシングの表面の状態を調べる。	次の異常がないこと。 　イ　ファンの機能を低下させるような摩耗, 腐食, くぼみその他損傷又は粉じん等のたい積 　ロ　腐食の原因となるような塗装等の損傷
	(5)　ケーシングの内面, インペラ及びガイドベーンの状態	(3)において, 異常騒音又は振動がある場合は, 次によりケーシングの内面, インペラ及びガイドベーンの状態を調べる。 ①　点検口が設けられているものにあっては点検口から, 点検口が設けられていないものにあってはダクトの接続部を外して, ケーシングの内面, インペラ及びガイドベーンの状態を調べる。 ②　インペラのブレード及びガイドベーンの表面を目視検査し, 粉じん等の付着の状態を	①　次の異常がないこと。 　イ　ファンの機能を低下させるような摩耗, 腐食, くぼみその他損傷又は粉じん等の付着 　ロ　腐食の原因となるような塗装等の損傷 ②　ファンの機能を低下させるような粉じん等の付着がないこと。

検　査　項　目	検　査　方　法	判　定　基　準
	調べる。	
(6)　ベルト等の状態	①　ベルトの損傷及び不ぞろい, プーリーの損傷, 偏心及び取付位置のずれ, キー及びキー溝の緩み等の有無を調べる。	①　次の異常がないこと。 　イ　ベルトの損傷 　ロ　ベルトとプーリーの溝の型の不一致 　ハ　多本掛けのベルトの型又は張り方の不ぞろい 　ニ　プーリーの損傷, 偏心又は取付位置のずれ 　ホ　キー及びキー溝の緩み
	②　チェーンについて, 粉じん等の付着及び給油の状態を調べる。	②　粉じん等の異常な付着又は油切れがないこと。
	③　ベルトをテンションメータで押して, たわみ量 (X) を調べる。	③　次の要件を具備すること。 　　　$0.01\ell < X < 0.02\ell$ 　この式においてX及びℓは, それぞれ次の図に示す長さを表すものとする。
	④　ファンを作動させ, ベルトの振れの有無を調べる。	④　ベルトの振れがないこと。
	⑤　局所排気装置の検査 (4の吸気及び排気の能力の検査) を行った結果, 判定基準に適合しない場合は, 電動機の回転数からファンの回転数を調べるか又は回転計を用いて実測する。	⑤　ファンの回転数が同項4の吸気及び排気の能力の検査に係る判定基準に適合するために必要な回転数を下回らないこと。
(7)　軸受けの状態	①　ファンを作動させた状態で, 次のいずれかの方法により, 軸受けの状態を調べる。 　イ　軸受けに聴音器を当てて, 異音の有無を調べる。	①　次の異常がないこと。 　イ　回転音に異常がないこと。

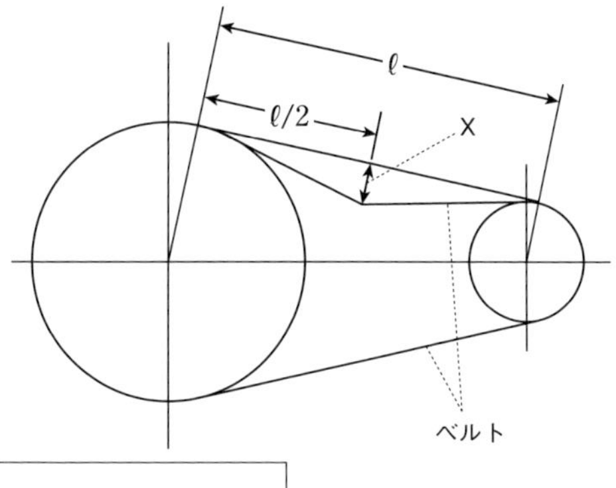

第7編

検　査　項　目	検　査　方　法	判　定　基　準
	ロ　軸受けにベアリングチェッカーのピックアップを当てて，指示値を読み取る。 ②　ファンを 1 時間以上作動させた後停止し，軸受けの表面温度を調べる。 ③　オイルカップ及びグリースカップの油量及び油の状態を調べる。	ロ　指示値が一定の範囲内にあること。 ②　軸受けの表面の温度が 70℃ 以下であり，かつ，軸受けの表面の温度と周囲の温度との差が 40℃ 以下であること。 ③　油が所定の量であり，油の汚れ又は水，粉じん，金属粉等の混入がないこと。 　また，同一規格の潤滑油が使用されていること。
(8)　電動機の状態	①　絶縁抵抗計を用いて，巻線とケースとの間及び巻線と接地端子との間の絶縁抵抗を測定する。 ②　ファンを 1 時間以上作動させた後，電動機の表面の温度を測定する。この場合において，電動機の表面の温度は，表面温度計，ガラス温度計等により測定する。	①　絶縁抵抗が十分高いこと。 ②　表面温度が，下表に掲げられた電気絶縁の耐熱クラスに対応して示された温度以下であること。

表　耐熱クラス及び温度

耐熱クラス	温度 ℃
Y	90
A	105
E	120
B	130
F	155
H	180
200	200
220	220
250	250

250℃ を超える温度は 25℃ 間隔で増し，耐熱クラスもそれに対応する温度の数値で呼称する。
備考　電動機の電気絶縁の耐熱クラスは，日本工業規格 C 4003-1998（電気絶縁の耐熱クラス及び耐熱性評価）による。

検　査　項　目	検　査　方　法	判　定　基　準
	③　テスターを用いて電圧及び電流値を測定する。	③　電圧及び電流値が設計値どおりであること。
(9)　制御盤，配線及び接地線の状態	（制御盤） ①　制御盤の表示灯，充電部カバー及び銘板の破損，欠落等	（制御盤） ①　表示灯の球切れ，破損，欠落等がないこと。

検　査　項　目		検　査　方　法	判　定　基　準
		の有無を調べる。 ②　制御盤の計器類の作動不良等の有無を調べる。 ③　制御盤内の粉じん等のたい積の有無を調べる。 ④　制御盤の端子の緩み，変色等の有無を調べる。 ⑤　電源を入れ，指定された操作（ボタン操作等）を行う。	②　作動不良等がないこと。 ③　粉じん等のたい積がないこと。 ④　制御盤の端子の緩み，変色等がないこと。 ⑤　機器が正常に作動すること。
		（配線） ①　目視により充電部の損傷の有無を調べる。 ②　目視により配線の被覆の摩耗，腐食その他損傷の有無を調べる。	（配線） ①　充電部にカバーが取り付けられていること。 ②　配線の被覆に摩耗，腐食その他損傷のないこと。
		（接地線） 　接地端子の締付け状態を調べる。	（接地線） 　接地端子の緩み又は外れのないこと。
	（10）　インバータ	①　マニュアル設定のインバータの場合は，電源を入れ，周波数を変化させるボタン又はつまみを操作する。 ②　自動設定のインバータの場合は，インバータの電源を入れ，自動運転をする。	①　電源の周波数が円滑に変化すること。 ②　円滑にかつ自動的に周波数が変化し，設定した周波数で定常運転に入ること。
	（11）　ファンの排風量	局所排気装置の検査（4項の熱線風速計等を用いた吸気及び排気の能力の検査）を行った結果，判定基準に適合しない場合は，ファン入口側又は出口側に設けられている測定孔において，ピトー管及びマノメータを用いてダクト内の平均風速を求めて排風量を計算する。	同4項の吸気及び排気の能力の検査に係る判定基準に適合するために必要な排風量以上であること。
3. 排出装置	ホッパー（中間ホッパーを含む。），排出用ダンパ，ロータリーバルブ，コンベヤー等の状態	①　ホッパー，排出用ダンパ，ロータリーバルブ，コンベヤー等の外面の状態を調べる。	①　次の異常がないこと。 　イ　粉じん等の漏出の原因となるような摩耗，腐食又は破損 　ロ　腐食の原因となるような塗装等の損傷 　ハ　粉じん等のたい積の原因となるような変形 　ニ　排出装置の機能を低下させるような羽等への粉じん

第7編

検　査　項　目		検　査　方　法	判　定　基　準
			等の固着
		②　点検口が設けられているものにあっては，点検口を開いて，ホッパーの内部の状態を調べる。	②　次の異常がないこと。 　イ　粉じん等の漏出の原因となるような摩耗，腐食又は破損 　ロ　腐食の原因となるような塗装等の損傷 　ハ　排出装置の機能を低下させるような粉じん等のたい積
		③　②によることができないものについては，テストハンマー等を用いてホッパーの外面を軽く打ち，打音を調べる。	③　粉じん等のたい積等による異音がないこと。
		④　排出装置を作動させ，粉じん等が円滑に排出されるかどうかを調べる。	④　粉じん等が円滑に排出され，かつ，作動不良，異音，異常振動等がないこと。
4．ポンプ	(1)　ポンプの状態	①　ポンプの外面の状態を調べる。 ②　ポンプを作動させ，回転方向を確認し，振動の有無を調べる。	①　腐食，破損又は洗浄液の漏れがないこと。 ②　正常な回転方向であること及び異常な振動がないこと。
	(2)　ポンプの軸受けの状態	2の(7)の検査方法によりポンプの軸受けの状態を調べる。	2の(7)の判定基準に適合すること。
	(3)　ポンプの圧力及び流量	ポンプに附属する圧力計及び流量計により圧力及び流量を調べる。	圧力及び流量が設計値の範囲内にあること。
5．空気圧縮器		①　空気圧縮器の計器の異常の有無及び圧縮空気の圧力を調べる。 ②　エアレシーバ内のドレンの有無を調べる。	①　計器に異常がなく，圧縮空気の圧力が設計値の範囲内にあること。 ②　ドレンが異常に溜まっていないこと。
6．安全装置		設計書に従って，圧力放散ベント，ファイアーダンパ，インターロック，逃し弁等の安全装置の作動の良否を調べる。	良好に作動すること。
7．除じん性能		除じん装置を作動させ，日本工業規格Z8808（排ガス中のダスト濃度の測定方法）に規定する方法等によりハウジングの上流部及び下流部に設けられている測定孔の内部における有害物質の濃度を測定し，除じん効率を求める。	除じん率が設計値の範囲内にあること。

〔Ⅱ〕サイクロンについては，〔Ⅰ〕に定めたところによるほか，次の表の左欄に掲げる検査項目に応じて，同表の中欄に掲げる検査方法による検査を行った場合に，それぞれ同表の右欄に掲げる判定基準に適合するものでなければならない。

検　査　項　目	検　査　方　法	判　定　基　準
1．吸引式サイクロンにあっては，サイクロンの粉じん等排出部の空気の流入の状態	吸引式サイクロンを作動させ，スモークテスターを用いて煙が粉じん等排出部に吸い込まれないかどうかを調べる。	スモークテスターから放たれた煙が粉じん等排出部に吸い込まれないこと。
2．押込式サイクロンにあっては，サイクロン本体部の摩耗の状態	サイクロン本体を目視検査し，摩耗の有無を調べる。	摩耗のないこと。また，溶接部における摩耗穿孔による粉じんの漏出がないこと。
3．ネック部の摩耗，腐食及び破損並びに粉じん等のたい積の状態	① ネック部においてテストハンマーを用いて外面を軽く打ち，打音を調べる。 ② 摩耗又は腐食を生じさせやすい有害物質の除じんを行うサイクロンについては，テストハンマーによる打音検査のほか，溶接線に沿った目視検査を行う。	① 粉じん等のたい積，付着等による異音がないこと。 ② 次の異常がないこと。 イ　板厚摩耗による打音の異常 ロ　溶接線に沿った穴開き又は腐食

〔Ⅲ〕スクラバについては，〔Ⅰ〕に定めるところによるほか，次の表の左欄に掲げる検査項目に応じて，同表の中欄に掲げる検査方法による検査を行った場合に，それぞれ同表の右欄に掲げる判定基準に適合するものでなければならない。

検　査　項　目		検　査　方　法	判　定　基　準
1．分離部	(1) ベンチュリスクラバのベンチュリ管の状態	① ベンチュリスクラバを作動させ，ピトー管及びマノメータを用いて，ベンチュリ管の前後の圧力差を測定する。 ② ①によることができないものについては，次の式によりスロート部の流速を算定する。 $$V_T=\frac{Q_T}{60\times A_T}$$ V_T：スロート部の流速（m/s） Q_T：スロート部の空気流量（m³/min） A_T：スロート部の断面積(m²) ③ 洗浄液の噴霧の状態を調べる。	① ベンチュリ管の前後の圧力差が設計値の範囲内にあること。 ② スロート部の流速が設計値の範囲内にあること。 ③ 洗浄液の噴霧の状態が良好であること。

第7編

検 査 項 目	検 査 方 法	判 定 基 準
	④　③によることができないものについては，給水部又はノズル部を分解し，スラッジ，スケール等による目詰まり，摩耗，腐食，破損，変形等の有無を調べる。	④　目詰まり又はベンチュリ管の機能を低下させるような摩耗，腐食，破損，変形等がないこと。
(2)　充てん塔式スクラバ又は漏れ棚塔式スクラバの充てん物，棚，段等の状態	①　充てん物の目詰まり及び破損の有無並びに量を調べる。 ②　棚，段等の目詰まり，摩耗，腐食，破損，変形等の有無を調べる。	①　充てん物の機能を低下させるような目詰まり又は破損がなく，充てん物の量が設計値の範囲内にあること。 ②　棚，段等の機能を低下させるような目詰まり，摩耗，腐食，破損，変形等がないこと。
(3)　充てん塔式スクラバ又は漏れ棚塔式スクラバのスプレーノズル又は洗浄液分散器の状態	①　スプレーノズル又は洗浄液分散器の目詰まり，摩耗，腐食，破損，変形等の有無を調べる。 ②　①によることができないものについては，充てん塔式スクラバ又は漏れ棚塔式スクラバを作動させ，スプレーノズル又は洗浄液分散器の作動状態を調べる。	①　スプレーノズル又は洗浄液分散器の機能を低下させるような目詰まり，摩耗，腐食，破損，変形等がないこと。 ②　スプレーノズルにあっては洗浄液が均一に噴霧されており，洗浄液分散器にあっては洗浄液の分布が均一であること。
(4)　ウォータ・フィルム等の気液混合部の状態	①　気液混合部におけるバブリングの状態を調べる。 ②　①によることができないものについては，ピトー管及びマノメータを用いて，気液混合部の前後の圧力差を測定するとともに，洗浄液の液面の高さを調べる。 ③　気液混合部の目詰まり，摩耗，腐食，破損，変形等の有無を調べる。	①　バブリング状態が均一で，かつ，水面が激しく上下振動していないこと。 　また，ケーシングに脈動がないこと。 ②　気液混合部の前後の圧力差及び洗浄液の液面の高さが設計値の範囲内にあること。 ③　気液混合部の機能を低下させるような目詰まり，摩耗，腐食，破損，変形等がないこと。
(5)　気液分離部の状態	①　気液分離部の目詰まり，摩耗，腐食，破損，変形等の有無を調べる。 ②　①によることができないものについては，ピトー管及び	①　気液分離部の機能を低下させるような目詰まり，摩耗，腐食，破損，変形等がないこと。 ②　気液分離部の前後の圧力差が設計値の範囲内にあること。

検 査 項 目	検 査 方 法	判 定 基 準
	マノメータを用いて気液分離部の前後の圧力差を測定する。	
2．水 封 部	①　水封部の目詰まり，摩耗，腐食，破損，変形等の有無を調べる。 ②　洗浄液の液面の高さを調べる。 ③　水封部からの空気の流入又は漏出の有無を調べる。	①　水封部の機能を低下させるような目詰まり，摩耗，腐食，破損，変形等がないこと。 ②　洗浄液の液面の高さが設計値の範囲内にあること。 ③　空気の流入又は漏出がないこと。
3．廃 液 部	①　廃液口の状態を調べる。 ②　廃液の状態を調べる。	①　廃液口から漏洩のないこと。 ②　汚水液の漏出等環境汚染を起こす恐れのないこと。

〔Ⅳ〕ろ過式除じん装置については，〔Ⅰ〕に定めるところによるほか，次の表の左欄に掲げる検査項目に応じて，同表の中欄に掲げる検査方法による検査を行った場合に，それぞれ同表の右欄に掲げる判定基準に適合するものでなければならない。

検 査 項 目		検 査 方 法	判 定 基 準
1．ろ材	(1)　ろ材の状態	①　ろ材の目詰まり，破損，劣化，焼損，湿り等の有無を調べる。 ②　ピトー管及びマノメータを用いて，ろ材の前後の圧力差を測定する。	①　ろ材の機能を低下させるような目詰まり，破損，劣化，焼損，湿り等がないこと。 ②　ろ材の前後の圧力差が設計値の範囲内にあること。
	(2)　ろ材の取付状態等	①　ろ材の取付状態を調べる。 ②　ろ材の取付部の固定ボルト，ナット，バンド，ガスケット等の破損，欠落及び片締めの有無を調べる。	①　ろ材の脱落又はたるみがなく，かつ，ろ材の吊り方等が適正であること。 ②　固定ボルト，ナット，バンド，ガスケット等の破損，欠落又は片締めがないこと。
2．払落し装置	(1)　パルス式払落し装置の状態	①　圧縮空気の配管の状態を目視検査する。 ②　パルス制御盤の電磁弁の作動状態を示す表示灯を目視検査する。 ③　払落し装置を作動させて，その作動音を聴く。	①　次の異常がないこと。 　イ　配管接続部の空気漏れ 　ロ　ヘッダー部（圧縮空気タンク）のドレンの異常貯留 　ハ　圧力調整器の指示異常 ②　電磁弁の作動と連動して表示灯が点灯すること。 ③　電磁弁の作動と同時にパルスの吹鳴音が聴こえること。

検　査　項　目	検　査　方　法	判　定　基　準
	④　電磁弁を閉じた状態における空気漏れの音を調べる。	④　空気漏れの音がないこと。
(2)　機械式払落し装置の状態	①　払落し機構の摩耗，腐食，破損，変形等の有無を調べる。	①　払落し機構の機能を低下させるような摩耗，腐食，破損，変形等がないこと。
	②　払落し装置を作動させ，異常振動及び異音の有無を調べる。	②　作動が円滑で，異常振動及び異音がないこと。
(3)　逆洗式払落し装置の状態	①　逆洗用ファンの回転方向を調べる。	①　所定の回転方向であること。
	②　〔I〕の2の各項の検査方法により逆洗用ファンを調べる。	②　〔I〕の2の各項の判定基準に適合すること。
	③　逆洗用の切替えダンパ（3方弁）の状態を調べる。	③　切替えダンパが正常に作動し，かつ，ダンパに空気漏れがないこと。

　〔V〕電気式除じん装置については，〔I〕に定めるところによるほか，次の表の左欄に掲げる検査項目に応じて，同表の中欄に掲げる検査方法による検査を行った場合に，それぞれ同表の右欄に掲げる判定基準に適合するものでなければならない。

検　査　項　目	検　査　方　法	判　定　基　準
1.　安全装置等の状態	①　本体部及び碍子室等のマンホールに設けられた電気的インターロックシステムの作動状態を調べる。	①　設計書により確認し，電気的な異常のないこと。
	②　上記マンホールに設けられた扉固定用チェーン等の取付状態を調べる。	②　腐食，変形及び破損のないこと。
2.　放電極，集じん極及び整流板並びにその取付部の状態等	①　放電極，集じん極及び整流板並びにその取付部の状態を調べる。	①　放電極，集じん極又は整流板の機能を低下させるような摩耗，腐食，破損，変形，粉じん等の異常な固着がなく，かつ，ボルト若しくはナットの破損，欠落等又は取付部の緩み等がないこと。
	②　ユニット式電極以外の電極について，放電極と集じん極との間の寸法をスケールを用いて測定する。	②　各極の間の寸法が設計値の範囲内にあること。

検　査　項　目	検　査　方　法	判　定　基　準
3.　払落し装置の状態等	①　放電極及び集じん極の払落し装置並びにその取付部の状態を調べる。	①　払落し装置の機能を低下させるような摩耗，腐食，破損，変形，粉じん等の異常な固着がなく，かつ，ボルト若しくはナットの破損，欠落等又は取付部の緩み等がないこと。 　また，払落し装置等の取付位置のずれがないこと。
	②　払落し装置を作動させ，異常振動及び異音の有無を調べる。	②　作動が円滑で，異常振動又は異音がないこと。
	③　軸受けのオイルカップ，グリースカップの油量及び油の状態を調べる。	③　油が所定の量であり，油の汚れ又は水，粉じん，金属粉等の混入がないこと。 　また，同一規格の潤滑油が使用されていること。
	④　放電極の払落し装置にあっては槌打装置を保持している碍子の状態を調べる。	④　次の異常がないこと。 　イ　碍子の著しい汚損 　ロ　碍子のひび（ヘアクラック） 　ハ　碍子取付ボルトの緩み
4.　ぬれ壁又はスプレーノズルの状態	湿式電気除じん装置のぬれ壁又はスプレーノズルの状態を調べる。	ぬれ壁については，水膜が一様に形成され，かつ，洗浄液が均一に流れていること。 　また，スプレーノズルについては，洗浄液が均一に噴霧されていること。
5.　碍子及び碍子室の状態	①　碍子及び碍子室の汚損，破損，劣化等の有無を調べる。	①　碍子及び碍子室の機能を低下させるような汚損，破損，劣化等がないこと。
	②　碍子の絶縁グリースの状態を調べる。	②　絶縁グリースの汚損又は劣化がないこと。
6.　給電部の状態	①　絶縁棒，碍子等の汚損，破損，劣化等の有無を調べる。	①　給電部の機能を低下させるような汚損，破損，劣化等がないこと。
	②　各端子及びその取付部の状態を調べる。	②　給電部の機能を低下させるような腐食，破損，焼損等がなく，かつ，取付部の緩み等がないこと。
7.　電源装置の状態	制御盤における電圧及び電流を調べる（定期自主検査の最後に実施する。）。	所定の電圧及び電流であること。

第7編

Ⅳ　留意事項

　除じん装置の定期自主検査を行う際における労働災害の発生を防止するため，次の点に留意すること。

　1　除じん装置の内部等における検査を行うに当たっては，有害物質による中毒等を防止するため，鉛則，特化則，粉じん則及び石綿則の規定により必要な措置を講ずること。なお，これらの規定が適用されない場合であっても，有害物質による中毒等にかかるおそれがあるときは，これらの規定による措置に準じた措置を講ずること。

　　また，酸素欠乏症等にかかるおそれがあるときは，酸素欠乏症等防止規則（昭和47年労働省令第42号）の規定による措置に準じた措置を講ずること。

　2　電動機等に係る項目の検査を行うに当たっては，機械による危険を防止するため，労働安全衛生規則（昭和47年労働省令第32号。以下「安衛則」という。）第2編第1章の規定により必要な措置を講ずること。

　3　電気設備に係る項目の検査を行うに当たっては，電気による危険を防止するため，安衛則第1編第4章及び第2編第5章の規定により必要な措置を講ずること。

　4　検査用の通路，足場等において検査を行うに当たっては，墜落等による危険を防止するため，安衛則第2編第9章から第11章までの規定により必要な措置を講ずること。

第8編　関係法令

1　労働安全衛生法（抄）

（昭和 47 年法律第 57 号）

（目的）

第 1 条　この法律は，労働基準法（昭和 22 年法律第 49 号）と相まつて，労働災害の防止のための危害防止基準の確立，責任体制の明確化及び自主的活動の促進の措置を講ずる等その防止に関する総合的計画的な対策を推進することにより職場における労働者の安全と健康を確保するとともに，快適な職場環境の形成を促進することを目的とする。

（定期自主検査）

第 45 条　事業者は，ボイラーその他の機械等で，政令で定めるものについて，厚生労働省令で定めるところにより，定期に自主検査を行ない，及びその結果を記録しておかなければならない。

②　（略）

③　厚生労働大臣は，第 1 項の規定による自主検査の適切かつ有効な実施を図るため必要な自主検査指針を公表するものとする。

④　厚生労働大臣は，前項の自主検査指針を公表した場合において必要があると認めるときは，事業者若しくは検査業者又はこれらの団体に対し，当該自主検査指針に関し必要な指導等を行うことができる。

（書類の保存等）

第 103 条　事業者は，厚生労働省令で定めるところにより，この法律又はこれに基づく命令の規定に基づいて作成した書類（次項及び第 3 項の帳簿を除く。）を，保存しなければならない。

（以下略）

（注）化学設備および特定化学設備の改造，修理，清掃等の仕事を外注する注文者は，請負人の労働者の労働災害を防止するため，化学物質の危険性と有害性，作業において注意すべき事項，安全確保措置等を記載した文書の交付等を行わなければならないとされている（労働安全衛生法第 31 条の 2 等）が，この規定の対象となる設備の範囲が，令和 5 年 4 月 1 日から，特定化学物質，鉛およびその化合物，有機溶剤を含む安全データシート（SDS）等による通知義務対象物の製造・取扱設備（局所排気装置等の付属設備も含む。）にまで広がる。

第 8 編

2　労働安全衛生法施行令（抄）

（昭和 47 年政令第 318 号）

（定期に自主検査を行うべき機械等）

第 15 条　法第 45 条第 1 項の政令で定める機械等は，次のとおりとする。

1〜8　（略）

9　局所排気装置，プッシュプル型換気装置，除じん装置，排ガス処理装置及び排液処理装置で，厚生労働省令で定めるもの

（以下略）

3　労働安全衛生規則（抄）

（昭和 47 年労働省令第 32 号）

第 24 条　法第 19 条の 2 第 2 項の規定による指針の公表は，当該指針の名称及び趣旨を官報に掲載するとともに，当該指針を厚生労働省労働基準局及び都道府県労働局において閲覧に供することにより行うものとする。

（自主検査指針の公表）

第 29 条の 3　第 24 条の規定は，法第 45 条第 3 項の規定による自主検査指針の公表について準用する。

4　有機溶剤中毒予防規則（抄）

（昭和 47 年労働省令第 36 号）

（局所排気装置の定期自主検査）

第 20 条　令第 15 条第 1 項第 9 号の厚生労働省令で定める局所排気装置（有機溶剤業務に係るものに限る。）は，第 5 条又は第 6 条の規定により設ける局所排気装置とする。

②　事業者は，前項の局所排気装置については，1 年以内ごとに 1 回，定期に，次の事項について自主検査を行わなければならない。ただし，1 年を超える期間使用しない同項の装置の当該使用しない期間においては，この限りでない。

1　フード，ダクト及びファンの摩耗，腐食，くぼみその他損傷の有無及びその程度

2　ダクト及び排風機におけるじんあいのたい積状態

3　排風機の注油状態

4　ダクトの接続部における緩みの有無

5　電動機とファンを連結するベルトの作動状態

6　吸気及び排気の能力

7　前各号に掲げるもののほか，性能を保持するため必要な事項

③　事業者は，前項ただし書の装置については，その使用を再び開始する際に，同項各号に掲げる事項について自主検査を行わなければならない。

（プッシュプル型換気装置の定期自主検査）

第20条の2　令第15条第1項第9号の厚生労働省令で定めるプッシュプル型換気装置（有機溶剤業務に係るものに限る。）は，第5条又は第6条の規定により設けるプッシュプル型換気装置とする。

②　前条第2項及び第3項の規定は，前項のプッシュプル型換気装置に関して準用する。この場合において，同条第2項第3号中「排風機」とあるのは「送風機及び排風機」と，同項第6号中「吸気」とあるのは「送気，吸気」と読み替えるものとする。

（記録）

第21条　事業者は，前二条の自主検査を行なつたときは，次の事項を記録して，これを3年間保存しなければならない。

1　検査年月日

2　検査方法

3　検査箇所

4　検査の結果

5　検査を実施した者の氏名

6　検査の結果に基づいて補修等の措置を講じたときは，その内容

5　鉛中毒予防規則（抄）

（昭和47年労働省令第37号）

（局所排気装置等の定期自主検査）

第35条　令第15条第1項第9号の厚生労働省令で定める局所排気装置，プッシュプル型換気装置及び除じん装置（鉛業務に係るものに限る。）は，第2条に規定する局所排気装置，第5条から第20条までの規定により設ける局所排気装置及びプッシュプル型換気装置並びに第26条の規定により設ける除じん装置とする。

②　事業者は，前項の局所排気装置，プッシュプル型換気装置及び除じん装置については，1年以内ごとに1回，定期に，次の事項について自主検査を行わなければならない。ただし，1年を超える期間使用しない同項の装置の当該使用しない期間においては，この限りでない。

1　局所排気装置にあつては，次の事項

　　イ　フード，ダクト及びファンの摩耗，腐食，くぼみその他損傷の有無及びその程度

　　ロ　ダクト及び排風機におけるじんあいのたい積状態

　　ハ　ダクトの接続部における緩みの有無

　　ニ　電動機とファンを連結するベルトの作動状態

　　ホ　吸気及び排気の能力

　　ヘ　イからホに掲げるもののほか，性能を保持するため必要な事項

　2　プッシュプル型換気装置にあつては，次の事項

　　イ　フード，ダクト及びファンの摩耗，腐食，くぼみその他損傷の有無及びその程度

　　ロ　ダクト及び排風機におけるじんあいのたい積状態

　　ハ　ダクトの接続部における緩みの有無

　　ニ　電動機とファンを連結するベルトの作動状態

　　ホ　送気，吸気及び排気の能力

　　ヘ　イからホに掲げるもののほか，性能を保持するため必要な事項

　3　除じん装置にあつては，次の事項

　　イ　構造部分の摩耗，腐食及び破損の有無並びにその程度

　　ロ　除じん装置内部におけるじんあいのたい積状態

　　ハ　ろ過除じん方式の除じん装置にあつては，ろ材の破損，ろ材取付部等の緩みの有無

　　ニ　処理能力

　　ホ　イからニに掲げるもののほか，性能を保持するため必要な事項

③　事業者は，前項ただし書の装置については，その使用を再び開始する際に，同項各号に掲げる事項について自主検査を行なわなければならない。

（記録）

第36条　事業者は，前条第2項又は第3項の自主検査を行なつたときは，次の事項を記録して，これを3年間保存しなければならない。

　1　検査年月日

　2　検査方法

　3　検査箇所

　4　検査の結果

　5　検査を実施した者の氏名

　6　検査の結果に基づいて補修等の措置を講じたときは，その内容

6　特定化学物質障害予防規則（抄）

（昭和 47 年労働省令第 39 号）

（定期自主検査を行うべき機械等）

第 29 条　令第 15 条第 1 項第 9 号の厚生労働省令で定める局所排気装置，プッシュプル型換気装置，除じん装置，排ガス処理装置及び排液処理装置（特定化学物質（特別有機溶剤等を除く。）その他この省令に規定する物に係るものに限る。）は，次のとおりとする。

1　第 3 条，第 4 条第 3 項，第 5 条第 1 項，第 38 条の 12 第 1 項第 2 号，第 38 条の 17 第 1 項第 1 号若しくは第 38 条の 18 第 1 項第 1 号の規定により，又は第 50 条第 1 項第 6 号若しくは第 50 条の 2 第 1 項第 1 号，第 5 号，第 9 号若しくは第 12 号の規定に基づき設けられる局所排気装置（第 3 条第 1 項ただし書及び第 38 条の 16 第 1 項ただし書の局所排気装置を含む。）

2　第 3 条，第 4 条第 3 項，第 5 条第 1 項，第 38 条の 12 第 1 項第 2 号，第 38 条の 17 第 1 項第 1 号若しくは第 38 条の 18 第 1 項第 1 号の規定により，又は第 50 条第 1 項第 6 号若しくは第 50 条の 2 第 1 項第 1 号，第 5 号，第 9 号若しくは第 12 号の規定に基づき設けられるプッシュプル型換気装置（第 38 条の 16 第 1 項ただし書のプッシュプル型換気装置を含む。）

3　第 9 条第 1 項，第 38 条の 12 第 1 項第 3 号若しくは第 38 条の 13 第 3 項第 1 号イの規定により，又は第 50 条第 1 項第 7 号ハ若しくは第 8 号（これらの規定を第 50 条の 2 第 2 項において準用する場合を含む。）の規定に基づき設けられる除じん装置

（以下略）

〈編注：令和 5 年 4 月 1 日より，第 1 号および第 2 号中「第 4 条第 3 項」が「第 4 条第 4 項」に，第 3 号中「第 38 条の 13 第 3 項第 1 号イ」が「第 38 条の 13 第 4 項第 1 号イ」となる。〉

（定期自主検査）

第 30 条　事業者は，前条各号に掲げる装置については，1 年以内ごとに 1 回，定期に，次の各号に掲げる装置の種類に応じ，当該各号に掲げる事項について自主検査を行わなければならない。ただし，1 年を超える期間使用しない同項の装置の当該使用しない期間においては，この限りでない。

1　局所排気装置

イ　フード，ダクト及びファンの摩耗，腐食，くぼみ，その他損傷の有無及びその程度

ロ　ダクト及び排風機におけるじんあいのたい積状態

ハ　ダクトの接続部における緩みの有無

　　ニ　電動機とファンを連結するベルトの作動状態

　　ホ　吸気及び排気の能力

　　ヘ　イからホまでに掲げるもののほか，性能を保持するため必要な事項

　2　プッシュプル型換気装置

　　イ　フード，ダクト及びファンの摩耗，腐食，くぼみ，その他損傷の有無及びその程度

　　ロ　ダクト及び排風機におけるじんあいのたい積状態

　　ハ　ダクトの接続部における緩みの有無

　　ニ　電動機とファンを連結するベルトの作動状態

　　ホ　送気，吸気及び排気の能力

　　ヘ　イからホまでに掲げるもののほか，性能を保持するため必要な事項

　3　除じん装置，排ガス処理装置及び排液処理装置

　　イ　構造部分の摩耗，腐食，破損の有無及びその程度

　　ロ　除じん装置又は排ガス処理装置にあつては，当該装置内におけるじんあいのたい積状態

　　ハ　ろ過除じん方式の除じん装置にあつては，ろ材の破損又はろ材取付部等の緩みの有無

　　ニ　処理薬剤，洗浄水の噴出量，内部充てん物等の適否

　　ホ　処理能力

　　ヘ　イからホまでに掲げるもののほか，性能を保持するため必要な事項

②　事業者は，前項ただし書の装置については，その使用を再び開始する際に同項各号に掲げる事項について自主検査を行なわなければならない。

（定期自主検査の記録）

第32条　事業者は，前二条の自主検査を行なつたときは，次の事項を記録し，これを3年間保存しなければならない。

　1　検査年月日

　2　検査方法

　3　検査箇所

　4　検査の結果

　5　検査を実施した者の氏名

　6　検査の結果に基づいて補修等の措置を講じたときは，その内容

7　粉じん障害防止規則（抄）

（昭和 54 年労働省令第 18 号）

（局所排気装置等の定期自主検査）

第 17 条　労働安全衛生法施行令（以下「令」という。）第 15 条第 1 項第 9 号の厚生労働省令で定める局所排気装置，プッシュプル型換気装置及び除じん装置（粉じん作業に係るものに限る。）は，第 4 条及び第 27 条第 1 項ただし書の規定により設ける局所排気装置及びプッシュプル型換気装置並びに第 10 条の規定により設ける除じん装置とする。

②　事業者は，前項の局所排気装置，プッシュプル型換気装置及び除じん装置については，1 年以内ごとに 1 回，定期に，次の各号に掲げる装置の種類に応じ，当該各号に掲げる事項について自主検査を行わなければならない。ただし，1 年を超える期間使用しない同項の装置の当該使用しない期間においては，この限りでない。

　1　局所排気装置
　　イ　フード，ダクト及びファンの摩耗，腐食，くぼみその他損傷の有無及びその程度
　　ロ　ダクト及び排風機における粉じんの堆積状態
　　ハ　ダクトの接続部における緩みの有無
　　ニ　電動機とファンとを連結するベルトの作動状態
　　ホ　吸気及び排気の能力
　　ヘ　イからホまでに掲げるもののほか，性能を保持するため必要な事項
　2　プッシュプル型換気装置
　　イ　フード，ダクト及びファンの摩耗，腐食，くぼみその他損傷の有無及びその程度
　　ロ　ダクト及び排風機における粉じんの堆積状態
　　ハ　ダクトの接続部における緩みの有無
　　ニ　電動機とファンとを連結するベルトの作動状態
　　ホ　送気，吸気及び排気の能力
　　ヘ　イからホまでに掲げるもののほか，性能を保持するため必要な事項
　3　除じん装置
　　イ　構造部分の摩耗，腐食，破損の有無及びその程度
　　ロ　内部における粉じんの堆積状態
　　ハ　ろ過除じん方式の除じん装置にあつては，ろ材の破損又はろ材取付部等の緩みの有無
　　ニ　処理能力

第 8 編

　　ホ　イからニまでに掲げるもののほか，性能を保持するため必要な事項

③　事業者は，前項ただし書の装置については，その使用を再び開始する際に，同項各号に掲げる装置の種類に応じ，当該各号に掲げる事項について自主検査を行わなければならない。

（定期自主検査の記録）

第18条　事業者は，前条第2項又は第3項の自主検査を行つたときは，次の事項を記録して，これを3年間保存しなければならない。

　1　検査年月日

　2　検査方法

　3　検査箇所

　4　検査の結果

　5　検査を実施した者の氏名

　6　検査の結果に基づいて補修等の措置を講じたときは，その内容

8　石綿障害予防規則（抄）

（平成17年厚生労働省令第21号）

（定期自主検査を行うべき機械等）

第21条　令第15条第1項第9号の厚生労働省令で定める局所排気装置，プッシュプル型換気装置及び除じん装置（石綿等に係るものに限る。）は，次のとおりとする。

　1　第12条第1項の規定に基づき設けられる局所排気装置

　2　第12条第1項の規定に基づき設けられるプッシュプル型換気装置

　3　第18条第1項の規定に基づき設けられる除じん装置

（定期自主検査）

第22条　事業者は，前条各号に掲げる装置については，1年以内ごとに1回，定期に，次の各号に掲げる装置の種類に応じ，当該各号に掲げる事項について自主検査を行わなければならない。ただし，1年を超える期間使用しない同条の装置の当該使用しない期間においては，この限りでない。

　1　局所排気装置

　　イ　フード，ダクト及びファンの摩耗，腐食，くぼみ，その他損傷の有無及びその程度

　　ロ　ダクト及び排風機におけるじんあいのたい積状態

　　ハ　ダクトの接続部における緩みの有無

　　ニ　電動機とファンを連結するベルトの作動状態

　　ホ　吸気及び排気の能力

　　ヘ　イからホまでに掲げるもののほか，性能を保持するため必要な事項

　2　プッシュプル型換気装置

　　イ　フード，ダクト及びファンの摩耗，腐食，くぼみ，その他損傷の有無及びその程度

　　ロ　ダクト及び排風機におけるじんあいのたい積状態

　　ハ　ダクトの接続部における緩みの有無

　　ニ　電動機とファンを連結するベルトの作動状態

　　ホ　送気，吸気及び排気の能力

　　ヘ　イからホまでに掲げるもののほか，性能を保持するため必要な事項

　3　除じん装置

　　イ　構造部分の摩耗，腐食，破損の有無及びその程度

　　ロ　当該装置内におけるじんあいのたい積状態

　　ハ　ろ過除じん方式の除じん装置にあっては，ろ材の破損又はろ材取付部等の緩みの有無

　　ニ　処理能力

　　ホ　イからニまでに掲げるもののほか，性能を保持するため必要な事項

②　事業者は，前項ただし書の装置については，その使用を再び開始する際に同項各号に掲げる事項について自主検査を行わなければならない。

（定期自主検査の記録）

第23条　事業者は，前条の自主検査を行ったときは，次の事項を記録し，これを3年間保存しなければならない。

　1　検査年月日

　2　検査方法

　3　検査箇所

　4　検査の結果

　5　検査を実施した者の氏名

　6　検査の結果に基づいて補修等の措置を講じたときは，その内容

日 本 産 業 規 格　　　　　　　　　　**JIS**

「排ガス中のダスト濃度の測定方法」　Z 8808:2013
(Methods of measuring dust concentration in flue gas)
の概要

　※詳細は，日本産業標準調査会ホームページ（https://www.jisc.go.jp）等で検索・閲覧することができる。

〈参考〉

有機溶剤中毒予防規則第16条の2の規定に基づき厚生労働大臣が定める構造及び性能を定める告示

（平成9年3月25日　労働省告示第21号）

（最新改正　平成12年12月25日　労働省告示第120号）

有機溶剤中毒予防規則（昭和47年労働省令第36号）第16条の2の規定に基づき，厚生労働大臣が定める構造及び性能を次のように定め，昭和59年労働省告示第6号（有機溶剤中毒予防規則の規定に基づき厚生労働大臣が定める構造及び性能を定める件）は，廃止する。

有機溶剤中毒予防規則第16条の2の厚生労働大臣が定める構造及び性能は，次のとおりとする。

1　密閉式プッシュプル型換気装置（ブースを有するプッシュプル型換気装置であって，送風機により空気をブース内へ供給し，かつ，ブースについて，フードの開口部を除き，天井，壁及び床が密閉されているもの並びにブース内へ空気を供給する開口部を有し，かつ，ブースについて，当該開口部及び吸込み側フードの開口部を除き，天井，壁及び床が密閉されているものをいう。以下同じ。）の構造は，次に定めるところに適合するものでなければならない。

イ　排風機によりブース内の空気を吸引し，当該空気をダクトを通して排気口から排出するものであること。

ロ　ブース内に下向きの気流（以下「下降気流」という。）を発生させること，有機溶剤の蒸気の発散源にできるだけ近い位置に吸込み側フードを設けること等により，有機溶剤の蒸気の発散源から吸込み側フードへ流れる空気を有機溶剤業務に従事する労働者が吸入するおそれがない構造とすること。

ハ　ダクトは，長さができるだけ短く，ベントの数ができるだけ少ないものであること。

ニ　空気清浄装置が設けられているものにあっては，排風機が，清浄後の空気が通る位置に設けられていること。ただし，吸引された有機溶剤の蒸気等による爆発のおそれがなく，かつ，ファンの腐食のおそれがないときは，この限りではない。

2　密閉式プッシュプル型換気装置の性能は，捕捉面（吸込み側フードから最も離れた位置の有機溶剤の蒸気の発散源を通り，かつ，気流の方向に垂直な平面（ブース内に発生させる気流が下降気味であって，ブース内に有機溶剤業務に従事する労働者が立ち入る構造の密閉式プッシュプル型換気装置にあっては，ブースの床上1.5メートルの高さの水平な平面）をいう。以下この号において同じ。）における気流が次に定めるところに適合するものでなければならない。

$$\sum_{i=1}^{n} \frac{Vi}{n} \geqq 0.2$$

$$\frac{3}{2}\sum_{i=1}^{n} \frac{Vi}{n} \geqq V_1 \geqq \frac{1}{2}\sum_{i=1}^{n} \frac{Vi}{n}$$

$$\frac{3}{2}\sum_{i=1}^{n} \frac{Vi}{n} \geqq V_2 \geqq \frac{1}{2}\sum_{i=1}^{n} \frac{Vi}{n}$$

……………

$$\frac{3}{2}\sum_{i=1}^{n} \frac{Vi}{n} \geqq V_n \geqq \frac{1}{2}\sum_{i=1}^{n} \frac{Vi}{n}$$

これらの式において，n, V_1, V_2, …, V_n は，それぞれ次の値を表すものとする。

n　捕捉面を16以上の等面積の四辺形（一辺の長さが2メートル以下であるものに限る。）に分けた場合における当該四面形（当該四面形の面積が0.25平方メートル以下の場合は，捕捉面を6以上の等面積の四辺形に分けた場合における当該四辺形。以下この号において「四辺形」という。）の総数

V_1, V_2, …, V_n　ブース内に作業の対象物が存在しない状態での，各々の四辺形の中心点における捕捉面に垂直な方向の風速（単位メートル／秒）

3　開放式プッシュプル型換気装置（密閉式プッシュプル型換気装置以外のプッシュプル型換気装置をいう。以下同じ。）の構造は，次に定めるところに適合するものでなければならない。

イ　送風機により空気を供給し，かつ，排風機により当該空気を吸引し，当該空気をダクト

を通して排気口から排出するものであること。

ロ　有機溶剤の蒸気の発散源が換気区域（吹出し側フードの開口部の任意の点と吹込み側フードの開口部の任意の点を結ぶ線分が通ることのある区域をいう。以下同じ。）の内部に位置すること。

ハ　換気区域内に下降気流を発生させること，有機溶剤の蒸気の発生源のできるだけ近い位置に吸込み側フードを設けること等により，有機溶剤の蒸気の発散源から吸込み側フードへ流れる空気を有機溶剤業務に従事する労働者が吸入するおそれがない構造とすること。

ニ　ダクトは，長さができるだけ短く，ベントの数ができるだけ少ないものであること。

ホ　空気清浄器が設けられているものにあっては，排風機が，清浄後の空気が通る位置に設けられていること。ただし，吸引された有機溶剤の蒸気等による爆発のおそれがなく，かつ，ファン腐食のおそれがないときは，この限りでない。

4　開放式プッシュプル型換気装置の性能は，次に定めるところに適合するものでなければならない。

イ　捕捉面（吸込み側フードから最も離れた位置の有機溶剤の蒸気の発散源を通り，かつ，気流の方向に垂直な平面（換気区域内に発生させる気流が下降気流であって，換気区域内に有機溶剤業務に従事する労働者が立ち入る構造の開放式プッシュプル型換気装置にあっては，換気区域の床上 1.5 メートルの高さの

水平な平面）をいう。以下この号において同じ。）における気流が次に定めるところに適合すること。

$$\sum_{i=1}^{n} \frac{Vi}{n} \geqq 0.2$$

$$\frac{3}{2}\sum_{i=1}^{n} \frac{Vi}{n} \geqq V_1 \geqq \frac{1}{2}\sum_{i=1}^{n} \frac{Vi}{n}$$

$$\frac{3}{2}\sum_{i=1}^{n} \frac{Vi}{n} \geqq V_2 \geqq \frac{1}{2}\sum_{i=1}^{n} \frac{Vi}{n}$$

$$\cdots\cdots\cdots\cdots$$

$$\frac{3}{2}\sum_{i=1}^{n} \frac{Vi}{n} \geqq V_n \geqq \frac{1}{2}\sum_{i=1}^{n} \frac{Vi}{n}$$

これらの式において，n, V_1, V_2, …, V_n は，それぞれ次の値を表すものとする。

n　捕捉面を 16 以上の等面積の四辺形（一辺の長さが 2 メートル以下であるものに限る。）に分けた場合における当該四面形（当該四面形の面積が 0.25 平方メートル以下の場合は，捕捉面を 6 以上の等面積の四辺形に分けた場合における当該四辺形。以下この号において「四辺形」という。）の総数

V_1, V_2, …, V_n　換気区域内に作業の対象物が存在しない状態での，各々の四辺形の中心点における捕捉面に垂直な方向の風速（単位メートル／秒）

ロ　換気区域内と換気区域以外の区域との境界におけるすべての気流が，吸込み側フードの開口部に向かうこと。

【編注】

ア　粉じん則の規定により設けるプッシュプル型換気装置については，粉じん障害防止規則第 11 条第 2 項第 4 号の規定に基づく厚生労働大臣が定める要件（平成 10 年労働省告示第 30 号。最終改正：平成 12 年労働省告示第 120 号）

イ　鉛則の規定により設けるプッシュプル型換気装置については，鉛中毒予防規則第 30 条の 2 の厚生労働大臣が定める構造及び性能（平成 15 年厚生労働省告示第 375 号）

ウ　特化則の規定により設けるプッシュプル型換気装置については，特定化学物質障害予防規則第 7 条第 2 項第 4 号及び第 50 条第 1 項第 8 号ホの厚生労働大臣が定める要件（平成 15 年厚生労働省告示第 377 号。最終改正：平成 18 年厚生労働省告示第 58 号）

エ　石綿則の規定により設けるプッシュプル型換気装置については，石綿障害予防規則第 16 条第 2 項第 3 号の厚生労働大臣が定める要件（平成 17 年厚生労働省告示第 130 号。最終改正：平成 18 年厚生労働省告示第 467 号）

を参照されたい。

〈参考〉

有機溶剤中毒予防規則第 18 条第 3 項の規定に基づき厚生労働大臣が定める要件を定める告示

（平成 9 年 3 月 25 日　労働省告示第 22 号）

（最新改正　平成 12 年 12 月 25 日　労働省告示第 120 号）

有機溶剤中毒予防規則（昭和 47 年労働省令第 36 号）第 18 条第 3 項の規定に基づき，厚生労働大臣が定める要件を次のように定め，平成 9 年 10 月 1 日から適用する。

有機溶剤中毒予防規則第 18 条第 3 項の厚生労働大臣が定める要件は，平成 9 年労働省告示第 21 号（有機溶剤中毒予防規則第 16 条の 2 の規定に基づき厚生労働大臣が定める構造及び性能を定める件。以下単に「告示」という。）第 1 号に規定する密閉式プッシュプル型換気装置にあっては，告示第 2 号の捕捉面における気流が同号に定めるところに適合すること，告示第 3 号に規定する開放式プッシュプル型換気装置にあっては，告示第 4 号イの捕捉面における気流が同号イに定めるところに，同号ロの気流が同号ロに定めるところにそれぞれ適合することとする。

〔主な参考文献〕

1)　「局所排気・空気清浄装置の標準設計と保守管理」〈上巻・下巻〉(中災防)

2)　沼野「新やさしい局排設計教室」(第7版，中災防，2019)

3)　沼野「フォトでみる局排装置の効果的な点検の進め方」
　　　(労働安全衛生広報 Vol. 15, No. 341 〜 No. 344, 1983)

局所排気装置，プッシュプル型換気装置及び
除じん装置の定期自主検査指針の解説

平成 20 年 6 月 25 日　　第 1 版第 1 刷発行
平成 22 年 10 月 25 日　　第 2 版第 1 刷発行
平成 24 年 11 月 5 日　　第 3 版第 1 刷発行
平成 25 年 8 月 28 日　　第 4 版第 1 刷発行
平成 27 年 6 月 22 日　　第 5 版第 1 刷発行
平成 29 年 5 月 31 日　　第 6 版第 1 刷発行
令和 4 年 12 月 13 日　　第 7 版第 1 刷発行
令和 5 年 10 月 6 日　　　　　第 2 刷発行

編　　　者　中央労働災害防止協会
発 行 者　平　山　　剛
発 行 所　中央労働災害防止協会
　　　　　　〒108-0023
　　　　　　東京都港区芝浦 3 丁目17番12号
　　　　　　吾妻ビル 9 階
　　　　　　電話　販売　03（3452）6401
　　　　　　　　　編集　03（3452）6209
印刷・製本　株式会社　三　秀　舎

落丁・乱丁本はお取り替えいたします。　　　　　 © JISHA 2022
ISBN978-4-8059-2071-8　C3032
中災防ホームページ　https://www.jisha.or.jp/